地方高校转型发展与教师角色认同的探索

朱宛霞 著

图书在版编目(CIP)数据

地方高校转型发展与教师角色认同的探索 / 朱宛霞著. -- 北京 : 中国商务出版社, 2018.9

ISBN 978-7-5103-2617-2

Ⅰ. ①地… Ⅱ. ①朱… Ⅲ. ①地方高校-发展-研究-中国②地方高校-师资培养-研究-中国 Ⅳ. ①G649.21②G645.12

中国版本图书馆 CIP 数据核字(2018)第 211006 号

地方高校转型发展与教师角色认同的探索

DIFANG GAOXIAO ZHUANXING FAZHAN YU JIAOSHI JIAOSE RENTONG DE TANSUO

朱宛霞 著

出　　版:中国商务出版社

地　　址:北京市东城区安定门外大街东后巷 28 号　**邮编**:100710

责任部门:财经事业部(010-64515163)

责任编辑:汪　沁

总 发 行:中国商务出版社发行部(010-64266193　64515150)

网　　址: http://www.cctpress.com

邮　　箱: cctp@cctpress.com

排　　版:北京四海书林文化交流中心

印　　刷:廊坊市海涛印刷有限公司

开　　本:710毫米×1000毫米　1/16

印　　张:14.5　　**字　　数**:300 千字

版　　次:2018 年10月第 1 版　　**印　　次**:2018 年10月第 1 次印刷

书　　号: ISBN 978-7-5103-2617-2

定　　价:48.00 元

前　言

目前我国正处于经济结构与产业结构转型升级的关键时期,可以说,经济社会转型期既需要学术型人才更需要应用型人才。在我国高等教育迈入大众化阶段之后,仍然固守着精英教育时代单一的学术型人才培养模式,忘却了大众化时代高等教育多元化使命,特别是地方高校。本研究以地方高校转型发展为主题,以提供应用型人才及促进地方高校内涵式发展为最终目标,在借鉴国外应用技术型大学经验及对国内外高等教育大众化理论、院校发展理论、区域经济理论、知识转型理论等相关理论研究成果进行系统钻研的基础上,通过问卷调查法,从办学定位、学科专业建设、人才培养、校企合作、科学研究、师资队伍、高校管理等维度对地方高校在转型发展的现状及发展中存在的问题进行了结构性考察,并通过定量研究方法分析问题存在的原因,最后针对地方转型高校提出了改进建议。

教师角色认同是教师职业生涯里,教师在与社会发生关系的职业角色学习中,通过自我反思内化为教师角色集合体,达到适应职业所需理想角色的社会化过程。

本书共分为 9 章进行研究与阐述:第 1 章地方高校转型发展势在必行;第 2 章地方高校转型发展中的办学定位;第 3 章高校创业教育的转型发展;第 4 章地方高校创业教育的发展模式与转型趋势;第 5 章转型中的地方高校教学改革研究;第 6 章地方高校创业教育发展模式的探索;第 7 章地方高校教师专业发展研究;第 8 章大学教师角色冲突研究的理论探讨;第 9 章转型中的地方高校教师发展。

由于笔者认识水平有限,书中有不当之处在所难免,请各位读者批评指正。

编者

目　录

第1章　地方高校转型发展势在必行

1.1　地方高校转型发展的必然性

1.1.1　转型发展是提高应用型人才培养质量的迫切需要

提高人才培养质量是所有高校工作永恒的主题。在过去的几年里，新建本科院校围绕人才培养模式改革、应用型课堂教学改革等方面已做了大量有益的探索，获得了不少成功经验，这是我国新建本科院校应用科技大学战略改革的基础。在未来几年里，转型发展工程就是牵引地方院校应用科技大学战略改革的火车头和助推器，是提高地方院校应用型人才培养质量的发动机和驱动器。转型发展工程高度重视应用型教育教学改革。第一是注重学生职业技术技能的培养，强调由知识本位向技能本位的转型，通过教学改革，教学过程更注重专业实验、实训、实习、实践教学。第二是注重学生综合素质的培养，强调教、学、做一体化、产学研一体化、工学结合等应用型人才培养模式改革，强调校企合作共建应用型学科体系、专业体系、课程体系、教材体系，强调第二课堂、第三课堂等大学生综合素质教育。第三是注重学生创新、创意、创业意识的培养，强调自主开发“三创”校本教材，着力构建科学的“三创”教育教学模式，建立并完善大学生“三创”平台和实践基地。第四是注重学生发展能力的培养，强调由专业本位向职业本位的转型，专业教育中更多渗透职业教育，强调大学生个性差异，因材施教；强调培养学生自主获取知识的能力，重点培养学生的创新思维和发现问题、解决问题的能力。第五是注重毕业论文改革，逐步实现毕业论文由基础理论研究为主向毕业设计为主的转型。转型发展工程高度重视校地互动合作育人。校地互动、校企互动合作育人是应用型高校的显著特征。欧洲应用科技大学把校企合作育人贯穿于人才培养全过程，而我国地方院校目前的校地、校企合作育人尽管取得了不少成功经验，但距离应用科技大学全方位合作育人的建设目标还有相当长的路程要走。转型发展工程高度重视提高毕业生就业质量。当前，我国地方院校学生就业问题的实质不在初次就业率有多高，也不在年终就业率有多高，而在于学生所学专业与从事职业的匹配度和职业发展前景。转型发展工程强调从人才培养源头上提高就业质量，即通过应用型教学全过程提高就业质量，如毕业设计的选题应密切联系区域行业（企业）生产、管理急需的技术问题，要求真题真做；研究过程必须在实践基地进行；设计指导实行以行业（企业）导师为主的校企双导师制；毕业论文答辩必须有行业（企业）专家参与，并且要求校外专家必须对毕业设计的应用性给出科学评价。①

转型发展工程高度重视应用性科学研究。欧洲应用科技大学无一例外高度重视应用性科学研究，正如有些学者指出的那样，“欧洲升格后的科技大学最大的特征之一是注重科研，但值得注意的是，这类学校的科研同传统研究型大学不同之处在于，他们的研究包括学术前沿的研究，只是少量的，大部分研究是应用研究，重在同企业合作开展产品研发或技术更新”。当前，不少地方院校一提起校企合作育人，就抱怨“企业积极性不高”，其实根本原因是学校自身服务能力不强。不少地方科院校一提起“应用型”高校建设，就强调“实践教学”，实际上，实践教学只是提高应用型教学质量的辅助手段，真正提高应用型教学质量的关键是提高课堂教学的应用性品质。而提高学校应用性课堂教学质量和服务社会能力的关键是应用性科学研究。可以说，不重视应用性科学研究，所有的应用科技大学战略改革都是空话。

1.1.2 转型发展是地方本科院校特色发展的迫切需要

从近百所新建本科院校本科教学合格评估《自评报告》看，不少地方院校找不到自己的办学特色。面对我国经济社会发展对教育的新要求与新期待，地方院校实施应用科技大学战略改革、推进转型发展工程是克服同质化现象，实现特色化、内涵式发展，提升学校核心竞争力的战略需要。转型发展工程注重地方性办学定位特色。地方院校应从大学文化建设的高度，顶层设计自身的办学定位、服务面向定位，即“地方性、应用型”，以服务求支持，以服务求发展，主动实施区域化发展战略。

优势学科特色要求转型发展。目前，绝大多数地方院校在学科建设方面存在自相矛盾的两大误区：一是过分强调专业建设的“龙头”地位，弱化学科建设，甚至认为学科建设是综合性大学、研究型大学的事情，地方院校主要是应用型教学，科研不重要，学科无所谓；一是学科“大而全”，特色不明显，绝大多数地方院校本科专业都在40个以上，涵盖10个左右的一级学科。地方院校要提高自身核心竞争力，就必须实施转型发展，结合地方主导产业、传统产业、优势产业、高增长性产业，通过跨学科重新组合，以学科专业群建设为突破口，有选择性地重点建设“少而精”的优势学科。

应用型专业特色要求转型发展。我国地方院校大多由原来的师范类专科或行业类专科升格而来。在过去的10多年中，出于解决办学经费的需要，这些院校拼命扩大专业规模，盲目上新专业，求数量不求质量。转型发展工程要求地方科院校结合区域主导产业、支柱产业，通过校企互动进一步优化专业结构，调整专业布局，实现产业链与专业链对接，支撑区域主导产业、支柱产业和战略性新兴产业的发展，进而彰显学校专业特色。

技能型职业教学特色要求转型发展。相对于普通大学，应用科技大学的学位具有显著的职业特色，其人才培养与产业发展需求紧密对接，如芬兰的应用技术大学75%的毕业论文是针对某公司或组织的需要而量身定做的。转型发展工程明确要求我国应用科

① 刘海峰.新建本科院校实施转型发展工程势在必行[J].天中学刊，2014年第4期。

技大学人才培养定位为培养生产、管理一线的高层次技术技能型人才，人才培养规格、标准与教学过程更强调地方性、行业性、学术性和职业性。地方院校要凸显技能型专业教育特色必须向应用型转型。

1.1.3　转型发展是国家和地方产业结构转型升级的迫切需求

加快转变经济发展方式，实现从传统劳动密集型和资源密集型向高加工度、高科技含量、高附加值的高端产业转型，是当今我国产业经济科学发展的必由之路。高端产业的背后是高科技、高加工产业的研发与创新，研发与创新的背后是科技人员的人力资本积累。因此，当今制约我国产业转型升级的最大瓶颈是“自主创新能力不足”，而自主创新能力的培养主要依靠高校。因此，推动地方高校转型发展，不仅是我国产业经济方式转型发展的现实要求，也是地方高校谋求自身发展的不二选择。毕业生就业难的同时，很多企业的招工也难，甚至出现了年薪15万引不来高技能人才的现象。从我国高等教育专业设置和人才培养来看，我国高校多年来一直沿袭传统办学思路，闭门办学，学科布局和专业设置脱离社会需求，不注重学生实际能力的培养，造成大学生就业出现结构性矛盾。地方高校必须走出传统办学模式，把培养区域社会急需的应用型技术技能人才作为核心价值和终极追求，走以应用型人才培养为核心的内涵式发展道路，实现与地方经济社会发展的良性互动。

产业转型升级对人才培养结构提出了更高需求。信息化和工业化深度融合，现代化装备加速替代传统生产工具，需要培养具备新知识、应用新技术、掌握新装备的应用技术型人才；文化创意和设计产业迅猛发展，小微企业成为经济活力的重要源泉，需要兼有创业能力、创意能力和动手能力的技术技能人才；企业基础管理能力的提升，产品、技术、工艺和流程的应用性创新，需要复合型、创新型、管理型人才；高技能高附加值制造成为高精尖设备和高档消费品竞争力的重要基础，需要能掌握现代科学技术又接受系统技能训练的应用技术型人才。这一切都需要高等教育提供强有力的人才支撑，这是国家赋予地方本科院校的历史使命。中国正在加快转变经济发展方式，这是经济社会领域的一场深刻变革。随着科学技术的发展，产业结构不断优化调整、转型升级，劳动密集型产业减少，技术密集型产业增加；低技术产业减少，高新技术产业增加；低附加值产业减少，高附加值产业增加。产业结构调整和生产方式的变革使社会职业岗位发生了很大变化，加大了对技术应用、开发创新人才的需求。中国已经进入高等教育大众化阶段，这意味着高等教育从利益集团走向民众，从服务政府走向服务民生，从教育的单一化走向教育的多样化。因此，高等教育适应经济社会的发展，满足人民接受更多、更好教育的诉求，高等教育结构调整势在必行。

1.1.4　转型发展是高等教育结构调整的内在必然

纵观人类社会发展的历史，基础科学研究不断探索未知领域，发现新规律新事物，建立丰富并完善新理论，推动人类文明产生质的飞跃。而应用科学研究将基础科学研究的重大成果，通过方法创新应用到实际的生产、生活领域，解决社会生产实际问题，不断发明新技术、新工艺，创造新方法，推动社会经济文化向前发展。因此，依据人类社会发展对人才的需求模式和学科知识本身的属性，要求高等教育体系要涵盖学术研究型高等教育和应用技术型高等教育。地方院校转型应用技术大学，不仅是地方院校的现实选择，也是高等教育结构调整的内在必然。

自1999年高校扩招以来，地方高校已成为近年来扩招的主力军，承担了90%的本科教育任务。由于数量扩张过快，地方高校师生比逐渐拉大，软硬件很难及时跟上，教育教学质量也成为社会关注的焦点，再加上有些高校功能定位不清，存在攀比趋同倾向，办学缺乏特色等，已成为制约地方高校发展的重要因素。优化内部结构，提高办学质量，培育办学特色，走内涵式发展道路，必将是地方高校的战略选择。一是内涵式发展是地方高校发展的战略价值选择和转型过程。随着我国高等教育已呈现出的生源危机，地方高校生源危机问题势必更加严重，以规模、数量求发展的扩张模式，必将成为历史，地方高校的竞争力和竞争优势更在于质量、特色和由此获得的良好社会形象。内涵式发展是地方高校发展模式的组织变革和价值转型，是新时期地方高校的发展理念、发展方式、发展目标和发展战略，也是提升地方高校社会影响力和社会竞争力的重要途径。二是内涵式发展是优化地方高校内部资源科学配置的需要。规模、结构、质量、效益之间的关系是高等教育可持续发展的重要因素。如果说外延式发展重在解决高等教育规模扩张和效益提升，那么内涵式发展则是重在优化结构和提高质量。地方高校内涵式发展的核心是质量提高、结构优化和科学发展，在资源有限的情况下，学科专业结构的调整，师资力量的整合，经费投入的途径，核心竞争力的培育，办学特色的培育与彰显等，必须加强地方高校发展理念、发展目标和发展战略的重新评估和科学论证，在此基础上，合理配置内部资源，促进自身全面、协调、可持续发展。三是内涵式发展是提高地方高校教育教学质量的需要。高等教育外延式发展是内涵式发展的前提和基础，内涵式发展是外延式发展到一定阶段的组织发展的质的诉求和内在要求。高等教育质量问题伴随着高等教育大众化的发展实践，走以质量提升为核心的内涵式发展道路，是高等学校发展的内在需要，也是地方高校提高教育教学质量的重要方式。办学规模扩张以来，质量问题一直是高等教育界重视的问题，既有社会各界对扩招的责难，也有对教育质量的担忧。地方高校只有坚持走稳定规模、优化结构、强化特色、注重创新、提升质量的内涵式发展道路，才能从根本上增强办学实力、提高核心竞争力、扩大社会影响。四是内涵式发展是培育地方高校办学特色的需要。质量是立校之本，特色是兴校之基。对地方高校而言，特色就是存在之必要，是发展的相对优势，也是发展空间和发展前景。地方高校办学特色的培育，是内涵式发展的重要内容，必须把特色理念贯穿于学校工作的整个过程，在错位发展、特色发展的理念基础上，进一步明确办学目标、办学理念、办学定位和发展战略，要依靠特色彰显竞争优势，通过特色提高核心竞争力。特色发展必须是建立在质量基础之上的质量特色，是学科交叉融合基础之上的学科特色，是融合区域文化物质基础之上的地方特色化发展。地方高校内涵式发展只有在质量基础上培育和彰显特色，才能不断提升社会影响

力和竞争力。

教育部有关部门对全球金融危机以来世界各国经济社会发展进程进行分析，得到一个重要启示，就是国家竞争力、实体经济的发展与现代职业教育体系的建设、高等教育的结构高度相关。德国、瑞士、芬兰、荷兰等应用技术类大学多的国家，不仅竞争力在世界上排名靠前，而且失业率较低。欧洲许多国家在 20 世纪 70 年代开始创办应用技术型大学，至今已有 30 多年的历史。德国奥斯纳布吕克应用技术大学对华高等教育中心主任来汉瑞说，应用技术大学是德国高校体系中一个自成一体的支柱，德国 7 所著名的应用技术大学组成了精英联盟。荷兰斯坦德大学副校长戴豪易克说，荷兰 70%的大学生就读于职业技术类大学。美国 24 个州的社区学院允许办本科层次的职业技术教育。应用技术大学不是一个大学名称，是产业转型升级和产业技术进步的产物，是基于实体经济发展需求，服务国家技术技能创新积累，立足现代职业教育体系，直接融入区域产业发展，集职业技术教育、高等教育、继续教育于一体的新型大学类型。纵观欧美发达国家教育结构调整和应用技术大学的发展，我国地方本科院校应实现由学科学术型人才培养为主向应用技术型人才的培养转变，实现学术性专业人才教育向职业性专业人才教育的转变，学校在办学方向上适时转型应用技术大学，既是现实的要求也是理性抉择。应用技术大学重在培养应用技术型人才，服务地方经济发展，以学习者职业发展为核心，接受社会评价。其主要特征是：学校办学与地方经济发展对接；专业设置与地方主导产业对接；人才培养目标与行业需求对接；人才培养规格与工作岗位要求对接；企业参与制定人才培养方案，强化技术理论、注重技术应用、突出实践教学；人才培养过程体现校企合作、工学交替；科学研究是以解决生产实际问题的应用技术研究为主。地方高校转型就是要适应产业结构升级之需，大学毕业生就业之需。

欧洲遭受欧债危机较小的国家如德国、瑞士、荷兰、丹麦、芬兰，其典型特征就是这些国家拥有成熟的、以应用科技大学为主体的现代职业教育体系。在这些国家，高等教育有两条线，一是普通高中—研究型大学—学术硕士—学术博士；一是普通高中、职业高中—应用科技大学—专业硕士—专业博士。前者是学术型高等教育，后者是应用型高等教育，二者拥有同等的高等教育社会地位。我国职业教育体系，却存在生源难以保障、教育经费紧缺、教学水平不高、科研水平较低等诸多问题。我国的职业教育，只有普通初中→普通高中、职业高中、中职→高职，最高层次为专科，实际上是“断头教育”。要从源头上改变我国职业教育现存问题，就必须重构中国现代职业教育体系，通过应用科技大学战略改革，彻底打通“高职→应用科技大学→专业硕士→专业博士”的职业教育渠道。转型发展工程鼓励开展招生制度改革。转型后的应用科技大学可以采取多元录取机制，通过知识加技能考试录取中、高等职业教育毕业生和在职技术技能人才。转型发展工程鼓励建立区域性职业教育集团。转型后的应用科技大学根据人才培养的类型、规格、质量要求建立与普通高中教育、中高等职业教育的衔接机制，逐步建立“中高职教育一应用科技大学一行业企业”三位一体的区域性职业教育集团。

我国地方科院校应用科技大学改革是一种前瞻性、战略性教育改革，涉及数以千万计学子的前途命运，惠及600余所本科高校，是一项利国利民的重大举措，所以我国地方院校实施战略改革势在必行，实施转型发展工程势在必行。

1.1.5 转型发展是推动中国应用科技大学战略改革的迫切需要

目前，教育部在全国遴选30余所新建本科院校进行应用科技大学战略改革试点，可谓明智之举。我国地方院校应用科技大学战略改革是一场名副其实的“高教革命”。其一，应用科技大学战略改革具有颠覆性。我国新建本科院校目前客观存在办学定位不准、千校一面、学科专业特色不明显，且与地方主导产业契合度较低、重学术轻应用、重理论轻实践、师资队伍薄弱，以及科研水平、服务地方经济社会发展能力、学生就业率较低等问题，不进行应用科技大学改革就不能解决我国地方院校诸多深层次矛盾。然而，应用科技大学战略改革涉及地方院校工作的方方面面，在教育观念、办学理念、发展定位、服务面向、教学方法、学科布局、专业结构、人才培养模式、课程改革、教材建设、师资建设、科研导向、资金投入、校地互动、国际合作、管理制度、招生制度、就业制度等方面都要进行观念与制度的重构，这对目前我国地方院校的“精英教育”办学理念、“学术型”人才培养模式、“照本宣科”教学方法都将是一种颠覆式变革。其二，应用科技大学战略改革具有前瞻性、创新性。我国的应用科技大学战略改革，不可能简单模仿、生硬照搬欧洲应用科技大学的办学模式，必须结合我国地方院校的具体实际，走中国式应用科技大学建设之路。欧洲应用科技大学的教育经费投入体制不畅、教研经费短缺、管理相对松散、教研团队建设薄弱、生源难以保障等皆为其发展短板，我国应用科技大学战略改革应汲取其长，摈弃其短，继承与发展相结合，学习与创新相结合。其i，应用科技大学战略改革具有贯通性。我国应用科技大学战略改革的主体是新建本科院校，随着改革的深入，在招生制度和办学层次上，对下要贯通高职、中职、职高，对上要贯通老牌高校、综合性大学，目的在于构建中国现代职业教育体系。其四，应用科技大学战略改革具有长期性。我国应用科技大学战略改革不会一蹴而就，不可能用3—5年就走完欧洲应用科技大学50—60年所走之路；我国应用科技大学战略改革不可能一帆风顺，没有雄厚的教育经费支持和配套的国家政策扶持，要完成我国地方院校的应用科技大学战略改革任务几乎不可能。

既然应用科技大学战略改革具有颠覆性、前瞻性、创新性、贯通性和长期性，那么，这场艰巨的战略改革任务就必须有重大工程项目作为建设载体，而“转型发展工程”就是推动我国地方院校应用科技大学战略改革的有效载体。西方著名教育家伯顿·克拉克早就指出“大学的转型已经到了现代大学议事日程的顶端”。近10年来，我国地方院校在自身发展过程中，实际上都在探索“应用型”的转型发展道路，只是这种转型发展尚处于自发自为的初始阶段，面临办学经费短缺、学科专业调整困难、应用型师资队伍建设薄弱、行业企业参与合作育人的积极性不高等诸多困境。因此，由政府主导、自上而下组织实施地方院校转型发展工程，必将极大加快我国应用科技大学战略改革的进程。

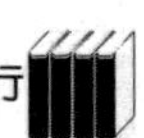

1.1.6　地方高校转型应用技术大学有其自身优势

牛津大学校长卢卡斯曾说:“社会塑造了大学,大学也要随着社会的变化而变化。”应用技术类型高校是基于国家和地区经济社会发展需求,以培养应用技术技能、职业岗位能力为目标的专业人才培养体系,与偏重理论和基础研究的传统大学学术型人才培养体系平行并逐渐贯通,共同形成相对完整的现代高等教育系统。目前,欧洲发达国家应用技术型人才与学术型人才培养的比例一般在 8:2,与社会经济发展对人才需求的结构相吻合,而应用技术类高校是这类人才培养的重要机构。2008 年国际金融危机重挫各国的虚拟经济,而德国、瑞士、荷兰、芬兰、奥地利等国家则应对自如,其背后是以高新技术为支撑的发达实体经济。相对完善的高等教育结构和现代职业教育体系,特别是 20 世纪 70 年代兴起的应用技术大学所提供的人才资源和技术服务,对国家和区域经济稳定发展发挥着不可替代的作用。①

应用技术大学区别于传统学术型大学的最主要特点,就是以培养高层次应用型人才为目标,定位明确、特色鲜明。无论是专业设置、人才培养模式,还是师资选择,应用技术大学都将注重实践性和应用性贯穿始终。在办学上与区域产业结构、社会需求紧密结合,走特色发展之路。在人才培养模式上,注重实践导向和职业培训,课程体系中特别重视实践工作经验,开设大量实践性和案例课程,特别强调学生运用理论知识解决实际问题。相对于传统学术性大学办学历史长、学科体系稳定、教师多以研究型为主等情况,地方高校,特别是地方新建本科高校、独立学院和行业特色显著的工科高校,转型应用技术大学具有自身独特的优势。

地方高校转型发展的优势在于其原有的应用型办校基础。地方高校是伴随着我国高等教育大众化产生的、以培养应用型人才为突出特点的一种新型高校。在我国高等教育跨越式发展的大背景下,一些办学基础较好、办学水平较高的高职高专或成人高校通过合并、重组或独立升格.成了地方高校。很多地方高校在升本之前,就是国家或省级示范性高职专科学校,本身就具有良好的应用型办学基础条件。这些学校的前身无论在办学定位、课程设置、人才培养方式上,还是在师资队伍建设、运行管理方式上都是为应用型人才培养服务的,并且在发展上定位明确、特色鲜明、与地方经济发展密切联系。所有这些,都为其转型发展应用技术大学奠定了良好的基础。

地方高校转型的优势还在于其特色发展定位和灵活的专业设置。很多地方高校建校之初就选择走“优”“独”“民”的道路。在专业设置、办学模式和人才培养上,主动适应区域环境,积极寻求发展的突破口,努力形成鲜明的办学特色,以不断拓展生存空间。由于建校时间短,在专业设置上,地方高校往往以人才市场需求为依据、以促进地方经济社会发展为目的,灵活设置和调整专业结构。在专业发展、教学科研、特别是在师资队伍建设方面,可以依托其他高校优势资源的支持,进行深度的产学研结合发展。

---

① 隋俊等.地方本科院校转型期国际贸易专业人才培养模式研究[J].对外经贸,2014 年第 6 期。

此外，地方高校中行业特色显著的工科高校，办学定位明确，围绕区域经济建设和社会发展需求办学，专业体系相对具有区域特色。这类学校以优势学科为主体，并相对自成体系，在专业发展和学科建设上，始终坚持非均衡发展，把优势学科放在突出地位，从而使其优势学科在国内或省内处于领先水平。一些学校的重点学科和骨干专业对区域经济社会发展特别是产业转型升级有重大支撑作用。同时，行业特色高校大都致力于研究解决工程实际问题和经济发展中的实际问题，侧重于应用技术的研究和运用。在人才培养上重视实践教育，师资队伍中有一部分为“双师型”教师，有的学校本身就建有校外实践基地，技术技能人才培养能力较强。① 这也就构成了地方高校转型发展的优势。

1.2 地方高校转型发展的时代背景

当前，地方政府、教育行政部门、行业企业、高校和研究机构对地方高校转型发展形成了广泛共识，加快高等教育结构调整已势在必行。

1.2.1 社会经济转型升级压力加大

经济下行压力加大。改革开放以来，中国已经和正在经历两次大的转型。第一次是从传统计划经济体制过渡到社会主义市场经济体制，第二次是从经济体制改革过渡到2013年中共十八届三中全会为起点的全面改革。当前，我们正处在第二次大转型时代，处在承上启下的关键时期，内外发展环境正发生深刻复杂的变化，世界经济形势错综复杂，发达国家经济复苏艰难曲折，世界经济不稳定不确定因素依然较多，新兴市场国家经济增速放缓。中国经济虽然已居世界前列，但许多产业仍处在世界的中低端，传统粗放式增长路径已经行不通，经济下行压力加大，增长问题突出反映为转型问题和改革问题。从现实情况看，经济增长由两位数的高速增长到7%左右的中速增长不仅是周期性的问题，更是结构性问题，需要加快转型，需要全面改革。从国际经验看，一个国家由中等收入阶段进入高收入阶段，经济增长速度由高增长向新常态的转换是不可避免的，并且需要经历几年的时间。因为实现经济增长的新常态，其基础是经济结构转型升级，而经济结构的转型升级很难在短期内完成。而我国的政府主导型增长模式基本固化，经济结构转型升级的难度加大。从2010年两位数的增速下降到7%左右经济增速的新常态，大致需要5年左右的时间。如果没有经济发展方式、经济结构、增长动力的实质性转换，不仅7%左右的经济增长新常态难以真正形成，仍有可能出现经济增速大幅回落，并引发系统性的经济风险甚至经济危机。

转变发展方式需要改革创新。处理好增长、转型和改革的内在关系，不仅对短期增长至关重要，而且对中长期的可持续增长具有决定性影响。未来几年，转变经济发展方式再无退路，依靠扩张性财政货币政策刺激投资保增长的回旋余地已大大缩小。把握改

---

① 刘教民.推进地方高校转型发展，大力培养高技术技能人才[J].华夏教师，2013年第9期。

革主动权才能赢得良好的发展前景；如果不能把握改革的主动权，2—3年内重大领域和关键环节的改革在利益格局固化的格局下久拖不决。不仅7%左右的经济增长速度难以维持，还有可能因产能过剩、房地产泡沫、地方债务等系统性风险陷入经济危机，从而失去未来10年的历史发展机遇。把握并适应大转型时代的发展趋势，全面深化改革，必须更多地依靠科技进步调整结构。这是一种战略性、结构性、创新性调整。世界经济稳定复苏要靠创新，中国经济提质增效升级也要靠创新。

改革创新需要实用人才。要转变发展方式，就通过加快改革，培育壮大新产品、新业态，促进服务业、高技术产业、新兴产业加快发展；化解产能过剩矛盾，加快传统产业改造步伐，淘汰落后产能，提升中国产品和服务业在全球价值链中的位置；加强人力资本投入，提高劳动者素质，提升产业技术、质量和品牌水平。特别要通过加快改革，解除对个体、对企业创新的种种束缚，中国有各类专业技术人员和各类技能劳动者近2亿人。如果这么多人哪怕是大部分人都能发挥出他们的聪明才智，形成"万众创新""人人创新"的新态势，体力加脑力，制造加创造，开发出先进技术乃至所谓颠覆性技术，中国发展就一定能够创造更多价值，上新台阶。李克强在2014年9月10日天津达沃斯论坛上致辞中说，如果8、9亿劳动者都投入创业和创新创造……这将是巨大的力量。关键是要进一步解放思想，进一步解放和发展社会创造力，进一步激发企业和市场活力，破除一切束缚发展的体制机制障碍，让每个有创业意愿的人都拥有自主创业的空间，让创新创造的血液在全社会自由流动，让自我发展的精神在群众中蔚然成风。借改革创新的"东风"，在中国960万平方公里土地上掀起一个"大众创业""草根创业"的新浪潮，中国人民勤劳智慧的"自然禀赋"就会充分发挥，中国经济持续发展的"发动机"就会更新换代升级。

1.2.2　大学生就业问题突出

就业形势紧张。2013年高校毕业生规模达699万，相当于香港地区的总人口。2014年，我国高校毕业生人数将首次突破700万大关，冲到727万，是1949年以来中国大学毕业生最多的一年。每年的高校毕业生供给持续增加，劳动力市场对高校毕业生的需求却难以同步提高，许多专业毕业生面临就业难的"窘境"。加之近期，中国经济增速放缓，就业岗位需求减少，大学生就业形势异常严峻。2013年4月，人社部发言人尹成基称，近年来，中国就业压力持续加大，新成长的求职者的数量保持在比较高的水平。"特别是青年就业，这个问题开始更加突出。"对于就业难问题，教育部的办法是强化"高校毕业生就业信息服务"，发文规定，严禁就业歧视，教育部门举办招聘会，"严禁含有限定985高校、211高校等字样"，不得制定有关"性别、户籍、学历等方面的歧视性条款"。人社部发言人尹成基表示，对2013年大学生就业难，人社部主要的办法是：协调有关部门，开展民营企业招聘活动；与高校或教育部门共同举办招聘活动；组织用人单位到高校开展专项招聘，并提供有效的就业需求信息。

就业供需不适应。2014年4月25日人力资源和社会保障部新闻发布会上，李忠表示，今年高校毕业生的就业规模将比去年增加28万人，达到727万人，部分高校毕业生的专业、素质、个人的期望和市场的需求还存在差距，矛盾比较突出。一方面是高校毕业生面临就业压力，一方面是许多企业找不到生产服务一线的高素质技术技能型人才。这种现象虽然由多种因素造成，但是，许多高校培养的人才与社会需求脱节是重要原因之一。目前，按照国际统一口径，我国高等教育毛入学率已经达到26%，即18—22岁年龄段的青年在接受各类大学教育的比例达到26%，进入大众化阶段，2020年毛入学率将达到40%。教育部规划司副司长陈峰认为，按照社会需求，可以将大学分为研究型、应用技术型和其他类型，大学不能都是研究型的，经济社会发展需要一批应用技术型的大学。然而，现实需求和大学定位之间存在巨大反差。地方高校追求“高大上”的冲动普遍存在，专科升本科、学院更名大学，贪大求全，却忽视自己脚下的沃土，以至于迷失了办学方向。虽然研究型人才对国家非常重要，但是，社会发展需求量更多的是应用技术类人才。中华职业教育社总干事陈广庆说，我国产业领军人才、高层次技术专家和高技能人才严重匮乏。他举例说，在电信行业，现有高端人才占全行业专业技术人员比例仅有0.14%；在海洋领域，我国在世界海洋专家数据库中登记的专家不足百人，不到全球总量的1%；在电子信息产业中，技师、高级技师占技术工人比例仅为3.2%，而发达国家一般在20%—40%之间。参加2014年4月的“产教融合发展战略国际论坛”的用友软件公司副总裁郭延生说，这表明政府和高校更加重视企业、产业的角色和需求了。教育部副部长鲁昕说，地方高校转型发展既是经济发展方式转变、产业结构转型升级的迫切要求，是解决新增劳动力就业结构性矛盾的紧迫要求，也是贯彻落实国务院关于加快发展现代职业教育部署，加快教育综合改革、建设现代教育体系的重大举措。

就业结构不平衡。一是大学毕业生与高职毕业生不平衡。大学毕业生初次就业率为71.9%，而高职大专院校的初次就业率最高。初次就业率指标包括已确定单位、升学(国内)、出国及出境、自由职业、自主创业、其他灵活就业、待就业、不就业拟升学、其他暂不就业、其他。而前六项的统计比例之和，就被定义为“初次就业率”。2011年初次就业率统计数据是72.2%，2009年是67.1%，所以从初次就业率情况看，2013年的就业情况并不差。5月13日，由21世纪教育研究院、社会科学文献出版社联合主办的深化教育领域改革研讨暨《中国教育发展报告(2014)》(下称《教育蓝皮书》)称，2013年高校毕业生初次就业率为71.9%，平均月起薪为3378元。调查显示，分学历层次的初次就业率呈现“两头高、中间低”的特点，博士生和硕士生的初次就业率最高。而在学校类型层面，高职大专院校的初次就业率最高，其中专科生为79.7%，本科生为67.4%，硕士生与博士生均为86.2%；其次是“211”(包括“985”)重点大学，为75.5%。从学历层次比较来看，初次就业率呈现两头高中间低的特点，其中专科生为79.7%，本科生为67.4%，硕士生与博士生均为86.2%；从学校类型来看，高职高专院校初次就业率最高，为78.1%，其次是“211”(包括"985”)重点大学，为75.5%，普通本科院校排第三，为75.4%，独立学院和民办高校最低，为44.3%。

二是文科生与理科生的不平衡。调查发现，在高校毕业生求职高峰期中，中文、历史、哲学等人文社科类专业学生明显遇冷。在就业供需矛盾进一步加剧的情况下，文科生的处境更显尴尬。近几年来文科专业就业率就一直低于理工科专业，在今年全球经济形势低迷的背景下，文科生受冲击更为严重。缺乏核心优势是根本原因。西北大学公共管理学院大四应届毕业生小刘对文科生就业难现象感到不可理解，“高考时大家分数都差不多，知识水平也相差无几，同样是接受过正规的高等教育，同样付出了四年的艰辛和努力，为何找工作的时候就产生这么大的差距呢？”北京市某企业校园招聘负责人王经理向记者解答了这一疑问，作为招聘主体的企业，市场化的经营模式和以效率、利润优先的经营理念在很大程度上决定了其用人战略，这意味着在学校接受大量理论教育但缺乏一技之长的文科专业学生可能创造的现实价值较少，在激烈的岗位竞争中自然不占优势。与此同时，企业内部适合文科生的综合管理类职位人员流动性差、更替缓慢，而专业较为对口的公务员、事业单位招聘则竞争异常激烈，“分流作用不大”，这些都在一定程度上限制了文科生们的选择范围。教育专家表示，文科生“就业难”实质上折射的是文科专业教育和社会需求之间的偏差。教育学者熊丙奇（微博）就曾撰文称，高校开设理工科专业的成本远高于增设文科专业，故很长一段时间内，高校以各种名目开设各类文科专业以实现扩招，而教学质量、师资实力、专业环境等并无实质性提升。这样的怪现状导致文科学生在校期间接受的教育并不充分，达不到社会的实际需求。

三是专业之间不平衡。数据显示，金融专业毕业生仍然抢手。过去十年间，我国第三产业从业人员数增加了7208万人，其中吸纳经济学专业毕业生的行业，如批发零售业、金融业从业人员数量增加了3321万人，占第三产业人员增加数的46%。换句话说，批发零售业、金融业均是新增就业空间的最大行业，由此促进了经济学、理学、工学的就业。例如，2013年厦门市总需求3.8万高校毕业生，其中工科类专业毕业生的需求量占50%多。此外，麦可思研究院所发布的《中国大学生就业报告（2013年）》显示，在15个本科、专科绿牌专业中，除本科中的审计学，其余均为工科类专业。据前程无忧统计，2014年第一季度网上发布职位数前三位，包括互联网、电子商务，金融证券。而涨幅最大的行业为金融证券、互联网业。金融服务业对民间投资开放，短时间内涌现了众多第三方理财机构以及互联网金融公司，参与财富管理业的黄金十年。而管理、艺术类则遇“冷板凳”，风光无限的演员已不再吃香。而高职大专院校毕业生就业率最高，远超211、985等重点大学。收入是反映就业状况的关键指标之一。据《教育蓝皮书》显示，在19个热门行业中，金融、计算机、软件业的平均薪资是4501元为最高，超出2013年高校毕业生月起薪平均值1000元。在表面热门、实则就业困难的学科中，管理学排名第一。庞大的毕业生人数与所需岗位严重不匹配。上海市教育科学研究院副研究员方建锋也表示，高校专业设置应当与市场需求和就业相结合，及时对学科专业设置进行相应的调整。如对财经类、电子信息类、文化教育类和制造类专业，要进行相应的警示提醒。专家还表示，学校的专业设置应当与市场需求和就业前景相结合，压缩表面热门、实际上就业难的学科，补充相应的实践性辅修课程，培养知识技能兼备的复合型人才，增强就业针对性。

1.2.3　国际经济形势的变化复杂

2008年金融危机以来，世界经济和产业格局的重心重新回归实体经济，并且主题是

“低碳经济”和“绿色增长”。我国曾为“制造大国”，然而，随着我国土地成本、人力成本的上升，成本优势逐渐丧失，低端制造业市场正加快向成本更低的越南、印尼、泰国等东南亚国家转移。因此，加强高层次技术技能人才培养，实现从“人口红利”到“人才红利”的转化，是我国在国际制造业竞争中获胜的关键。当前，一方面，随着经济的转型升级，我国高层次技术技能人才的数量和结构远不能满足市场需求，“高级技工荒”难题凸显；另一方面，高等教育的同质化发展，造成高校毕业生就业困难。因而，调整高等教育结构，推动高等教育多样化发展，促进人才培养结构与市场需求的匹配度，已成为当务之急。

欧洲的政策制定者已经意识到，长期的失业问题本身就是一场危机，而不会随着经济的改善自行化解。欧元区 2013 年 3 月失业率触及 12.1％的纪录高点，意味着欧元区超过 1900 万民众都处在失业状态。5 月 3 日，欧盟经济与货币事务执委瑞恩（Olli Rehn）说，“鉴于衰退时期的延长，我们必须竭尽全力来克服欧洲失业危机。欧盟多项政策都是专注于可持续性增长和就业创造。”就业市场是美国经济政策的主要决定因素。美国 5 月 3 日公布的就业数据显示，美国 4 月非农就业岗位新增 16.5 万个，失业率降至 2008 年 12 月以来最低 7.5％。即便欧洲的政治官员逐渐承认失业问题是一场危机，必须积极应对，但现有方法基本不能使情况很快改变。Investec 首席经济分析师 Philip Shaw 称：“当局总是有办法让就业市场改善。问题是，鉴于危机的程度，这些办法不太可能在比较长的时期内，对就业市场带来实质性的正面影响。问题无法快速解决。”解决之道最终还是要靠已在缓慢进行的结构性改革，以及修复欧洲银行系统。布兰费罗表示，即使经济恢复持续增长，也不一定能保证欧洲失业率会有明显下降。

1.2.4 院校内涵建设的内在驱动强烈

伴随着高等教育大众化的进程，由于缺乏现实的分类指导和政策引导，我国高等院校在一定程度上出现了分类不清、定位不明、特色不显、目标趋同、跟风升格、求大尚名、模式单一的局面。不少地方本科院校由于办学基础薄弱、师资结构问题突出、资金投入不足、服务地方（企业、行业）的能力和水平有限、获取社会资源的能力有限，很难走传统大学发展之路，也难以跟进老牌大学学术追求的步伐。

天津应用技术大学（学院）联盟理事长孟庆国教授认为，地方本科院校向应用技术类型高校转型的迫切性主要在于：我国目前社会普遍存在的大学生“就业难”和企业“用工荒”的情况。以 2013 年为例，当年应届大学毕业生人数达到 699 万人，大学生就业难现象突出。而各地的调查显示，众多企业又难以找到所需的大量应用技术型人才。这说明高等学校培养的毕业生与社会对人才的需求之间存在较大差距。其主要问题不是人才培养的数量，而是人才供给与需求在人才培养规格上的错位对接，出现大学毕业生的结构性失业，制度性根源则来自现有的高等教育结构体系。而目前我国高等教育结构存在的主要问题是高等教育的功能失调，不能很好地服务经济社会发展需要以及社会转型发展的要求。从目前我国高等教育的现状看，大学生“就业难”和行业企业“用工荒”现象，就折射出学生就业以及高等教育服务经济发展方面存在巨大困难和障碍。资料显示，地

方本科院校就业率低，专业对口率低。就业质量不高，2011年的初次就业率仅为75.8%，是三类高校中最低的，特别是1999年以来新设的本科院校。地方本科院校数量最多，招生规模最大，人才培养最多，是我国大众化高等教育的主力，目前陷入发展困境，呈现出以下矛盾：以学术标准为主的学校评估制度与应用技术类型高校以技术积累创新和服务产业实际贡献为价值基准的矛盾；以学科体系为基础建立起来的专业结构与按照应用技术类型高校职业和岗位需求设置专业的矛盾；以学术资格为基础建立起来的教师制度与"双师型"教师团队建设和灵活用人制度的矛盾；高考招生、分层录取的入学制度与扩大招收有技术技能基础的学生和发展职业继续教育的矛盾；教育内部自成一体相对封闭的治理结构与应用技术类型高校行业企业直接参与治理的矛盾；以知识教学为基础建立起来的内部运行机制与以真实应用为基础实现培养与需求无缝对接的矛盾。这些高校不转型就难以生存和发展。

解决这些矛盾，包括解决就业结构型矛盾的核心是教育改革。教育改革的突破口是现代职业教育体系，培养的人是技术技能型。因此，2014年3月，教育部副部长鲁昕说，中国高等教育将发生革命性调整，1999年大学扩招后600多所"专升本"的地方本科院校将逐步转型职业技术学院，做现代职业教育，重点培养工程师、高级技工、高素质劳动者等。今后，中国将以建设现代职业教育体系为突破口，对教育结构实施战略性调整，而这一调整集中在高中和高等教育阶段。目前，国家教育部已经成立了联盟，有150多所地方院校，报名参加教育部的转型改革。在我国现行高等教育体系中，地方普通高校作为夹心层，定位常有"高不成，低不就"的困惑，其中尤以地方新建本科院校为典型。目前，我国共有2400多所大学，其中包括755所普通本科院校，除100多所由中央部委直接管理，还有646所属于地方本科院校，占到本科院校总数的85%。这意味着，中国研究性大学的数量将大大缩水。地方本科院校已经成为本科人才培养的重要力量。因此，推动这类学校向应用技术类型高校转型，将极大地推动我国高等教育结构的优化，推动我国现代职业教育体系的构建，最终服务社会经济发展。

1.3 地方高校转型发展的制约因素

相对于老牌本科学校，地方院校历史较短，他们的转型发展还存在很多困难，既有外部制度因素，也有学校内部原因；既有客观因素，也有主观因素。

1.3.1 制约地方高校转型发展的主要外部因素

教育体系顶层设计欠缺，即职业教育与普通教育的贯通机制、高职与中职之间的衔接机制还没有建立起来。导致现行政策制度的不合理，如招生制度、教师聘任制度、专业设置制度等，在很大程度上制约了地方高校的发展。

1.现行评价机制的制约

地方高校评估标准与研究型大学的评价标准区别不显著，政府部门考核评价频繁且导向不科学。政府部门对高校的考核评价，在评价频次、评价导向与评价机制等方面，存在多种问题。第一，考核评价名目繁多、频次过高。每年，教育厅、科技厅或其他行政部门都要组织多次评估、评比与检查。考核评价涉及科研水平、教学质量、安全保卫、水电、节能、学生管理、党风廉政建设、军事教学、就业指导、综合管理、计划生育等不同方面，其中有些评估检查过于频繁。考核评价名目多、频次高，给高校带来很多负面影响。一是增加高校负担。某调研对象说："评估增加了学校的负担，而且评估时还要恭恭敬敬接待，不然会被认为学校不配合工作。"二是使高校工作本末倒置。某受访校长说："迎接考核评估以及各种各样的检查、评比变成了学生工作的主体，实际工作被考核评估牵着鼻子走；学校工作的目标就变成了迎接考核评估，学校一些博士都是'才子'、'才女'，几年后都变成了写材料、送材料的'材子'、'材女'。"第二，评价导向不科学。目前，政府或媒体以就业为导向看待高校多方面工作，这样做既不符合高等教育规律，也不符合实际。政府和媒体将就业率不高归结于高校和学生本人素质，而不考虑社会发展状况和提供的职业岗位情况。有调研对象说："其实就业并没有那么严峻，但是在政府和媒体的影响下制造出的一种严峻形势，给学校很大压力，影响学校的教师教学和学生学习。"第三，评价机制不合理。一是地方高校在办学模式方面，拼命向省重点学校学习。有调研对象称："我们并不是愿意向他们学习，而是一系列的评价机制在诱导着向他们学习。"二是现行评价机制引导或迫使高校朝不符合学术发展的方向运行。如精品课程、教学成果奖等多是行政领导获得，真正有水平的教师很少有机会。某调研对象称：现在对于教育部设置省级、国家级精品课程的评审，"不是学生说了算，而是教育行政部门说了算，教学名师也需通过行政部门审批"，破坏了学校的自然生态。三是评价检查结果与学校评优评价挂钩。有调研对象称：各个行政部门动不动就来一票否决，这样做既不科学，也没实效，影响高校正常发展。

2.办学自主权不足

(1)人事自主权不足。主要是在人才引进、人才使用、人事评聘、人员辞退等四个方面缺乏基本决策权。第一，地方高校人才引进由省人社厅统管，程序复杂而死板。一是进人程序太复杂。高校需先向省人社厅申报，人员招聘条件也都要上报至省教育厅备案，并且这些条件中不能有学历、学校及性别歧视，从申请到公布条件到招考再到最后录用，整个程序下来需要半年左右。二是条件规定过于死板。招聘条件上报之后，任何一项条件修改调整都需经过省人社厅审批。引进人才过程中不考虑地域差异。第二，地方高校在人才使用上实行政府部门式定岗、定编制度以及任命方式。一些没有高等教育科研、教学或管理经历的人经常被调进高校担任领导职务，这些人通常由省委组织部考察和任命，一般没有征求现任校领导的意见，也没有征求教育行政部门的意见；教师人员编制数额规定死板。高校扩招后，政府仍采用高校扩招前的额定编制，大多数学校名义上超编，而实际上缺编。第三，地方高校没有职称评定权，并且，职称评审条件规定死板，评价指标体系与过程规定不合理。不根据学校实际情况，如教学型、研究型、教学研究型学校，一把尺衡量，导致一些没有达到申报条件的人不愿意申报，如果为了申报上去，容易

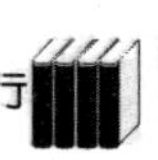

产生拉票、走关系的状况。第四,地方高校没有辞退不合格人员的权力。认真教学、从事科研的教师会认为不公平,容易造成高校招不到真正有用的人、真正有用的人不能安排在合适岗位上的状况。高校难以引进优秀科研人才和学科带头人,直接影响到高校的教学科研水平,不利于增强学校的综合实力。

(2)财政自主权不足。地方高校实行“收支两条线”的财政管理方式,收支权力都被省财政厅掌握,这使得高校在经费支配上必须按照政府机关财政管理方式和方案进行,严重缺乏灵活性;其中,“集中支付”限制高校行为能力与行为效率,严重制约高校正常运行和健康发展。如政府采购程序相当繁琐,等这些环节走过之后,高校教学和科研工作往往被搁置很长时间。而且通过招标购买的产品往往是同样配置中价格最贵的或同样价格中质量最差的,集中支付影响高校资金使用效率,影响高校所购设备与服务性价比,还影响高校内部资金配置效率。在财政扶持方面,第一,生均经费投入总量不足。地方高校生均经费未达到规定标准,导致办学条件差、学生抱怨多等问题,也影响地方高校吸引优秀人才,地方高校领导都为钱发愁,为稳住师资、稳住办学条件发愁。第二,生均经费因包含多种专项费用而变相缩减。专项经费包括教学改革经费、重点学科建设经费、重点实验室建设经费、科研项目配套经费等,还包含贫困学生助学金。贫困学生助学金要直接拨给学生,和强势本科高校相比,弱势本科高校贫困学生数量要多得多,贫困生助学金支出要高得多,生均经费总量变相缩减量也相应要大得多,个别高校可支配生均经费甚至不到8000元,严重制约学校的发展。第三,缺乏对弱势或有特色地方高校的财政扶持。已有的投入政策不适应不同层次、不同类型和不同办学水平地方高校的内涵式发展需要。省里(一些部门)人为地设置一本、二本学校的区别,使二本高校在本省享有的公共政策和待遇与一本学校相较有很大差异,尤其体现在资金投入、学科布局、资源分配等方面。这样,处于弱势的地方高校难以提升办学质量,最终影响本省高等教育整体质量提升。

3.政府垄断办学体制

在这种体制下,一是教育投入较低。政府垄断高等教育办学权,将本可以用于基础教育的资金投入高等教育领域,结果是总体教育投入降低,高等教育占教育总投入的比例过高。经过多年努力,我国教育经费总量已达到GDP的5.34%,但在世界上仍然处于很低的水平。目前OECD国家平均水平是6.3%,加权平均是6.5%。OECD国家和20国集团国家中的半数,教育投入超过6%,7国集团丹麦、冰岛、以色列、韩国、新西兰、挪威、美国甚至超过了7%。二是民间投入严重不足。政府垄断办学体制,导致私人部门的资金无从进入。与教育投入较高的国家(除了高税收高福利国家)相比,我国与其教育投入差距在私人部分更显著,如美国公共教育经费占GDP的5.1%,是我国的1.19倍;私人教育经费占GDP的2.2%,是我国的2.10倍。近年来,我国高等教育经费占教育总经费的比例维持在30%上下,而同期OECD国家高等教育经费占比仅为20%—25%。目前我国高等学校生均教育经费支出是普通小学的3.93倍,而OECD国家的平均值是1.7倍,奥地利、冰岛、意大利等国甚至低于1.5倍,主要发达国家中最高的美国和法国约2.28

倍,与我国数据接近的大国仅有墨西哥和巴西。我国高等教育经费中,政府与非政府经费的比例是1:0.71。而OECD国家的总值是1:1.1,美国、日本、韩国分别是1:1.8、1:2、1:2.7。并且,我国高等教育经费的民间投入主要体现在以学费为主体的事业收入上,民间捐资、学校投资收入的比例非常低。目前,我国高等教育经费中,国家财政性经费占58.34%,事业收入和其他收入40.56%,民办教育举办者投入仅0.47%,社会捐赠仅占0.62%。而在美国,即使是接受捐款较少的公立高校,其捐款、投资收入等也占12.93%,而政府提供的经费仅46.29%。三是民办高等教育极其弱小。2012年,中国共有普通高等学校2442所,其中民办高校404所(另外有独立学院303所),占16.54%(加上独立学院是28.95%)。而美国2010—2011年共有4599所高校,其中仅36.01%为公立高校,35.44%为私立(非营利性)高校,28.55%为私立营利性高校。不仅学校数量少,而且办学层次低。2012年,我国民办高校专科生在校人数占全国的18.22%,本科生仅占5.54%,研究生仅155人。我国的完全民办高校层次低于独立学院,独立学院低于公立高校。美国则是私立学校办学层次高于公立学校。公立学校、私立非营利学校和营利性学校的两年制学生分别占全国的94.17%、0.53%、5.30%;占四年制学生的62.73%、25.36%、11.91%;研究生阶段,公立学校学生仅占48.49%,私立学校则为51.51%。我国民办学校集中于最低端的高等教育,美国私立学校则集中于最高端的高等教育。即政府资金和社会资金都更倾向中央高校,地方高校更加依赖学费生存。

1.3.2 制约地方高校转型发展的主要内部因素

1.部分院校缺乏清晰的办学理念和明确的发展方向

高等教育百花园之美,在于大学之花万紫千红,而这种万紫千红来自于每一所大学独特的办学理念与定位。曾任普林斯顿大学校长的伍德罗·威尔逊(Woodrow Wilson)说过:“普林斯顿不像哈佛,也不希望变成哈佛那样。反之,也不希望哈佛变成普林斯顿。”普林斯顿大学强烈的办学定位意识,使其非常重视自己的发展方向与办学特色。地处湖北宜昌的三峡大学,在成立之初就确定了“立足宜昌、融入三峡”的办学目标和“突出水电与三峡文化”的办学特色,创建了独具特色的涵盖各科的“三峡文化学”,经过多年的学科建设,逐步形成跨越人文与自然学科的“三峡学”。而80%的地方高校缺乏明确的办学思路,存在着定位单一化的倾向。一是在办学层次定位上盲目求高。部分地方高校不顾自身实际,从专科升为本科,本科申请硕士点,硕士点申请博士点.不断攀爬。盲目求高是一种对自身定位缺乏理性思考的表现,使得地方高校在发展过程中逐渐摆脱自身历史传统和自身实际,不仅不能实现学校的目标反而失去特色。二是发展方向不明确。不能确定是办教学型高校、研究型高校还是教学研究型高校;不能确定高校服务是面向地方还是面向全国或者是更广范围;不能确定是全面发展还是特色发展。发展方向不明确使地方高校逐渐脱离地方经济社会发展需求,学科体系、专业体系、课程体系建设都不能与实际需求相吻合,失去建立应用型本科的逻辑基础。三是同质化现象严重。办学理念和思路相同、层次定位相同、学科布局相同,形成千校一面、毫无特色的局面;形成省内、区

域内对人才的恶性竞争;争办没有学科支持的热门专业,办学质量相当低;未实现观念专升本转型,对本科高校功能认识不到位。

2.学科与专业设置趋同性过高

由于大学排名与评估采用同一标准,以及地方政府和地方大学快速发展的愿望,致使地方大学在"做强、做大、追赶一流"的潮流中,迷失了自身的学科发展方向,盲目崇尚"综合性",过于追求学科门类的覆盖率。因此,地方大学出现了改名风、升格风、申博申硕风等不良的发展风气,结果使学科建设失去了自己的重点与原有的特色。美国的加州理工学院从创办至今,校名中的"学院"不仅没有被"大学"所取代,而且一贯坚持只办理科与工科,从来没有追求过所谓的学科齐全。加州理工学院对自身办学理念与特色的坚守,并没有影响它成为世界一流大学。在我国高等教育外延发展时期,地方大学多以"胸怀宽广"为时髦,一时间"全国""国际"成为流行语,却忽视了本该有的地方性与特色性。1872年,加利福尼亚大学校长丹尼尔·科伊特·吉尔曼(Daniel Coit Gill－man)在就职演说中指出:"我们所依照的摹本既不是柏林大学,也不是纽墨文,它应该是这个州的一所特定大学,它必须适宜于这里的人民,适宜于这里特殊的地理位置,适宜于这里新的社会和这里还未得到开发的资源的需要。"19世纪末,还是戈壁沙漠的加利福尼亚,在加利福尼亚大学科研人员的帮助之下,修建了十几万条水渠从山上将融化的雪水引到沙漠里,使昔日的加利福尼亚变成了美国最大的农业州。

3.学校课程体系改革力度不大

课程体系建设是转型高校未来走内涵发展道路的核心,但当前多数地方院校的课程设置较为陈旧,与传统的"学术型"课程体系区分度不明显,也与市场需求不相匹配。地方高校课程设置不完善,在学科、课程体系建设上严重不足。一是课程评估流于形式,忽视课程内容的质量。在对课程进行评估时,往往选取一些对学校所有课程有利的指标,以实现学校的每一门课程都"合格"的目标,有很多管理者都是浮在表面,只抓几个指标。二是课程开发能力弱。地方高校应该拥有课程开发自主权,但是,地方高校教师课程开发能力普遍很弱。三是专业无特色、学科水平低。地方高校专业发展必须以学科建设作为支撑,通过有特色的学科,尤其是应用型学科体系,发展特色型专业体系。而地方高校普遍缺乏特色专业,学科发展相对滞后,专业没有学科支持,学科不能支持专业,往往使高校课程同质化,并使课程体系同构化。使地方高校不能适应地方社会、经济发展需求。

4.教师队伍结构不合理

师资整体水平不高被绝大部分调研对象列为制约地方高校内涵式发展的主要因素。地方高校校企合作难以深入,学校与企业签订合作协议框架较多,但实质性合作不强,不少还停留在表面,师资整体水平不高。一是教学人员数量不足。90%以上的受访对象称,高校教学投入不足严重影响学校的教学质量,其中教学人员数量不足是教学投入不足的主要表现。另有90%的受访者认为,地方高校的生师比过高,这不仅跟学校自身条件有关,还与人社厅编制管得过严有关。二是教学人员整体质量不高。优秀人才数量不足,主要是院士、长江学者等高层次人才或学科带头人缺乏,教授、副教授数量不足,很多地方高校甚至难以引进博士、海外留学人员；应用型教师数量不足。地方高校“双师型”结构教师比例在30%以下；由于对教师教学及教学研究的支持力度不够，使得教师教学水平不能得到有效提升。

5.内部制度与管理不完善

一是党政关系不协调。我国高等学校实行党委领导下的校长负责制，党委决策是少数服从多数，是投票表决制；校长是法人代表，负责高校行政和学术事务决策，是拍板制。《中华人民共和国高等教育法》(以下简称《高等教育法》)明确规定了党委和校长的责任。但是，多数意见认为《高等教育法》没有落实，因此，党政容易发生矛盾。党委书记和校长分工不明确，都想管理学校重大事务，因意见不一致而形成矛盾；党委书记过于干预行政和学术事务，引起党政矛盾；党委书记不懂高等教育事务，按政府机构管理方式管理学校，引发党政冲突。党政不和，党政关系不协调使得高校陷于派系争斗，不能有效投放精力，无心思展开工作，阻碍教育教学质量和效益提升。二是学术权力和行政权力界限不明。学校没有严格规定学术机构和行政机构的权利和义务，导致行政机构干涉学术事务，使学术机构向行政机构演变，或使学术事务按行政事务处理。学术权力和行政权力界限不明，不止是导致高校行政化，更严重的是导致学校官僚化和官场化。三是校长与副校长任命机制不完善。没有从内部产生，存在不少空降现象；一些被任命者缺乏高等教育管理、科研或教学经历；副职任命没有征求现任正职意见，没有征求教育厅及教育厅党组织确认同意，推选权过多地集中在省委组织部。这极易造成校长和副校长关系不和，容易造成高校内部不和谐气氛，降低高校管理效率，从而影响高校办学质量与效益。四是校内行政机构臃肿。地方高校校内行政机构按上级政府部门规定设置，不按学校发展实际需求设置；不必要设置的机构必须按上级政府部门要求设置，学校发展必须设置的机构又被卡得很死。机构臃肿，导致行政人员偏多，耗费学校大量精力与资金。机构多，干部多，经常有开不完的会。机构繁多、臃肿，已经成为高校重负。

1.3.3 地方高校转型发展的客观困境

1.地理区位的封闭

地理区位对一所高校的发展具有重要的作用。地处中心城市、发达地区就可以获得相对较好的发展条件与环境，具有较多的交流、合作、学习机会。反之，则表现出发展缓慢、缺乏交流、限制较多等特点。地方高校地处非中心城市，发展承受着较大的地理区位的限制。主要表现在非中心城市的资源调动能力相对较弱，优质教育资源供给相对较少，加之高校数量较少，大多数非中心城市只有一所高校。这种状况致使地方高校较为缺乏学习和文化交流的机会，与中心城市高校相比表现出封闭的特点，也致使地方高校大学特色的培育难以形成合力。

2.历史沿革的短暂

办学历史对于大学特色的凝结具有重要作用。一所大学只有在长期的办学进程中才可能传承优秀文化，增强文化品位，夯实办学基础，积淀大学精神，并在培育人的过程

中不断发挥大学精神的积极作用。我国地方高校在办学历程中大都曾遇到了较大困难，主要表现在：一是办学历史多有中断，办学延续时间较短。二是许多地方高校本身办学历史较短，总体办学层次较低。这种状况致使地方高校总体缺乏精神凝聚力和文化向心力，大学文化建设的向度不够明确，大学特色培育缺乏底蕴。

3.政策支持的困难　政策支持对于一所大学的发展具有着重要的作用，良好的政策支持可以增加高校办学的自主性和积极性，甚至可以激发高校的创造性。地方高校管理隶属于地方政府及地方教育行政部门，是行政体系在高等教育系统的延伸，办学主要依赖于自上而下的“红头文件”和行政审批，而非完备的、公开的、面向整个社会的法规。这也导致地方高校自主办学权限不足，自主规划、自主管理能力欠缺，高效的运行体制和激励约束机制难以形成，进而影响大学特色培育的自主性和积极性。

1.3.4　地方高校转型发展的主观困境

1.观念和师资不适应

许多专家认为，转型的最大障碍在于观念。观念的冲突来自多方面。比如，绝大多数家长和学生宁愿选择三本类院校，也不愿意选择就业看好的职业技术学院，普遍认为学习实用技术低人一等。现实中，用人单位包括一些企业在选聘大学毕业生时，盲目追求名校及高学历，忽视对毕业生实际技能的考察。据参加“产教融合发展战略国际论坛”的业内人士介绍，对于转型，高校反应不一，痛快、痛苦、彷徨犹豫，这些态度都存在。一所民办专科院校刚刚升为本科，校长在学校大门口附近挂上一个“办成应用型技术大学”的大牌子，结果却受到校内众人的质疑：“都成本科了，还要追求应用型?”校长只得摘掉这个牌子。观念不适应固然有历史传统的原因，更重要的是观念背后的社会地位、经济待遇差距。观念不会凭空产生，它与目前职业技术学院毕业生经济收入不高、社会地位偏低有密不可分的关系。有些中专或职业高中的毕业生在工作岗位上技术精湛、勇于创新、表现突出，完全达到了工程师的水平，可是仅仅因为学历低而不能评工程师。这样的情况在现实中非常普遍。国家教育咨询委员会秘书长袁振国认为，在用人机制上，政府和社会尚未给职业院校毕业生提供足够的发展空间，在待遇、职称、职务等方面仍存在政策性歧视。一些地方政府对基础教育“宠爱过度”，而对职业教育却看不起、甚至漠不关心。这些现象和问题，都严重阻碍着职业教育的健康发展。为此，需要切实提高技能人才队伍的社会经济地位。

培养技术技能型人才，师资队伍非常关键。面临转型的地方院校的教师，绝大多数缺乏实践经验，自己本身没有技术专长。这样的师资怎么适应学校的转型? 中国工程院副院长朱高峰认为，只有提高教师队伍质量、推进教学改革，高校才能追赶、适应、引领产业发展。师资队伍的高端是校长，教育部副部长鲁听说，“应用技术、职业技术”这8个字不被许多大学校长所接受。

2.文化自觉的模糊

文化自觉是生活在一定文化中的人对文化的认知、理解，以及在此基础上形成的对先进文化的追求过程，是一种对自身历史中形成的文化的感悟和觉醒。由于办学底子薄、起步迟，大多地方高校更多地将目光投向了当下，注重追求眼前利益，致力于实现跨越式发展。这种趋向在某种程度上削弱了地方高校的文化诉求，致使地方高校无暇审视自身的发展历史和文化积淀，无法明确文化建设和精神培育的方向，弱化了文化建设的自觉。

3.办学特色的迷失

大学要取得长足发展，就需要在办学过程中发挥特色优势，并将办学特色融入大学之魂，逐渐形成大学的性格。对于地方高校而言，办学特色更是其存在的核心要义，是与其他类别大学区分的核心标志。当前地方高校普遍办学特色迷失，一是缺乏明确的办学定位。只是想方设法向名校看齐，模仿名校模式，盲目提高层次、扩大规模、健全学科。二是办学目标趋同。地方高校在办学目标方面缺乏对结合学校历史和实际情况办出特色的思考，在办学目标和培养人的目标上与其他高校趋同，甚至连校训、校风、学风的提法也非常相似。办学特色迷失现象使许多地方高校逐渐弱化了自己的办学性格，失去了与其他类别大学区分的标志，弱化了大学精神的培育。其实，地方高校大学精神的培育对于全面提高中国大学的品位，增强大学的可持续发展具有重要价值。大学精神首先是大学人文精神的集中体现，是一种在长期办学过程中积淀的较为稳定的具有自身办学特色的精神特质。大学精神是带有明显价值取向的理念，这种价值取向可以影响大学人的价值观念，为大学培育人、实现“立德树人”的目标提供合理性基础。

4.服务社会的尴尬

服务社会是地方高校赢得发展机遇和提升竞争力的重要途径。地方高校必须紧紧围绕地方发展战略，强化区域服务意识，利用智力优势，契合社会发展需要，积极参与经济社会建设。当前地方普通高校普遍存在着服务社会的尴尬，一是地方高校由于自身服务能力的限制，致使其与社会、企业的合作能力不足，利用社会资源的能力存在缺陷。二是在办学过程中形成的学科结构在短时间内很难改变，难以满足社会需求。

1.4 地方高校转型发展的方向

地方院校的转型发展是一项长期工作，会碰到很多困难，每所学校的基础和面临的具体困难都不同，转型发展方式不能一刀切，可以采取多种转型路径。结合欧洲经验，立足我国现实，地方院校的转型必须依靠政府和学校双方共同努力。

1.4.1 由学科重复建设向培育特色学科转变

要实现转型，学校自身也要积极响应转型发展：一是进一步明确应用型本科定位；二是引进企业兼职教师，推动“双师型”结构队伍建设；三是优化专业和课程结构，提高专业课程设置与产业结构的匹配程度；四是积极回应企业需求，形成校企合作的双赢局面和良性循环。学科建设是大学发展的基础性、根本性的环节，是影响大学核心竞争力和可

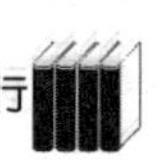

持续发展的关键因素。特色建设是内涵式发展的切入点。特色是地方高校生存之根本。地方高校必须树立特色发展、特色兴校之理念，必须始终把特色建设贯穿于学校工作的方方面面，着力培育学科特色、育人特色、管理特色、文化特色和地域特色。以特色建设为抓手，以特色培育为突破口，从而形成和彰显特色，提升社会影响力，以办学特色提高核心竞争力，以特色优势形成地方高校独有的育人环境。

（一）树立"三个立足于"的理念

1.立足于未来。考虑到地方社会的长远需求，地方高校的学科建设需要有长远目标，不能搞短期效应，不能为了眼前的短期利益而损害未来的发展空间。地方高校的学科建设也是一项系统工程，涉及学校所有学科领域、学科的设置与调整及其学术梯队建设、学术带头人培养、实验室与研究基地建设、人才培养、科学研究、工作条件、学术交流等方面，既涉及具体的科学研究，又涉及学科制度与运行机制的建立，既涉及学科发展所需的一切软硬件环境建设，又涉及学科近期和长远发展规划。凡此种种，都要求立足于未来，才能使这个系统有序运行。

2.立足于地方。地方高校要着眼于地方社会发展需要，学科建设与地方产业成长互动合作，并将其纳入到地方产业和社会发展的大局之中，形成学科群与地方产业链的有效对接。如广西大学依托广西以糖业为支柱产业的优势，建立了制糖工程特色学科群，其中甘蔗糖业工程学科的糖品系列加工以及甘蔗（渣）纤维综合利用等学科方向已达到国际同类学科的先进水平。四川宜宾学院结合地方社会发展需要，开办了物流管理、采矿工程等专业，建立了"中国酒文化与酒产业"博士后创新实践基地和"中国酒史研究中心""水运经济研究中心"等高水平的研究基地。

3.立足于特色。地方大学的学科特色要以地方特色为基础，把学校学科优势与地方特色结合起来，开发利用地方特色资源。如西安文理学院根据《陕西省产业集群发展规划纲要（2009—2015 年）》提出了陕西省未来社会重点支持的产业和产业集群，积极开展学科整合，凝练特色方向。2012 年以来，安徽工业大学在冶金理论、新工艺、资源综合利用、节能减排、金属材料塑性成型、金属材料高性能化、功能材料等特色方向，汇聚了一批高水平科研骨干，承担了一批高层次科研项目，对安徽乃至冶金等行业发展，推进行业节能减耗，促进新产品、新材料、新能源开发起到了支撑作用。

（二）遵循"有所为，有所不为"的原则

1.充分发掘现有学科优势，为传统优势学科改造与发展注入新的活力。要集中力量办好一批与区域经济结构匹配度较高的应用技术型重点学科和特色专业，建设若干有一定办学优势和特色的、具有良好发展前景和产生显著社会经济效益的专业群，促进学科专业交叉融合，实现专业群与区域产业链的紧密对接，提升专业集群服务经济社会发展的贡献度和学科专业竞争力。如药学院可以依托良好的医药学科优势，通过不断地培育建设，调整优化专业结构，拓展新专业，形成与本地医药经济和卫生事业发展相对接的专业体系。根据中药原材料市场情况，设置中药资源与开发、中草药栽培与鉴定等专业；根据医药生产市场需求，设置药物制剂、制药工程等专业；根据卫生服务体系的实际需求，设置临床医学、临床药学、护理学、卫生检验等相关专业。

2.根据地方社会发展需要，选择富有地方特色的学科领域，选准研究方向，集中人力、物力、财力促进特色学科的发展。如湖北师范学院建立资源枯竭城市转型与发展研究中心，该中心整合地理、经济、历史、文学等多学科的研究力量，形成了矿冶文化的传承与发展、资源型城市的变迁与经济发展、资源型城市生态与可持续发展等特色研究方向，构建了“大冶学”的学科基础，而且深入参与了资源型城市转型的有关决策咨询工作。

3.着眼于未来和长远发展，培养具有较强理论修养和较高的学术造诣、富有开拓创新精神的学科带头人，增强学科的可持续发展力。近年来，湖北师范学院资源枯竭城市转型与发展中心以设立60多个开放基金项目的形式，对入选者予以重点资助和培养，支持他们开展前瞻性、交叉性、创新性研究，从而培育重大项目、重大奖项和高水平学科带头人。，

(三)实施学科与专业一体化建设策略

1.充分认识学科建设对专业建设的重要性，有了高水平的学科，才有高水平的专业，才有高水平的教学，才能培养出高水平的人才。清华大学教授陈劲曾经说过：“没有高水平的科研就很难有高水平的教学，最理想的教学模式是以科研引领教学。大学要鼓励科研能力强的老师及时把精力转移到教学上，并有效地将自己对学科的深刻洞察教案化，这将有助于培养拔尖创新型人才。”著名科学家、上海大学原校长钱伟长曾说：“教学没有科研做底蕴，就是一种没有观点的教育，没有灵魂的教育。”“你不教课，就不是教师；你不搞科研，就不是好教师。”

2.高度重视学科与专业的互补性，弄清学科与专业建设的内涵和任务，集中人力、财力、物力在专业建设的基础上进行学科建设，走学科与专业建设一体化发展道路。山西吕梁学院依据社会需求和学校办学定位，走“学科与专业一体化”发展道路。该学院按照“强化工科专业，发展特色专业，构建多学科协调发展的学科体系”的原则，凝练学科方向，优化专业布局，建立健全学科与专业建设机制，打造结构合理、重点突出、特色鲜明、交叉渗透，具有较强内生力和拓展力的学科与专业体系，全面提升了学科与专业建设水平。

3.根据学校的实际和地方经济建设、社会发展、科技进步的需求，制定切实可行的学科与专业一体化建设规划。各地方经济发展结构的不平衡，使得各地方本科院校在专业设置上，必须充分考虑地区性社会和经济需要，学校的专业设置要与当地的经济社会发展紧密结合，体现服务区域经济社会发展的办学理念。2009年年底，浙江大学宁波理工学院出台《关于加强学科建没的若干意见》，明确提出以科学发展观为统领，立足学院办学目标和现有基础，立足地方经济和社会发展需要，依托浙江大学学科优势，以人才培养为中心，以学科建设为龙头，统筹人才培养、师资建设、科学研究、资源配置与社会服务，构建特色鲜明、优势突出的学科与专业体系，推进学科与专业一体化建设。

4.建立学科、专业与课程关联优化体系，提升高等教育质量。第一，政府部门采取促

进措施，建立优质课程共享机制。政府部门采取系列措施，如政策支持与经费扶持等，促进高校精品课程及优质课程共享，以提升地方高校课程整体质量，并减少政府和高校在课程开发上的人力和财力重复投入。第二，以学科建设为龙头和支撑，提升专业教育水平。加强学科建设，为专业建设提供高水平的师资队伍、教学与研究基地以及包括学科发展最新成果的课程资源，提升专业教育水平。第三，建立应用型课程开发体系，促进应用型课程体系建设。首先，政府通过政策与经费支持，鼓励校企共同开发课程，鼓励设立交互式、启发式教学改革项目。校企深度合作，可以共同培养更多高素质应用型人才，更好地为地方社会经济发展服务。其次，政府通过政策引导，促进高校引进企业高级管理人才作为高校的兼职教师、教授，将企业的管理经验与管理理论较好地结合起来，拓展学生的知识面，提升学生的理论联系实践的能力。再次，政府通过经费支持，促使地方高校建立一批应用型课程研究项目，建立一批应用型实践教学研究项目，加速应用型课程体系建设。

1.4.2 由攀高发展向服务地方转变

地方本科院校转型，目的是培养本科层次的职业技术人才，使毕业生既接受系统的理论训练，又有一定的技能。有了本科层次的应用技术人才，就连接了已有的中职、专科层次的高职和侧重应用性的专业硕士，构建起各个层次的技术技能型人才培养体系，为技术技能型人才打通上升通道，使职业教育的“断头路”格局得以打破。我国应用技术大学(学院)联盟理事长孟庆国说，通过转型发展，能够推动地方高校科学定位，全面深度融入区域发展、产业升级、城镇建设和社会管理。这也是高等教育内涵式发展的重要内容，有利于破解我国高等教育发展同质化、重数量轻质量、重规模轻特色问题。

(一)建设科学研究与社会服务机制

1.立足服务地方经济转型升级发展。地方院校一般都是由地方政府根据自身的经济社会发展现状和满足本地区民众接受高等教育的需求而举办的，因此，为地方服务是地方大学的生存之基和活力之源。积极主动地适应社会，充分了解服务区域的经济发展现状、方向和需求。通过科技服务、校企合作、技术咨询与推广、联合攻关等渠道直接为地方经济建设作贡献是地方本科院校的责任和使命。应用技术大学是区域经济发展催生的产物，地方高校转型应用技术大学，学校在人才培养规格、内涵和功能上应充分体现区域经济发展需要，针对地方实体经济，使培养的应用技术型人才成为推动区域经济转型发展的支撑力量，促进学校与地方经济产业良性发展。

2.大力推进产学研协同的应用技术研究与创新。坚持人才、项目、基地、服务一体化原则，围绕地方产业优化转型升级和区域经济发展重大需求，积极探索与企业、行业、区域协同创新模式，形成产学研用相结合，人才培养、项目研发、基地建设和社会服务相互促进、良性互动、快速发展的新机制。为此，要加强技术创新平台建设，开展与行业、企业、协会及社会团体的横向联合与深度合作，建设技术研发中心、工程技术中心、研究所、重点实验室等，强化技术集成与创新，提升学校科技服务地方经济社会发展的能力。

(二)科学研究与社会服务要处理好五对关系

地方高校的科学研究与社会服务,应按照“突出重点,整体推进,整合优势,打造特色”的发展思路,结合自身积淀和社会发展需求,提升科学研究与社会服务水平。为此要处理好:

1.教育教学和科学研究的关系。2013 年 9 月,姚缨英教授和张振跃教授因长年坚持教学并受到师生广泛认可,获得浙江大学“心平杰出教学贡献奖”最高奖,奖金 100 万。这两位教授用亲身经历回答了教育教学和科学研究难以兼顾的问题。姚缨英曾主持或参与 10 多个科研项目,张振跃发表了 80 余篇学术论文。其实,在大学把课讲好绝不仅仅是教学技巧,更需要对专业知识了然于心。教育教学和科学研究如车之两轮必须协调发展,只有具备高深学问的教师,才能深入浅出地讲授高深理论。

2.基础研究与应用研究的关系。地方高校只有深入理解、区分和理顺基础研究与应用研究的关系,才能使科学研究更具合理性。河北师范大学鼓励科研人员依托基础研究优势,致力于原创性应用研究成果开发,其“师栾 02－1”强筋小麦,品种核心技术达到了国际先进水平,每亩可使农民增收 100 多元,收到了良好的效益。

3.学术导向与社会导向的关系。大学的根本属性在于学术性,而大学服务社会的职能要求科学研究考虑社会需求。新疆大学坚持“学术追求与现实应用并重、学科建设与社会需求兼顾”原则,既考虑注重科学研究的学术前沿性,又密切关注国家战略与社会需求,产生了有一定影响力的研究成果。例如,近年来完成的《21 世纪新疆贫困地区发展论》《新疆农业优势特色产业带培育研究》等研究成果,不仅分别获得了新疆社科优秀成果一、二等奖,而且对边疆多民族地区经济发展与构建社会主义和谐社会起到了积极作用。

4.突出特色和整体推进的关系。美国名校第一位华人校长、加州伯克利大学的田长霖先生曾指出,世界上地位上升很快的大学,都是在一两个领域首先突破。一所大学可能在很多领域都能达到世界一流,但一定要有先后,学术性大学一定要想办法扶植最优异的学科,把它变成全世界最好的,然后其他学科也会自然而然地上来。大学资源是有限的,不可能在各个方面都处于领先位置。一所好的地方大学一定有鲜明地方特色。

5.近期目标与长远发展的关系。如果不顾科学研究与社会服务的长远发展,只重当前利益和近期目标的实现,难免会造成片面追求发展的高速度。2007 年,江西财经大学专门成立学科建设指挥部,统筹全校学科建设工作,实施学科建设工程,建立学科动态调整机制,凝练科学研究方向与队伍,优化学科结构,重点打造特色和优势学科。

(三)科学研究与社会服务的“五个转变”

1.定位由趋同向特色转变。安徽工程大学坚持贴近安徽社会发展需要设置学科与专业,30 年来已形成的机械电子、轻纺食品、艺术设计等学科与专业,不仅在安徽省内有一定优势和特色,也与安徽省重点发展的支柱产业,以及“合芜蚌自主创新综合配套改革试验区”“皖江城市带承接产业转移示范区”重点培育的新兴产业密切相关,在人才培养、科

技创新、社会服务等方面都为地方经济社会发展做出了重要贡献。

2.模式由封闭向开放转变。近年来，四川师范大学先后与十多个市、州、县开展校地合作，开展社会服务项目400多个，涉及教师培训、合作开发、科研转化、文化产业、旅游发展、艺体教育等领域。四川大学先后与美国加州大学建立了九寨沟生态环境可持续发展国际联合实验室，与亚利桑那州立大学建立了中美大学战略规划研究所，与德国亚琛工业大学建立了中德水环境管理研究中心。这些国际合作平台，关注社会和世界的热点问题，比如，人类所面临的环境、生态问题，等等。

3.评价由单一向多元转变。教育部《关于深化高等学校科技评价改革的意见》提出要建立开放评价机制。基础研究以同行评价为主，大力加强国际同行评价。应用研究和产业化开发应建立主要南市场决定技术创新项目和经费分配、评价成果的机制，由用户、市场和专家等相关第三方参与评价；加强开放、多元的国内外专家数据库建设和共享；充分利用信息化手段，提高科技评价工作效率和开放程度。

4.态度由被动向主动转变。西北大学主动面向社会、面向大众，广泛开展优秀传统文化普及活动。学校组织编撰的《中华优秀传统文化》《话说陕西书系》《华夏龙脉、秦岭书系》《唐代长安词典》等优秀著作，在宣传陕西文化特色、文明荟萃的工作中，独树一帜。

5.管理由经验向科学转变。教育部《关于深化高等学校科技评价改革的意见》提出，改变在教师评聘、收入分配中过分依赖和不合理使用论文、专利、项目和经费数量等科技指标的做法，减少科技评价结果与利益分配过度关联。2007年，深圳大学出台《深圳大学科学研究奖励办法》，改变了以往按成果数量核发奖励的办法，淡化成果奖励重数量、重发表级别的取向，设立了学术创新奖、政府奖后奖、科研成果转化奖和专利发明奖，建立起以代表性成果为评价对象、以学术影响和社会贡献为评价标准的评价奖励体系。

(四)构建地方院校“SRTP计划”培养体系和模式

科研项目的实践是在专业知识学习的基础之上进行的一种探究性的学习实践活动。要努力把课堂的知识教学与科研项目的实践相结合，逐步地实现立体互动式的科研能力培养模式。教与学是最基本的理论，应努力做到实事求是，从现实出发，不仅要充分地重视课堂知识的学习，更要重视把平日所学的知识成功地应用到科研活动当中。此外还要注重针对性的试验和对比分析的科研方法，使得研究能够建立在科学的试验基础之上，更加具备说服力。

“大学生科研训练计划(Student Research Training Program，简称SRTP)”模式的构建需要把教师课堂教学、学生课堂学习、教师科研、学生科研、管理五个环节有机地结合起来，在这五个环节之间形成有机的互动关系。第一，教师科研与课堂教学环节。首先，对课堂教学与教师科研之间的互动关系进行最普遍意义上的探讨。然后再结合课题组成员所承担的教学工作与科研工作，深入地分析和探讨这两者之间的内在联系。最后。得出教师科研与课堂教学二者间的互动作用，实现两者的互相促进和督促。第二，学生科研与课堂学习环节。在项目的研究过程中可以按照年级将试验对象进行分组，在学生正常生活和学习的前提下进行实践，通过对科研试验的分析和探讨，找到课堂学习与学生科研之间应有的关系。第三,学生课堂学习与教师课堂教学环节。分别对课题组成员和其课堂行为进行分析和探讨,找出学生课堂学习与教师课堂教学之间的互动关系。第四,学生科研与教师科研环节。科研项目为学生提供了很多的锻炼机会,教师要支持学生与自己共同进行科研活动的实践,大学推出本科生导师制的根本原因也正出于此。通过对比分析来找到学生参与教师科研与其自发科研之间的差异和不同,引导学生从事科研项目。第五,教与学和管理环节。有效的管理是科研取得良好效果的根本支撑和保障。通过不断地分析科研管理、教学管理和学生管理同教师教学、科研之间的关系,来逐步探讨如何加强管理的策略。

在“SRTP 计划”的实施思路上,一是要明确功能定位,实现本科生科研的教学功能。将教学组织明确分类,课堂教学和科研活动这两个板块区分开,管理部门要及时地制订科研教学计划和课堂教学计划,把科研纳入人才培养的体系,本科生必须参加科研活动,并获得相应学分,才能够获取毕业的资格。另外学校也要积极地进行科研活动的内容、师资、组织辅导、方向、设备、经费、考核评估等方面的全面管理,为科研提供保证和支持。二是要重新制定本科生的科研计划。高校的教务部门要对本科生科研进行计划和管理,把这些计划与课程结合起来,作为一般的教学计划。学校的教务处可以将这些作为选课的内容进行统一编排和管理,把一些固定的科研题目作为学生的必修课程或者项目,并提出考核标准和相关要求,以此来决定是否获得学分。三是要完善教师职责,教师的教学职责需重新界定。每位教师都有责任和义务对学生的科研进行指导和帮助,这是改革的大势所趋。教师要明确自己的责任,努力提高学生的整体素质,实现科研项目的顺利实施完成。四是要将科研训练和教学、专业学习相结合,有层次性地锻炼学生的科研素质和能力。要培养学生的科研兴趣;注重基础课的实验能力培养。五是要加大实习设施建设的投入,为科研创造良好环境不断地集中有限资源,努力地实现资源的优化配置,给学生的科研实践创造良好的资源条件,只有这样才能够不断地促进并加快科研实践改革的脚步。六是要开展进行学术交流、举行学术报告,营造良好的科研氛围。积极邀请校内外的专家来到学校开展和举办相关的报告会和交流会,展示给学生最新的科研动态和科研成果,通过评比来为科研的交流和探讨创造机会,拓宽学生的视野。七是要改革考核方式,完善科研创新人才的评估模式。找到适合职业教育要求的成绩考核方式,可以通过逐个或分组方式进行考核和分析,适当地改变考试内容,逐渐地破除以知识和理论为主要内容、闭卷考试的方式。八是要完善评价机制,为科研活动提供经费和政策支持。学校要建立科研创新专项基金,给予在科研项目中获得优异成绩的个人或团体奖励和表彰,充分地调动大学生科研工作的积极性,让科研活动更加顺利地开展下去。

1.4.3 由依赖政府办学向自主办学转变

高等教育办学体制改革是我国转变经济发展方式所必需的。我国国民经济正在从要素驱动型向效益——创新驱动型转变,能否实现其转型将决定我国现代化的成败。创新的基础和源头在教育。教育的兴衰在改革和创新,背离国民经济转型需要的教育早已

为全国诟病。深化教育改革，加速培养和造就转型时期的各类人才已刻不容缓。办学体制改革也是深化高等教育体制改革的需要。高等教育是教育链条的终端，改革高等教育才能激活整个国家教育体系。高等教育改革的源头是办学体制的改革。通过办学体制改革，才能有效推进高等教育的宏观管理、治理结构、管理体制和教学体制的改革。

(一)发展和壮大民办教育

由于公共教育受制于经济发展水平和财力，而不能全面铺开。在大多数国家以及我国，只有中小学初等基础教育才能成为必需品或公共品，而高等教育只能是奢侈品。一般来说，作为奢侈品的大学尤其是名牌大学总是稀缺的，而稀缺品应当由社会和市场来办。办学有公办、社会办和市场办三种类型。当今中国的高等教育进入大众化阶段(毛入学率达到30%)。但是，公办大学尤其是"国有国营"的大学固有的缺陷——所有者缺失和行政僵化管理的问题存在，从而使激励机制、决策机制、信息机制同时存在动力不足、决策扭曲、信息不对称的问题。西方国家的解决办法是，确立和保护学校的自主权以及引进局部的市场机制来弥补。而在我国，上述问题则因过度的行政化和不当的商业化更趋严重。由于同质化的竞争和同类攀比，以及民办大学过于弱小、缺乏异质化竞争，公办大学既缺乏效率，又丧失了改革的动力。解决的出路：一是通过发展和壮大民办教育，促使公办大学的自我改革和更新，二是鼓励少量的公办大学转民办，直接增强公办大学的活力。

民办高校改革。民办高校不能做强做大的根本原因，是由于其性质定位不明，无法广泛动员社会资金和市场资金大规模地投入。因此，做大做强民办高校必须进行办学体制的改革。办学体制改革的核心是厘清民办高校营利性还是非营利性的定位。大力鼓励创办非营利性的社会办学和适当放开营利性办学，显然是民办高校改革的突破口。正出于此，《国家中长期教育改革和发展规划纲要(2010—2020年)》明确提出"积极探索营利性和非营利性民办学校分类管理"。《国家教育事业发展第十二个五年规划》也要求，清理并纠正对民办教育的各类歧视政策，保障民办学校办学自主权；按照"学校自愿选择、政府分类管理"原则，开展营利性和非营利性民办学校分类管理试点，逐步建立分类管理制度和监管机制。问题在于，现绝大多数民办学校基本上属于投资办学而非捐资办学。如果改为营利性高校，就要重新界定各方的投入，清产核资，进行资产评估以及股份制改造、重组和购并，按企业登记注册，享受高新技术企业政策优惠。新办的营利性高校也依此原则成立；如果改为非营利性高校，则需要以下政策支持：一是学校及教职员工同等享受公办高校所有的优惠，二是原有的国资投入(含政策优惠)全部记入学校财产，三是按契约方式给予财政资助，四是最大限度地下放办学和教学等自主权，五是建立现代法人治理结构，六是原来的民间投资可按两种办法处理：自愿退出的可按投入原值转让或转为学校负债，继续办学的，其原有投资转为类似公债，在一定的时间内提取类似股息的收入或给予一次性奖励。新办的非营利性高校也依此原则成立，当然，就不会有"投资"退出或转债的问题。在过去的改革中，民办教育的营利、非营利性不清，存在互相冲突的法律条文，这样做的代价太大：一是执行成本非常大，使得"合理回报"这一条规定执行起来比较困难;二是民办学校属性上的模糊,既会影响社会捐赠以及公共经费投入到民办学校,也会影响其他各方的行为预期。未来应尽快修改相关法律法规,确保改革合法而不是非法进行。

(二)下放办学自主权

向社会办和市场办转制的公办大学只能是少量的,大多数公办大学还应通过下放自主权和适当地引进市场机制的改革来增强动力和活力。《中华人民共和国高等教育法》赋予高校很大自主权,指出高校要"依法自主办学,实行民主管理"。要切实落实《高等教育法》,加强执行状况检查与监督,依法为地方高校发展提供宽松的运行环境和自主的办学氛围。一是要合理下放教学、科研与行政管理人员聘用自主权。放宽进入政策,简化进入程序,让高校自行聘用人才;科学合理地设定编制及其比例,适度增加总编制数,适度放宽正副教授的职称比例,适度配给或增加科研编制数;赋予地方高校充分的职称评审权力,让学校自行决定各级各类职称评审条件和各级各类职务聘任标准;建立高校发展及相关事务专家咨询委员会,为高校提供咨询性通信或在线职称评审服务;赋予高校辞退不合格人员的权力;鼓励并积极支持高校进行编制改革。二是合理下放使用和管理教育经费的自主权。赋予高校自主使用教育拨款经费的权力,政府相关部门通过宏观政策指导高校建立科学合理的财务制度;让高校享有自主收费并自主支配使用所收经费的权力,允许学校享有经费支配自主权;让高校有自主制定薪酬标准与薪酬发放方案的权力,让高校根据各类各级人员水平与贡献差别自主确定和发放薪酬,尤其是业绩薪酬和贡献奖励薪酬。实际上,人员聘用自主权和经费使用自主权不仅是《高等教育法》赋予高校的权力,也是国家公共政策与教育政策赋予高校的权力。这些权力应该真正地交给高校。

(三)明确地方政府部门在高校管理中的权力和职责

地方政府部门应切实领会与落实《高等教育法》,发挥服务和监督功能。高校不是政府部门,地方政府部门不能像管理政府机构那样来管理高校。对于高校,地方政府部门应该:第一,强化服务职能。地方政府部门应努力为学校合理配备领导班子,营造公平、公正的办学环境,同时合理调控人才流动,从而真正为促进地方高校内涵式发展服务。学校领导班子的合理配备对高校的发展至关重要。政府相关部门应采取有效措施,合理配备地方高校校级领导班子。同时,按照《中共中央关于全面深化改革若干重大问题的决定》精神,着手探索建立"由校董会、校长、监督机构组成的治理架构"。在选地方高校领导班子成员时,首先要配好两个"一把手",应充分听取学校教师与管理人员意见,选用高水平、高素质的人担任校长、书记。政府相关部门应着力统一地方高校的各项待遇,尤其是政治待遇和财政待遇,为他们营造公平公正的办学环境。在发展水平相当的情况下,着力为各高校提供相同的晋升发展机会。为各高校拨款时,公平公正,避免出现变相不平等现象。政府相关部门应采取有力举措合理调控好高校之间人员,尤其是高层次人才流动。秉承"相对稳定、合理流动、专兼结合、资源共享"原则,积极推进人才管理模式

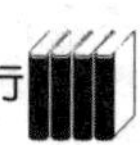

改革，培育相对稳定的优秀拔尖人才市场。第二，合理监督，给地方高校以宽松的运行环境。政府部门可在宏观层面上制定以提升高校办学质量与效益为核心目标的系列指导性文件，如人才评价标准、人才培养质量标准、科研评价标准等，改变以数量和外部条件为主的外延式指标体系，建立一种投入和产出相关联的良性互动机制，将人才培养、科技研发、社会服务的产出质量作为衡量高校办学质量与办学水平的主要依据，并以此合理配置教育资源。在财政方面，制定指导性文件，让地方高校自主支配生均拨款经费和各种专项经费。第二三，减少评估评审，为地方高校营造自主的办学氛围。为避免高校疲于应付政府各部门的检查评估，政府应尽量减少评估，并减少对高校教育教学等各项内部事务决策的不合理限制，使高校在课程设置、教学改革、学生培养和教育评估等方面拥有自主权。要加强政府相关部门之间的协商合作，将现有各部门组织的各类评估检查整合成综合性的评估检查。要逐步构建以学校自我评价、校友评价和中介组织评价三种方式为主体的高等教育评价体系；让学校享有评价自己教育教学的权力，同时，教育行政部门应积极鼓励和支持成立第三方评价组织，如省城地方高校联盟或协会等，让他们中立地、独立地定期发布评价报告。非官方评价声音更有利于促进教育教学质量和效益提升。要减少教学质量促进项目和教学改革项目评审，将立项支持经费直接拨给高校，由高校自行决定立项经费配置事宜。

（四）完善高等学校教育评估体系

我国的高等教育评估始于 20 世纪 80 年代，1985 年颁布的《中共中央关于教育体制改革的决定》、1990 年《普通高等学校教育评估暂行规定》以及 1998 年《中华人民共和国高等教育法》，是我国高等教育评估制度的主要依据。2002 年，教育部将合格评估、优秀评估和随机性水平评估三种方案合并为一种方案，即现行的《普通高等学校本科教学工作水平评估方案》。目前，使用该方案已经评估了全国几乎全部的高等学校。

我国的高等教育评估对高等学校发展起到了积极重要的推动作用，特别是在规范化方面更具有较为明显的效果。但我国高等教育在办学体制、管理体制和投资体制上，政府仍居于中心地位，我国高等教育的质量评估一直作为一项行政工作，其结果属于典型的行政性评估，评估具有强制性、直接性和统一性等特点。虽然行政性评估有其积极的作用，但随着高等教育办学形式的多样化、管理体制的多级化和投资渠道的多元化，行政性评估的弊端也日渐凸显出来，主要包括：由于评估主体单一化，不能充分调动社会、学校等评估主体的积极性；评估标准统一化，影响了评估的科学性，不利于高等学校多样化发展和办学形式多元化发展；评估机构行政化，评估行为不易受法律法规制约，且无法建立与被评估主体的平等关系，容易形成虚假和腐败。但是，要改变目前由政府主导高等教育评估的现状很难，它要求要有新的机制去取代，还要有新的机构产生，更为困难的是如何建立新的评估秩序，以及处理新的评估秩序可能产生的新问题。而评估的效果如何，核心不在于由谁主导，而在于评估的方式。目前的基本评估方式是自教育部、评估中心、学校、教师到学生，按照一系列的指标体系和要求进行对照评估，这就造成了以下几大问题：一是我国高等学校的办学层次多，规模大小不一，办学特点因校而异，各所大学的办学模式、层次、特点以及所处的办学阶段有着很大区别，难以用统一的指标体系去衡量；不同的学校对同一个指标有着不同的理解，不同的学生结构和层次，会有不同的教学方法和不同的指标体系，但又不可能让评估中心依据不同的办学层次去制定多种评估指标体系。因此，在同一种指标体系下的高等教育质量评估无法满足不同种类高等学校的要求。二是评估本身应该是市场体制下的自发行为，是行业自我约束的基本方式之一。而把一个以市场体系为背景的办法用到以计划体制为主体的方式之中，难免会产生变异的结果，目前高等教育评估就处于这样的尴尬境地。

积极推行上下结合的评估方式，也就是实行在学校向社会做出办学承诺基础上的符合度评估方法，可以简称为承诺式符合度评估。其含义：一是将学校的承诺作为评估标准。由教育部评估中心对学校提出评估的基本方面，规定评估工作主要从哪几个方面入手，比如学科建设、课堂教学、实验室教学和建设、学生工作、科研工作和管理工作等几大方面，其余指标和具体内容均由各学校依据自身的特点和特长自行确定，以便能依据学校的办学特点，充分发挥学校的主动性和创造性。此外，设立自选项，给学校足够的发挥空间，把按照上级指标体系一一分解的做法变成依据自身特点充分发挥自身优势的过程。同时，学校提出的评估内容和指标，要在网上向社会、校友、学生、教师、家长和政府公布，接受监督。二是评估机构只是按照学校做出的承诺内容做符合度评估，评估结果不再是优秀、良好、合格和不合格，取而代之的是对符合度的不同表述。这样的评估思路，解决了自上而下的上边主动、下边被动的问题，也解决了民间自发评估行为在目前尚不具备条件的问题，使得评估成为上下结合的可行的做法；解决了评估指标不易确定、适应性差的问题；由于具体评估内容由学校填写，因而符合了教育部的分类指导原则；由于学校的承诺向社会公布，就形成了一个巨大的监督网络；改变评估专家的工作模式：从原来的死抠标准，转变成与学校进行深入沟通的探讨式工作方式，避免了弄虚作假的行为；不仅调动了教师和学生的积极性，也调动了社会的积极性，包括家长的积极性、校友的积极性以及所有关心学校发展的人的积极性，更调动了专家的积极性，也调动了政府的积极性。把评估工作变成了一项研究学校发展、学校特色和学校优势的工作；政府不再处于被指责、被埋怨的位置，而是站在了登高望远指点江山的位置；借鉴了市场机制的优势，促使高等学校面向社会、面向市场的需求。

高等教育评估的核心价值取向是办人民满意的高等教育，随着我国高等教育体制改革的不断深入，应该改革现有的以政府为主导的高等教育质量评估体系，提高评价的系统性和科学性，构建社会化的高等教育质量评估体系，并借鉴国际上的成功经验，完善我国高等教育质量保障体系，全面提升我国高等学校的核心竞争力。

（五）创造良好的转型条件

1.加强顶层设计，完善立法，明确地方院校在我国现代职业教育体系中的地位，建立健全政府主导、行业指导、企业参与的办学机制，扩大招生自主权，提高地方院校的生源质量，加快“双师型”队伍建设；以经费保障转型，研究应用技术类型高校生均经费基本标准、生均财政拨款基本标准，中央财政和地方财政应该共同设立转型示范学校专项资金；

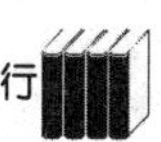

以信息促进转型，收集社会经济发展信息，及时发布国家产业结构调整目录，加强人才需求预测，建立就业预警机制，为高校转型提供信息支持；以评估引导转型，建立符合应用技术类型高校特点的评估标准；以试点带动转型，采用阶梯式分步走的方法，选择不同类型的办学基础条件较好的院校先行试点，探索新建本科院校的多种转型路径。

2.建立分类指导机制，建立多样化高校评价体系，培育地方高校先进的发展理念与科学发展能力。政府部门建立分类指导机制，引导地方高校走特色型发展路径。一是政府部门要制定分类指导机制，通过分类政策、分类标准和分类建议等，促进不同类型与不同层次地方高校，在各自类型中与各自层次上办出特色、办出水平。在科学研究方面，由政府部门提供政策与经费支持，建立一批有特色的省级重点应用型研究室，引导地方高校为地方社会发展提供应用型科技服务。在教学方面，由政府部门提供政策与经费支持，设置一批有特色的省级教学研究项目，聘请一批企业一线高管或高级技术人员到地方高校讲课，促进地方高校应用型人才培养质量提升。二是建立多样化高校评价体系，引导地方高校走务实型发展方向。对不同类型与不同层次高校的考核评估不能使用统一的指标体系，应发挥省政府教育统筹权，建立多样化高校评价指标体系，引导地方高校根据自身实际形成发展理念、明确发展方向与制定发展策略。三是培育立足区域、彰显特色、服务地方的发展理念与发展能力。地方高校发展，应以地方性作为逻辑起点，建设与地方社会经济发展相适应的学科专业，培养与地方社会经济发展相适应的专门人才，全方位、多层面地为地方社会经济发展服务。这要求地方高校具有健全的理念与良好的能力，这种理念与能力的培养，既要靠地方高校自身的努力，也靠地方政府的政策引导与支持举措。

3.加大对弱势高校和特色高校的财政扶持。在地方高校经费投入上，符合中央政府起点规定、与本省经济发展水平一致、适应本省高等教育发展需求的，要保障生均拨款不低于12000元并且随本省GDP增长而增长。建立科学合理的资源分配机制，如投入产出关联机制等，保证各种层次各类型高校都获得应获资源；建立生均经费外的专款专用拨款机制。增加促进教师发展的科研经费（不同于教育厅科技处的竞争式评审的科研项目经费）和促进教学质量提升的教改经费（不同于教育厅高教处的竞争性的、评审式的教改项目经费），增列专项经费不实行竞争式评审，按照高校发展需求拨付给高校，由高校自主决定立项及经费配置事宜；建立特殊拨款机制，加大对弱势或特色地方高校的扶持。如实验室建设、教学设备建设等，确保所有地方高校都能够在相同起跑线上获得同等发展机会。

4.建立政府扶持、多种途径并用、多力量协作的师资队伍建设机制。第一，加大师资队伍建设的政府投入。重视促进教师发展的经费投入，设立科研、教改、师资培训、高层次人才引进等专项支持经费。有足够的经费支持，高校才能让教师参加各种进修或培训，才能设立人才培养基金和教学科研奖励基金，才能引进高水平教师和高层次人才。适度增加总编制数量，放宽编制类型与层次比例限制。有足够的编制，有设置岗位的自主权，高校才有能力、有条件、有优势去聘用人才和留住人才。地方政府部门要重新核定编制，按“优秀”评估中国家规定的高校生师比与实际在校学生人数确定各高校编制总量；要放宽各层次、各类型人员编制比例，增加较高层次教师岗位职称数量，充分下放职称评审权力；要适度增加科研编制。第二，政府协调建立对口扶持机制。在学校层面，建立协作和交流关系，由强校派优质师资到弱校支教支研，弱校派教师到强校进修深造；在学科层面，建立协作和交流关系，由强学科派人到弱学科支教支研，弱学科派人到强学科进修深造；在地方高校设立支教特岗，吸引优秀教师支教支研，并在高水平知名大学建立进修或委培点，为弱校培养师资。第三，政府引导建立校企人才共享机制。制定引导政策与激励机制，促进高校聘用企业一线专业技术人才到校兼职，扩大应用型教师比例；同时，促进学校派人才到联合企业进修，加快应用型师资队伍培养进程。校企共同开发课程。采取特殊政策，如减免企业税款等，促进企业反哺高校。第四，建立针对一线教师的专业发展激励机制。设立面向一线教师的特别教育教学贡献奖励，设定省级各类科研与教学成果奖一线教师最低获奖比例，设定省级各类科研和教改课题评审立项一线教师最低立项比例，采取多种激励、促进和保障措施，推动教师专业发展。

5.拓宽高校毕业生的出路。高校毕业生就业是高校的重要工作，是全社会和千家万户的重大关切，更是政府的重要职责。2013 年 1 月人社部已经制定出台了一系列促进高校毕业生就业的政策措施：开展了面向高校毕业生就业的专项招聘活动，为他们提供及时有效的就业信息和就业服务。鼓励高校毕业生创业，国家有关项目给予了他们创业扶持。开展了有针对性的培训和见习，提高高校毕业生的就业能力和创业能力。2014 年人社部对高校毕业生的就业工作再次做了部署：一是结合产业升级，开发更多适合高校毕业生就业的工作岗位，政府购买面向基层的社会服务和公共管理职位，尽可能地满足高校毕业生的需求。二是落实高校毕业生就业的具体政策，让符合条件的高校毕业生都能够享受到这些扶持政策。三是要继续实施高校毕业生的就业促进计划，特别是对于离校未就业的高校毕业生，继续加强就业服务。四是要发挥创业对就业的引领作用，启动实施新一轮的大学生创业引领计划。2014 年 4 月 16 日国务院常务会议决定把《关于支持和促进就业创业的税收优惠政策》延续到 2016 年 12 月 31 日，同时对一些政策享受的范围、条件、程序都做了进一步调整和完善。

第 2 章　地方高校转型发展中的办学定位

2.1　定位理论

定位是由著名的美国营销专家艾·里斯与杰克·特劳特于 20 世纪 70 年代早期提出来的。按照艾·里斯与杰克·特劳特的观点，定位是你对产品在未来的潜在顾客的脑海里确定一个合理的位置，也就是把产品定位在你未来潜在顾客的心目中。定位就是鲜明地建立品牌，让品牌在消费者的心智中占据最有利的位置，使品牌成为某个类别或某种特性的代表品牌。这样当消费者产生相关需求时，便会将定位品牌作为首选。一般说来，企业在营销中的失策表现为两种：一是在市场逐渐成熟后，如果企业不能及时构思新的定位，从而使其陷入困境。二是随着企业不断扩张和进行多元化角逐，而使消费者对产品的印象愈来愈模糊。美国雪佛莱汽车公司就经历过这样的事情。过去，雪佛莱汽车是美国家庭汽车的代名词，但在雪佛莱将生产线扩大到涵盖卡车、跑车等车型后，消费者心中原有的“雪佛莱就是美国家庭汽车”的印象焦点反而模糊了，而让福特汽车占上了第一品牌的宝座。定位的真谛就是“攻心为上”，消费者的心灵才是营销战略的终极目标。从广告传播的角度来看定位，它不是要琢磨产品，因为产品已经生产出来，而且定型了，不大容易改变，而容易改变的是消费者的心里定位。要抓住消费者的心，必须了解他们的思考模式，这是进行定位的前提。所以，无论是产品定位，还是广告定位一定要慎之又慎..地方高校的科学定位直接关系到我国高等教育大众化程度的进一步提高，关系到建立自身优势，服务经济建设和社会发展。高校要从科学定位人手，在培养合格人才、加速科技转化、优化资源配置、形成优势产业等方面做出应有的贡献。

2.1.1　定位的内涵

大学是分层次的，不同类型的大学，其功能又是不同的，这是由社会对人才的需要和大学的水准而决定的。如果大学不按照功能定位发展，就会导致功能错位，势必造成教育资源的浪费。因此，大学功能必须定位，使其符合高等教育发展的规律。高等教育界关于高等学校定位定义就有多种不同的版本。刘献君认为高等学校定位是指高等学校在办学过程中如何确定自己的身份和地位。周绍森认为高等学校定位是指高等学校向社会提供劳务的品种、数量和质量，并对高校在未来经济社会发展中战略地位和发展方向做出的战略选择。张耀萍与袁建辉认为高等学校定位是指学校根据时代、社会与高等教育发展的要求，在自身条件和水平的基础上制定该校中长时期的发展目标。

1.一般定位

按照定位理论,我们目前已成为一个信息传播过多的社会,而社会公众只能接受有限的信息,社会公众抵御这种信息爆炸的最有力武器就是最小努力法则——喜欢简单。现有高等学校在社会公众心目中都有一定的位置,例如,人们认为哈佛大学拥有世界一流的经济学、生物学、物理学科,剑桥大学拥有世界一流的物理学、化学、数学、生物学、经济学科,麻省理工学院拥有世界一流的物理学、计算机科学、航空航天工程学科,斯坦福大学拥有世界一流的心理学、教育学、植物学、电子工程学科,伯克利加州大学拥有世界一流的原子物理学、化学、生物学科。同样,在我国众多的高等学校中,社会公众心目中对高等学校也有一定的定位。如北京大学的文科和理科,清华大学的工科,中国人民大学的经济学和法学,复旦大学的新闻学等。这些大学所拥有的地位是长期的历史积淀,是其他大学难以取代的品牌定位。也就是说,社会公众对品牌的印象不会轻易改变。定位的原则不但要创造某种新奇的或与众不同的东西,而且要善于操纵人们心中原本的想法,去打开联想之结,以便于在人们心目中占据有利的地位。唯其如此,方能在高等教育市场中赢得有利的竞争地位。

按照里斯与特劳特定位理论的观点,高等学校定位是高等学校在众多求学者脑海中形成的有利的位置,并且这种有利位置是建立在对高等学校本身进行创造性的改变。按照这种观点,高等学校定位首先要从学校自身开始,即从师资、生源、教学质量、教学设施、图书馆、学校领导、校园文化、学校服务面向、办学层次、人才的培养规格、办学规模以及办学特色等等,任何一个学校有关的因素进行定位。因此,定位的实质是要使学校在社会公众的脑海里确定一个合理的位置,也就是学校在社会公众心目中的位置。这种定位可以看成是对学校现状的一种创造性改变,有时可能只改变学校的名称、学费或校园面貌等小问题,而实际上已经对学校的定位作了改变有时只是修饰性而已,却能在社会公众心中得到有利的位置,这本身就是成功的学校定位。

高等学校在高等教育市场中的定位失策表现为两种:一是在高等教育市场逐渐成熟后,如果高等学校不能及时构思新的定位,容易使其陷入困境。二是随着高等教育不断扩张和进行多元化角逐,会使社会公众对高等学校的印象愈来愈模糊。因为定位的真谛就是“攻心为上”,社会公众的心中的“称”才是高等学校战略定位的终极目标。从广告学的角度来看高等学校定位,重中之重是要改变社会公众对高校的心里定位。因此必须了解人们的思考模式,这是定位的前提。在进行高等学校定位过程中必须注意到社会公众只能接收有限的高等学校信息,注重品牌和善于抓住焦点的思考模式,以帮助高等学校占据人们心目中的位置。

所以,高等学校在定位中一定要慎之又慎,遵循简单就是美的原则,一旦形成的定位必须长期保持稳定,努力实现定位目标,而盲目的学校更名、合并、升格或者盲目的专业拓展、延伸,反而会摧毁高等学校自身在人们心目中的既有定位。

2.层次定位

要解决高等学校层次定位不清的问题,必须明确什么是层次定位。至今学术界对层次定位的内涵各执己见，没有一致认可的说法。辞海中把“层次”解释为事物的等级，指自然界中各种事物、两个相邻关节点之间具有某种共同的质的部分。客观事物的某些参数，例如质量、能量、状态、范围的变化，引起事物存在方式的质的变化而呈现出不同的层次。因此，高等学校层次是指高教系统中各高校根据与其相关的若干参数的变化而形成的等级。《现代汉语词典》将定位的本义解释为经测量后确定的位置。《辞海》中的定位是指在加工、测量工件或装配零部件时，把工件或零部件上已定的基准安放在机床、夹具或其他零部件相应的表面上，以确定其准确位置过程。据此，可将高等学校层次定位理解为某高等学校在一定时期内，在分析与之相关的各种因素的基础上，根据一系列参数的变化，确定学校在某一所属高等教育系统中等级地位的过程。在当前高等教育界，由于所依据的参数不同，高等学校的层次定位方式也不尽相同，国内主要的层次定位方式有两种，一种是依据美国《卡内基分类标准》所做的定位。美国卡内基教育促进基金会依据其所授予的学位高低将美国高等学校分为六个层次(2000 年版)，即博士型/研究型大学，硕士型大学与学院，学士型学院，副学士型学院，专业学校，原住民大学与学院。我国学者结合国情加以修改补充，将我国高等学校分为研究性大学、博士型大学、硕士型大学、学士型大学和专科学院。二是依据我国学者武书连所做的分类。武书连在《2002 中国大学评价》一书中按大学的科研规模将我国高校分为四个层次，即研究型大学，研究教学型大学，教学研究型大学，教学型大学。

自新中国成立后到 20 世纪 80 年代中期，我国大学分类也是很清楚的。那时，全国高等学校总共分为五个类型：即文理综合大学、多科工科大学、单科工业学院、师范学院和高等专科学校。这种分类与国家的经济建设是相适应的。可是，到了 90 年代初，在各种“工程”的影响下，大学合并、改名、升格、扩招、相互攀比、与国际接轨、抢占学术制高点、跨越式发展、建立“航空母舰”、“建设一流大学”、扩大校园土地、大兴土木……于是，出现了严重的浮夸风，什么教授贬值、博士生导师注水、论文剽窃、大学生就业率造假、评比检查弄虚作假等怪现象不一而足。如今，大学已经不是一块神圣的“净土”了。有大一统的领导体制导致的问题，管了一些不该管的事，而一些应当管的事却又没有管好。也有学校本身的问题，由于各大学之间没有明确的功能定位，所以彼此盲目地攀比，于是你重点大学要建航空母舰大学，我地方大学也要建航空母舰大学；你国家要建研究型大学，我地方也要建研究型大学；你中央要建一流大学，我地方也要建一流大学。于是，现在已经没有单科学院了，没有有特色的大专学校了，没有小而精的大学了。过去是千军万马争上大学这个“独木桥”，现在是千军万马争建研究型大学和一流水平的大学这个“独木桥”。尽管各大学之间水平不同，但是各校的办学理念、办学体制、办学模式却完全雷同，所以有人戏称中国大学是“千校一面”(一副面孔)，万人一格(一种规格)。众多地方高校必须适应多元化的市场经济对人才的需要，尽快给自己以明确的功能定位。

高校定位不只是高低层次的定位，也不只是学科门类的定位。潘懋元先生认为高等学校定位的主要依据应当是高等学校培养人才的职能——培养学术性人才、专业性高科技人才、实用性职业技术人才。

3.特色定位

从世界高等教育系统来看，竞争将会导致全球范围内的高等教育“分工”，导致各国高等学校办学特色的多样化。高等学校必须转变办学指导思想，在认真研究经济和社会发展对人才实际需求的基础上，重新构筑学校的办学体系，以特色适应需要，从特色中找到自己生存和发展的生长点。大学的特色具有多元性特征，但优势学科是灵魂。高校办学特色集中体现在学科建设上。堪称世界一流的大学也并不是所有学科都居于世界一流。他们往往是在某些学科领域处于世界的最前沿，形成特色，在优势学科领域为社会发展做出卓越贡献，产生广泛的社会影响，从而提升和确立了学校的国际地位和知名度。大学特色的形成和确定是靠教师和毕业生支撑的。世界上所有著名的大学，他们的办学特色都主要是由教师和毕业生对科学事业和社会发展做出的卓越成就和贡献支撑的。大学核心竞争力的形成和质量的提高是特色形成的真正标志。大学的特色形成在于为社会发展做出的被社会承认的实际贡献大小。一流大学必须是在相同的某一比较范围内的所有大学中综合指标名列前茅的大学。一些大学并不一定是综合指标名列前茅，却同样可以办出自己的特色，如美国的社区学院，英国的开放大学，都说不上是一流大学，但办得很有特色。换句话讲，凡是世界一流大学或国内一流大学，都具有一定办学特色；但不是所有有一定办学特色的大学，都是世界一流或国内一流大学。因为社会发展和科技进步需要不同层次、不同规格、不同类型的各类人才，其核心是得到社会广泛承认的实际贡献。

2.1.2 什么是办学定位

“办学定位”是我国高等教育管理体制改革适应社会主义市场经济体制的必然，也是高校面向社会行使办学自主权的需要。在高等教育历史悠久的发达国家中，各类高校都十分重视面向社会找准自己的生存发展空间，并坚持自己的办学理念和办学特色，这是办好高校必然遇到的普遍性问题。高校的办学定位是指办学者根据社会政治、经济文化发展的需要及学校所处的环境，从办学条件与办学现状出发，确定学校发展的方向、奋斗目标、建设的重点和办学的特色。因此，一方面，办学定位应该具有继承性，另一方面，在学校发展的不同时期，办学者的教育思想会有所变化，因而在不同的历史时期，办学者的“定位”理念也会发生相应的变化。“办学定位”不仅仅是校长等少数人的事，而且是要由一定的群体参与的多数人的事，“办学定位”只有在获得学校中大多数人，特别是教师和基层管理者的认同后才能在办学实践中有效实施。

办学定位主要有三个方面的内涵：一是办学方向和目标的定位。高等学校要明晰国家经济与社会发展对人才有何需求，根据经济建设和社会发展的情况，科学确定学校的发展方向和目标，使教学、科学研究、社会服务、文化传承四大职能充分发挥，真正能适应和促进经济和社会的发展。办学方向和目标的定位实质上是对高校在整个社会大系统中的宏观位置的战略选择。二是办学类型和层次定位。从学校的实际出发，科学确定本校的类型和层次，其实质主要是在整个高等教育系统中如何定位的问题。我国的高等教

育分为专科教育、本科教育和研究生教育三个层次(近年来兴起的高等职业教育一般属于专科层次);同时,我国高校的办学大体义可分为研究型、教学研究型、教学型和教学服务型(即高等职业教育)四种类型。各类高等学校的职能都是育人为本,教学、科研、社会服务协调发展,区别主要在于科研和社会服务所占的比重不同。不同类型的高等学校办学条件和数量规模也是不一样的。三是办学的水平和特色的定位。这是有关学校的教学设施、师资力量、学科设置、管理水平、资金投入、历史沿革等内部各要素在学校发展中的组合与配置的问题。其实质是学校在其自身存在和发展空间中的定位,主要体现在:学科定位——确定主要学科在本地区或全国同类高等学校中的优势地位,培养有实践能力和研究能力的高层次人才,以保证本校在整个高等教育中的份量;发展特色、人才培养目标和规格的定位——根据自身条件,如科研实力、学科优势、资金来源和筹措能力,高等学校领导者的素质、才能、抱负、追求等找出比较优势来,突出自己的特点,选准自己的主攻方向;服务区域定位——锁定本校在功能上的合理区分,既要做到学校规模、结构、质量、效益的有机统一,又要源于实际的现实性,同时又需要高于实际的超现实性,即办学定位不能完全拘泥于现实,而是要超越现实,方向性的把握现实,把握住现实的发展变化。因此,科学合理的办学定位,应该是解放思想、实事求是的结晶,应该是现实性与超现实性的统一,应该是动态把握、与时俱进、努力实现跨越式的发展。

高等学校的定位要考虑以下三个要素:所处的时代特征和社会与经济发展趋势,高等学校肩负的适应并促进经济和社会发展的历史责任以及对自身的办学条件与实力的客观估计。因此,要消除以下误区:一是在办学规模上,不是越大越好。一所高校应该具有怎样的规模,或者说高校规模扩张在哪一个临界点上停止,是一个很具体的问题,因为各个高校已有规模、师资力量、筹资渠道、地理位置所导致的办学成本等方面不同,使得“在许可的范围内”这一约束条件是有差别的。要消除一个认识误区,即只有规模大的高校才能获得更多的经费,才能有更高的办学质量,才有资格进入名校行列。在现有不合理的评估环境中,第一种情形可能存在,但后两种情形不具有必然性。规模小的高校,如只有不到 3000 人的芝加哥大学,也能跻身世界一流大学。二是在办学类型和层次的定位上,不是只有研究型高校才是高水平的高校,才享有较高的社会地位。哈佛大学荣誉校长陆登庭认为:“好大学并非都是研究型的,即使是研究型,也不都是一样的。”在法国,最受欢迎、最有地位的高校不是研究型大学,而是高等技术学校。三是学科定位上的“大而全”、“小而全”倾向。学科是由特定领域知识组合而成,而知识具有沿时间和空间的互补性特点,在理论意义上,高校多设学科有利于学科之间的低成本交流、互补并促进知识发展。但学科建设具有丰富的结构性内涵,包括教师团队、学科基地等方面的建设,具有强资源依赖性的特点。所以并非所有高校都能办很多学科。高校要着重发展原有优势学科,结合区域、行业、学科发展水平,支持优势明显的基础学科和高新技术学科;针对本区域的资源和地缘特点,新建一批对本地区国民经济建设和社会发展具有推动作用的新兴学科和应用技术学科,改造、调整那些不适应国家和本地区经济社会发展的老学科。

2.1.3 地方高校的办学定位

在教育体制改革的新形势下，地方院校所面临的最大课题是如何满足本地区经济和社会发展的需求。各地区、各学校必须寻求最有利于自身发展的最优方式和最佳途径，坚持“立足本地、面向本省、服务全国”的办学定位，按照教育部本科评估的工作要求，结合自身发展实际情况，总结出学校发展的理念或指导思想、定位和办学特色，并且使这种办学特色令人满意，得到社会认同。但是，从实际情况看，地方高校办学错“位”现象仍十分突出，如在高等教育大众化背景下，仍固守精英教育的人才培养目标，不顾分层分类教育的现实，仿效研究型、教学研究型大学，追求“大”、“全”和“高”，认为规模越大，学科、专业越全，人才培养层次越高则办学水平就越高，将“特色建设”与“一流建设”混同，导致地方高校办学定位“千校一面”。对此，奥尔特加批评说，“对于爱效仿他人、缺乏真实自我意识的民族来说，不可避免地就成了年代错置式的人物了。”地方高校如果跟在研究型、教学研究型高校后面亦步亦趋，不仅容易迷失办学方向，而且难以形成核心竞争力，失去自身存在的价值。地方高校办学特色的创建，除了顺应高等教育市场化的潮流，还要遵循大学的内在逻辑与理性，在坚持大学使命的前提下，根据自身实际和经济社会发展需要选择发展方式，找准定位，从而形成自身特色。经过10多年来的争相升格和规模扩张，相当多的地方高校已开始反思高等教育大众化时代的办学定位问题，并把特色视为学校的核心竞争力。地方高校科学定位包括办学方向和目标的定位，办学类型和层次的定位，办学水平和特色的定位三个方面。

1.办学方向和目标的定位

这是高校在整个社会大系统中宏观位置的选择，即高校在当代经济、科技、文化及整个社会发展的大背景中如何确定自身的目标和方向。从根本上来说，“育人”始终是高等教育最基本、最重要的职能；同时高校是知识创新和传播，技术创新与应用的基地，因此高校必须把培养人才、发展科技与积极参与经济和社会发展结合起来，为经济和社会发展作贡献。在当前的高等教育快速发展和深化改革中，地方高校首先应转变观念，理清思路，牢固树立紧密结合区域经济与社会发展的功能观。经济全球化和区域经济合作是当今世界的发展潮流。随着我国经济体制改革的纵深发展，社会主义市场经济体制日趋成熟。市场经济区别于计划经济最重要的特征就是发展区域经济。“十七大”从深入贯彻落实科学发展观、推动区域协调发展的大局出发，指出“要继续实施区域发展总体思路，深入推进西部大开发，全面振兴东北地区等老工业基地，大力促进中部地区崛起，积极支持东部地区率先发展。重大项目布局要充分考虑支持中西部发展，鼓励东部地区带动和帮助中西部地区发展。加大对革命老区、民族地区、边疆地区、贫困地区发展扶持力度。帮助资源枯竭地区实现经济转型。更好发挥经济特区、上海浦东新区、天津滨海新区在改革开放和自主创新中的重要作用。”因此，作为地方高校的办学方向和目标的定位，就是应该为适应和促进区域经济与社会发展服务，这既是时代发展对地方高校提出的历史使命，也符合当代高等教育发展的大趋势。地方高校在强调高等教育国际化的过

程中，更应强调其本土性，坚定不移地培育区域经济社会发展所急需的人才，加速科技向当地转化，优化当地资源配置，形成当地特色优势产业等方面做出应有的贡献。尤其是要在西部大开发、发展中部经济这场具有历史意义的大战役中，在各地"科教兴省(区)""人才强省(区)"的战略实施中一马当先。地方高校只有与区域经济社会发展需求相结合，才能寻找到自己的落脚点，发挥出自己的优势；只有通过推动区域经济社会发展来培育高素质创新人才，加速科技成果的转化，才能实现自己上新台阶、达新水平、出新效益的发展目标。

2.办学类型和层次的定位

这是高校在整个高等教育系统中位置的选择，即高校对培养人才的结构、规格和模式的定位。我国高等教育对人才培养的规格历来分为专科教育、本科教育和研究生教育三个层次，近年来参照国外的分类，结合我国的实际，倾向于将高校分为研究型、教学研究型、教学为主型和教学服务型四种类型。这四种类型的高校的职能都是以育人为本，教学、科研、为经济社会发展服务和文化传承功能协调发展，只是在培养人的层次上各有侧重，科学研究和为经济社会服务所占比重有所不同。研究型大学是以理论创新、科技创新为主，为社会培养大量的高层次拔尖创新人才。它以创新性的知识传播、生产和应用为中心，以产出高水平科研成果和培养高层次拔尖人才为目标，在社会发展、经济建设、科教进步、文化繁荣、国家安全中发挥重要作用。教学研究型高校有一定的理论创新、科技创新能力，培养大量的专门人才和一定数量的拔尖创新人才，教学与研究并重。教学为主型高校主要是培养大量的专门人才和发明、推广应用技术人才，以教学工作为主，同时积极开展科研。教学服务型高校主要为本区域培养大量高素质的技术应用人才。高等专科学校和高等职业技术院校都属于教学服务型，高职一般为专科层次。显然，地方高等院校，尤其是中西部地区的地方高校除少量的属于教学研究用型外，绝大部分应定位为教学为主型和教学服务型。除了教学研究型和少量的教学为主型的地方高校进行适量的研究生层次教育外，主要进行本科层次或专科层次教育，实现以应用型为主的人才培养多样化。当然，我们的研究定位于本科教学层次。

3.办学水平和特色的定位

这是高校在学科设置、专业结构、科学研究与技术创新等方面的定位。高校学科设置和专业结构的选择是提高学校办学水平和形成学校办学特色的关键，每所高校都应努力发展具有特色和水平的学科和专业，作为学校发展水平的标志和提高学校办学效益的基础。要特别强调发挥自己的比较优势和特色。特色就是竞争力，而且，这种特色一定是要有优势的特色。确定本校的特色学科要依据以下几个原则：(1)面向区域经济支柱产业，发展重点学科；(2)面向新兴产业，发展新兴前沿学科；(3)面向社会全面发展和文化传承，发展人文学科；(4)促进人文学科和自然学科共同发展、交叉互融，发展边缘交叉学科。开展应用科学研究，进行技术创新、技术推广和应用、着力推动区域经济和社会发展，是地方高等学校办出特色、办出水平的主攻方向。①地方高等学校承担着人才培养、科学研究、社会服务的职能，对区域经济的发展具有极其重要的作用。这种作用最主要表现之一为地方高等学校是区域经济发展的科技创新中心。因为:(1)科技创新是高校为地方经济建设和社会进步作出服务和贡献的主要职能之一;(2)科技创新是加强学科建设、增强学术实力的根本措施;(3)科技创新是培养、锻炼学科队伍的必由之路,是增强学校经济实力的主要途径。高等学校历来是科技创新体系中的重要力量。地方高校主要任务是促进技术创新,将国内外的先进技术转化为当地经济的现实生产力。地方高校要努力成为地方应用研究的主力军、高校科技产业化的主力军,成为各地新经济蓬勃发展的重要力量。

2.1.4 高等学校定位的意义

要办好高等学校,首先要确定它在社会系统和高等教育系统中的位置,只有明确其位置,才能进一步决定其发展方向和办学模式。可以说,在一定程度上,定位是高等学校各种行为的逻辑起点。而在当下我国高等教育大发展与大转型的时期,许多高校尤其是新办和新转型高校的层次定位不明确,有的甚至不清楚什么是层次定位,给其自身的可持续发展带来极大的障碍,也给我国整个高等教育系统的结构带来了混乱,引起社会和高等教育界的极大关注,成为高等教育发展中的一个重要议题。

随着社会经济的不断发展,高等教育已从社会的边缘走向社会的中心。高等教育的发展以及扩张使得高等学校数量急剧增加,我国目前已拥有各种各样高等院校 2000 多所。在这么众多的高等学校中,社会公众与求学者面对如此多的学校和如此多的专业选择而不知所措。我国 20 世纪 90 年代后期是高等教育迅速发展的时期,在这一时期里,高等院校的入学人数逐年递增,短短几年在校生规模从 1998 年的 340 万增长到 2005 年的 2200 万到 2012 年的 3000 多万。随着高等学校毕业生失业人数的增多,高等教育逐步趋于稳定甚至走向紧缩,整个高等教育系统就会在教育资源特别是经费、教师、生源等方面展开竞争,使得高等学校出现不断的分化,以及在市场竞争中逐步细分教育市场,寻求高等学校再定位。这样,高等教育扩张性大发展逐步形成了高等教育系统新秩序,地方高校为了创造一个有利于自己的新秩序,必须做出重新定位。

高等学校定位有利于政府对高等学校放松管制,进行宏观调控,保证高等学校按政府的办学方向发展。我国政府过去对高等学校管得过多、统得过死,常常是陷入一管就死,一放就乱的恶性循环。造成高等学校往往成为政府的附属机构,政府机构也陷入了干预高等学校内部事务管理的泥潭而无法自拔,既不能管理好高等学校,也不能管理好自身,结果是政府的管理机构越来越庞大。政府如果对高等学校只是在立法、拨款等方面进行宏观调控,实行对高等学校放松管制,使其根据自身特点进行定位,就能保证高等学校按政府的办学方向发展。

高等学校定位有利于高等学校创设自身秩序,有利于学校创新,办出特色,有利于高等学校在竞争中取胜。并且在人才培养、科学研究、社会服务、专业设置、服务面向、生源、师资要求、校园文化建设等方面做出相应的规划和具体要求。由于政府实现对高等学校进行宏观调控,高等学校的办学自主权不断扩大,高等学校可以在定位上追求创新、

特色化，使得高等学校越来越符合社会经济的发展需求，不断地满足不同层次社会公众对高等教育的需求，有利于不同的高等学校在竞争中取胜，从而避难就易地避免了恶性竞争以获得较好的发展。高等学校定位，有利于让自己学校与众不同，形成核心竞争力，并且有利于鲜明地建立学校品牌、让学校品牌在社会公众的心目中占据最有利的位置，使学校成为某个类别或某种特色的代表性学校。

高等学校定位有利于社会公众选择各自所需的学校就读。高等学校定位不仅要建立在学校自身的条件基础之上，更重要的是要建立在社会公众对高等教育的不同需求之上。由于对高等教育市场进行了细分，不同的高等学校有不同的学校定位，从而使得社会公众对高等学校有较大的选择空间，社会公众可以根据自身条件和需求正确地选择就读学校，从而避免了盲目性。造成目前社会公众趋于选择理论型本科院校的风潮，部分原因是我国高等学校定位趋同单一进一步强化了这种风潮。这样，当社会公众对高等教育产生相关需求时，便会将定位的学校品牌作为首选，也就是说这个品牌占据了这个定位。因此，高等学校本身的所作所为以及包括书面与非书面的学校文化、制度等方面的宣传本身对定位占有极其重要的地位，任何行动与语言方面的不利的影响都会削弱高等学校定位。

高等学校定位有利于高校办出特色，从而有利于毕业生就业。我国的高等学校定位不明确，缺乏办学特色，这是影响高校毕业生就业的主要因素。相反，高等学校的不同定位可以使高等学校在不同方面办出特色，从而避免了千校一面，这样，不同定位的高等学校的毕业生在就业市场上不容易相互竞争，反而扩大了就业机会。

高等学校定位有利于各所学校加强自身的院校研究，为本校决策者提供管理信息和决策辅助以提高管理水平，改进管理实践。高等学校不同定位的结果是使高等学校发展不断趋异。这种不断趋异的结果是高等学校没有统一的发展模式可资模仿、借鉴，因此必须加强学校自身的院校研究。院校研究的目的是解决本校的问题，为本校的管理、教学等提供咨询和理论指导，使本校的管理更加科学化，发展更加特色化，从而反过来有利于实现学校的定位目标。

2.2　地方高校办学定位依据

我国高等学校定位并非从定位理论出发，而是从分类理论出发，所以我国的高等学校定位实际上就是确定高等学校分类中类别，由于目前通行的几种分类方法不同，造成难以定位。所以，高等学校定位不应从分类理论出发，而应该从定位理论出发，结合我国的实际，放松政府管制以释放高等教育内部的自生秩序，重视高校自主决策的定位与创新，使各个学校根据各自的优势与不足做出相应不同的高等学校定位，从而推动整个高等教育生态体系的健康发展。

2.2.1 理论依据

定位的理论依据是什么？高等教育作为人类社会生活中一项高度组织化的社会活动，其实践状况可由系统理论的相关论点加以解释探讨功能问题。伯顿·克拉克的系统论基本思想方法就是把所研究和处理的对象当作一个系统，分析系统的结构和功能，研究系统、要素、环境三者的相互关系和变动的规律性，并以优化系统的观点看问题。系统论不仅为现代科学的发展提供了理论和方法，也为解决现代社会中的政治、经济、军事、科学、文化等方面的各种复杂问题提供了方法论基础。系统分析是一个理智的工具，可以用来对现有教育体系进行全面的、批评性的研究，还有可能提出一些用科学计算得出来的新的教育模式。系统思维有助于打破中国传统思想中整体性、笼统性、类比性的思维局限，有助于研究者对教育研究的领域及其问题、招体性结构及其关系进行合理关照。

除了系统论外，帕森斯的结构功能主义强调一个体系只有与其外部的其他体系相适应、相协调，才能使其既定的目标实现，而与外部环境相适应就是其运用的手段，一个体系也只有通过对内模式的维持这一手段，才能达到体系内部各要素的整合，才能最后表现出其对内的功能。因此，高等教育系统应该为维护社会系统稳定而提供功能性服务。

教育病理学也是定位理论的重要依据。新崛通也和大桥薰认为，病理是社会发展过程中普遍存在的客观现象，教育病理就是指由教育系统内外的异常因素引起的教育功能障碍，使教育偏离正常发展模式的一种失调状态。教育病理学就是研究偏离教育良性运转和正常发展的各种病态行为、影响因素、内在机理及其防治措施，从而促进教育健康和谐、良性发展的一种理论。因此说，当前高等教育发展过程中出现的诸多问题，都与高等教育的功能未能有效实现与发挥有关，高等教育功能失调是客观的、不可避免的，却可以人为控制其发生的程度和机率，高等教育功能失调这一病变事实必须得到重视。

2.2.2 地方高等院校办学定位的决定因素

影响准确定位的因素有学校内部、学校外部两大类。

(一)学校内部的因素

从发生学的角度看，大学的成长过程有多种生长方式。如办学历史悠久的老高校的自我繁衍式：即从办学的低层次向高层次不断攀登，由专科层次到本科层次，再到研究生层次。当低层次办学的能量积累到一定的量质时，主动地、不失时机地向高一层次的办学推进。老高校在发展的不同阶段，需要有不同的定位，而每到一个新阶段开始的转折关头，往往会产生出一位教育思想卓越的领导集体来实现这种办学定位的转变。随着高校管理体制改革的深化，近年来我国出现了一批合并型高校，这一类高校其生长过程与老高校有所不同，其办学能量的积累并不是合并者自身办学历史的简单叠加，合并前后的办学历史之间具有某种非连续性。合并之后，其成长过程也有明显的阶段性：磨合期、调整巩固期、发展期。要充分认识“合并”可以增强学校的办学实力、为将来办学水平的提高奠定新的基础，但增强办学实力的本身并不等于办学水平会必然提高。这类高校感

觉到办学定位很难:想定高一点,但各学科办学基础参差不齐,但如果定低又怕缺乏吸引力和凝聚力。应该处理好整体定性与局部定位的关系。在整体定位上应该着重考虑实力较强的学科的发展方向,以及它们在社会经济、科技发展中的地位和作用,定位可高一些,以拓宽发展的空间,从而确立学校的整体地位和形象。学科实力较弱、并在短期内很难有所改观的学科或专业的定位,则应该等夯实基础、积累能量、在时机成熟时将其定位提高,还可以将不同的专业定位在不同的办学类型上。

1.办学理念。办学理念是大学精神的结晶,也是办学者的内在精神力量和动力。不同的办学理念形成不同的办学风格和特色,没有创新性的特色办学理念,就很难创建出有特色的大学。大学要形成特色,首先要确立先进独特的办学理念,因为办学理念是办学的灵魂,也是办学特色形成的源头与基础,支配着大学的发展方向。为避免与其他高校办学理念雷同,地方高校对自身的社会定位与功能定位.举办者对大学办学中的远景定位,社会对大学办学的需求,受教育者对多元化人才培养模式的需求,学科专业的特色以及与相关专业的交叉、渗透与融合,大学自己的传统、资源、特色、优势等,都要分析厘清,并坚守具有自身特色的办学理念,一直走下去,方能真正形成自己的办学特色。

2.办学原则。办学原则是处理办学问题的准则。在办学过程中,必须体现务实性原则,即坚持实事求是,一切从实际出发;必须体现整体性原则,即系统协调,整体优化;必须体现民主性原则,即反复论证,民主讨论;必须体现科学性原则,即科学合理,符合历史的发展趋势和高等教育规律,符合大学的逻辑。

3.学科建设思路。学科特色、专业特色是学校办学特色的集中体现。地方高校学科建设的资金与重点本科院校相比,存在很大的差距。因此,地方高等院校和重点院校要错位发展,就必须在学科建设中坚持非均衡发展战略,不走全面发展的学科建设道路,而是依据本校的比较优势,“有所先为,有所后为”。学科非均衡发展战略的思路是:根据学校的定位和学科规划要求,通过资源向不同学科的倾斜配置,以实现学科的不同程度发展,重点扶持某个或几个有希望办出特色的学科专业。通过某门学科的“一枝独秀”来带动相关学科的发展,从而形成一个结构优化的学科群,这样便可使学校的学科建设迈入“可持续发展”的轨道,最终形成一批特色优势学科。

(二)最主要的外部因素

时代性、制度性和区域性因素是影响高校定位的最主要的外部因素。所谓时代性是指社会发展中某一特定的历史时期内所表现出的主要的社会特征。当今高校所处的时代是经济全球化、教育国际化、人才资源配置市场化的时代。这种时代特征必然要影响到学校办学目标的重新定位。传统的高等教育是一种传承式的教育,以培养继承性人才为主 21 世纪,培养高素质的创新性人才是高校办学的首要目标。我国正在构建国家创新体系,高等院校、科研院所是国家创新体系的骨干力量。一个国家制度层面的变化对高校的办学定位有直接的影响。我国处于计划经济体制过渡到社会主义市场经济体制的转型变化时期,高等学校要面向社会自主办学,这是高校进行办学定位的前提。同时,国家和政府所制定的有关教育政策也会影响高校的办学定位。区域性因素也对高校办学定位有直接的影响。高等教育的区域性是指高等教育要为一定地域的经济和社会发展服务，是教育外部关系规律的具体表现。高等教育的区域性首先会影响到高校服务面向的定位，譬如地方高校就首先要为本地区的社会经济发展服务，并进一步辐射到其他地区。其次，区域性经济的发展特征会影响到高校的学科和办学特色的定位。第三，办学的区域性特征还会影响到高校人才培养规模、层次和规格的定位。即使在同一区域之内，各校的办学应有所分工与协调，社会对人才的需要是多层次、多样化的，这就迫使高校办学不能集中在某些层次和类型上，否则会造成人才培养的结构性失衡。如在高新技术发展较快的发达地区内，除了需要一批高科技的精英型、创造型人才，还需要大批的高等应用型、技术型人才、同时需要为数众多的中初级技术型、技能型、操作型人才和素质较高的普通劳动者，所以高校在办学定位时还要考虑到区域性教育系统内各级各类学校之间的内在协调性。

1.历史条件和发展传承。特色是一所大学的历史积淀，大学的历史传统决定着大学的发展，所以大学的发展不能割断历史。只有传承了学校优秀的历史传统和优势，才能积极回应社会需求，紧跟时代发展的步伐。地方高校要办出特色，必须认真地研究学校的历史，系统总结本校的办学思想与经验，继承优良的有生命力的传统，摒弃有弊端的、有争议的传统。

2.地方特色和城市特色。地方性特色就是地方高等院校永远的特色，地方高等院校要植根于地方经济和社会的土壤中，培育特色的学科和专业，实现特色立校，特色兴校。在办学定位和办学特色上要发挥自身的优势，做到内外部条件的有机结合和合理嫁接，充分考虑地方的特点和需要，为地方经济建设和社会发展服务，获取地方政府和社会的大力支持，从而在学校所处的区域办出地方特色，进而在大学之林走出自己独特的办学之路。实践证明，大学与地方社会经济发展结合得越紧密，对人类进步的促进作用就越大，同时对其自身的发展也越有利。

3.时代特色。就是要具有主动性、前瞻性和先进性。必须主动探讨特色办学如何开展，探讨为地方服务、人才引进、人才培养、国际化办学等对策，并付诸实施。在专业建设中，要从地方经济发展的前沿领域人手，选择几个重点发展方向进行深入研究，力争取得标志性的重大研究成果。而一旦在这些社会经济发展的前沿领域取得研究上的突破，就能在一个更高的层次上服务社会、服务地方经济，同时，形成办学特色。

2.3　地方高校办学定位存在的问题

国际经验表明，在工业化初期和中期，也就是人均国民生产总值在1000—3000美元之间，高等教育将进入从精英教育向大众化教育转变的历史阶段。这一时期，既是国际公认的经济发展高速期，也是高等教育发展的高速增长期。2000年到2010年，我国人均GNP将从800美元左右增加到4283美元左右，为我国进入高教大众化奠定坚实的经济基础。从国际比较来看，一是从国民受教育年限来看，根据最近世界银行和联合国教科

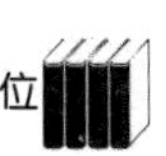

文组织的报告，发展中国家与发达国家相比，不仅经济发展水平的差距在扩大，而且人口预期教育年限的差距也十分明显。1995年的数据表明，在低收入、中下等收入、中上等收入和高收入的国家中，人口平均受教育程度分别为6.9年、10.7年、11.7年和14.3年。而我国1990年90%的人口普及小学阶段教育时，人口平均受教育程度接近6年；1999年全国近80%的人口普及九年义务教育，人口平均受教育程度达到8年左右。2009年我国九年义务教育普及率95%，国民人均受教育年限8.5年。而人口受教育程度的提高，在很大程度上取决于高中及高等教育的发展。二是从高等教育毛入学率来看，发达国家、新兴的工业化国家甚至一些发展中国家都已进入高等教育大众化乃至普及化阶段。美国在20世纪40年代末进入大众化阶段，并于70年代迈进普及化阶段；法国、德国、日本等在20世纪60年代中后期进入高等教育大众化阶段；韩国、菲律宾等也在20世纪70年代初实现了高教大众化。另据联合国教科文组织统计，从1985—1995年高等教育毛入学率来看，各国平均从12.9%上升到16.2%，其中发展中国家仅从6.5%上升到8.8%。而发达国家已经从39.3%快速上升到59.6%。而我国高等教育毛入学率从1978年的1.4%，1990年的3.7%，提高到1998年的9.8%、2001年的13.3%，2002年达到15%，2011年26.9%，跨入高教大众化的门槛。随着高等教育资源竞争日益激烈以及两极分化不断扩大，越来越多的高等学校开始意识到科学、合理的定位对学校持续发展的重要意义。然而由于没有科学的理论指导，加之运行中受多种因素的影响，高等学校定位越来越呈现出一种剪不断、理还乱的混乱状况。“定位”中容易发生的五种不良倾向：

一曰攀高。有些高校特别是地方高校在办学层次上往往会出现明显的攀高现象，中专变大专，大专变本科，专科变本科，教学型大学变为教学研究型大学，而教学研究型大学又想变为研究型大学，不顾地方情况和自身的办学实力盲目提升办学层次。其实，各个办学层次有许多具体的评价指标，例如研究型大学，科研投入要占到学校总收入的25%到30%，总收入的1/4或1/5直接来源于科研，总资产的1/4或1/5是科研活动的积淀，师资队伍中要有50%是受过系统训练，具有博士学位，能够独立开展科学研究的人才，学校研究生与本科生的比例要达到1:1或者2:1，显然这不是一般地方高校在短时间内所能具备的。社会需要各种各样的人才，各种人才的要求和规格是不一样的，这就要求高等学校的类型和规模也要有所不同。

二曰求大。在市场驱动和国家政策的引导下，高教事业迅速发展，高等教育的规模在不断扩大，是我国经济和社会发展对高等教育的现实要求，也是我国初步实现高等教育大众化的必然选择。但对一所高等学校来说，规模有一个度的问题，规模与效益也并不总是成正比。据不完全的测算，办学效益最好的规模是：专科4000—5000人，本科8000－10000人，超过1万人规模的大学，一定要采用分校管理或分学院管理的模式，否则，效益将会下降。另一方面，人才的质量比数量更重要，高层次人才与低层次人才之间是不能简单替代的，高层次人才代替低层次人才不一定可以也不一定经济，低层次人才更代替不了高层次人才。

三曰尚名。近几年来，不少的大学，将学校建设与发展目标定位在追求“世界一流”

“全国一流”“全省一流”上，这种定位是否科学合理，有多大的可能性呢？“一流”要体现在办学水平和实力上，如果脱离实际，把追求“一流”作为“装饰门面”的口号，那起到的不是凝聚人心而是涣散斗志的作用。高校在进行定位时，要认真回顾自己的发展历程，分析自己的优势和劣势所在，注意扬长避短，不能为不切实际的名誉影响既定的发展战略。

四曰逐利。高等教育有两重属性，即公益性和生产性。随着知识经济社会的来临，不少高校错误理解了高等学校的这种趋向，片面追求经济利益，有的高校甚至不顾条件、不讲质量，盲目扩招，恶性膨胀，多收费，乱收费，弄虚作假，欺骗学生，使自身的优势难以发挥，或者使已有的优势逐渐丧失。高等学校应该从较高的层次上对国家和地方做出应有的贡献，急国家和人民之所急，而不能把自己变成纯粹的“经济实体”。

五曰趋同。地方高校在“高水平”“研究型”或“教学研究型”“综合性”“开放性”“国际化”“一流大学”等不良倾向的影响下，必然走向趋同的道路，而趋同显然对地方高等学校的发展不利。市场的永恒原则是提供差异化的产品，高校的特色是培养特色人才的关键。地方高校必须了解地区产业结构和就业结构调整、变化的状况，办学类型、办学层次和学科专业要与此相适应，并了解国内其他高校特别是本地区高校的发展状况，着力培养并发挥自己的独特优势，这才是一个学校永葆青春的根本法则。存在上述主要问题的原因：

2.3.1 定位理论上认识不清

高等教育界关于高等学校定位定义就有多种不同的版本，关于高等学校定位与分类的关系上存在分歧。潘懋元先生指出分类不清、定位不明是当前中国整个高等教育发展中的一个令人困惑的问题，因此中国现在急需解决的问题就是定位问题，然而要定位就要先分类，而分类在世界上也是个难题。这就提出了两个难题。刘献君也认为我国目前高等学校定位不够准确，与对高等学校分类的研究不够有关，应针对我国高校分类标准中存在的问题，参照世界高等学校分类与定位的发展趋势，在对教育部门内部进行考察和对社会环境进行分析的基础上，探讨我国高等学校定位的依据、内容以及影响因素。但邓耀彩却认为高校分类只是对高等教育发展结果的事后解释，不具有指导高校定位的能力，并且无助于高等学校办出特色。他认为高校分类应该通过放松管制，落实高校办学自主权。

关于高等学校定位主体存在着分歧。许多教育研究者已经意识到最根本的挑战是要将整个大学视为一个学习型组织，要使它的机构、进程和功能设计适合教授、管理人员以及学生进行有效的学习以避免被淘汰。但新中国成立后所建立的大学规程仍是强调服务于国家的需要，政府常常是定位的主体。目前我国高等教育的发展现状即高等教育的收益率不断下降，并将很快达到边际收益率的状态，正在进入一个需要高等教育创新来推动的发展阶段，这就要政府放松管制，重视高校自主决策的定位，使不同的学校、不同的专业、不同的学生都能够找到合适自己的教育与学习模式。政府的主要目标应该是引导高等教育系统降低分层体系的高度，而不是为它们创造地位升迁和变革的条件。高

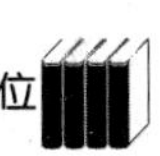

等院校的地位要得到升迁和变革最终都要由争取著名教授和出类拔萃的年轻教师、争取研究经费、争取优秀本科生和研究生等市场力量来决定。高等学校的主体终究是人，所以高等学校内所进行的高深学问的教与学以及进行的科学研究和社会服务等功能都是围绕着人来开展的。高等学校的定位的主体是人，是举办者、管理者以及高等学校中的全体师生，是关于高等学校的心理定位，虽然高等学校的教育目标是预定的，高等学校的教学、科研与社会服务等实践活动是按照原有计划实现既定目标的过程。

2.3.2　定位实践上混乱定位

目前，由于高等学校的外部因素的影响，包括我国社会主义市场经济体制的完善程度、政府的投入机制、劳动用工制度、劳动力市场需求、社会文化心理结构、高等教育评估标准、学校隶属、学校所属地区等和高等学校的内部因素影响，包括高等学校领导的办学理念、学校的传统风格、办学层次、学校类型、学校能级、办学科类、办学形式、学科结构等，导致在实践上对高等学校进行定位极其复杂。

（一）办学类型的定位不清

“学校办学类型的定位，是学校定位的根本，也是其他定位的基础。办学类型定位，实际上是对大学自身‘身份’的确认。任何一所大学作为一个复杂的社会组织，都不能离开自身的条件和实力去盲目追求无法实现的目标。”从这个意义上说，办学类型的准确定位是一所大学合理、健康、科学发展的生长点。这个生长点一方面不能脱离复杂的教育系统或社会环境来孤立地确立身份，另一方面又不能无视自身作为一个相对独立的系统所具有的特殊性和局限性。办学类型的分类有几种，一种是按隶属关系分，有部属高校、地方高校；一种按学科分，有单科、多科、综合性大学；另一种按结构分，有研究型大学、教学研究型大学、教学型本科院校、专科学校和高等职业学校。分类定位的明确有利于整个高等教育系统层次分明，各司其职，有序发展。但是，分类所带来的高校学术地位、行政支持、财政投入等方面的巨大差异性和倾斜性，使得这种关系正逐渐被打破甚至出现严重错位的现象。如，目前不仅部属师范大学想脱离“师范”的束缚，跻身于研究型的综合大学行列之内，地方师范大学也想脱离自己原有的位置，朝多科、综合的方向发展。这就必然造成原本有序、多样化的办学类型越来越趋同，当这种趋同性发展到一定程度时，带来的直接后果是高等教育的办学类型越来越单一，大学的特色越来越弱化甚至消亡。

（二）办学目标的定位不清

办学类型的定位从很大程度上就决定了办学目标的定位，类型与目标应是一致的。由于地方大学的办学类型定位模糊不清，“攀高、趋同”的倾向较为严重，因而在办学目标的确立上也出现了明显的问题。如，尽管各地方师范大学办学水平、办学理念、办学体制差异较大，但仍然有不少地方师范大学不顾自身实际纷纷提出争创“国际一流”“国内一流”“辐射全国”的跨越式发展目标。①有人将这种现象戏称中国的大学是“千校一面”“万人一格”。②这显然与科学发展的精神严重相悖。目标的不清晰带来的直接后果是盲从，甚至迷失方向，这对地方高校的发展尤为不利。

（三）社会职能的定位不清

一般来说，高校的基本职能：一是培养人才；二是科学研究；三是服务社会；四是文化传承。但是，南于大学类型、层次、办学目标的不同，大学的社会职能的侧重点也应不尽相同。然而，在实践中，地方高校没有深入的认识和理解。

1.培养人才。例如，目前不少师范院校开始进行师范生和非师范生的并列招生和培养，本意是为了拓宽人才培养的渠道和空间，但由于学校自身办学资源和条件的局限性，在培养师范生与非师范生的过程中难免产生一系列的矛盾与冲突，比如课程的设置方面，南于地方师范大学非师范学科的发展有一定的滞后性，非师范生的课程设置也就相对落后，更谈不上前沿，与市场经济发展的需求严重脱节；而师范生的课程设置也存在学术性和师范性的矛盾和冲突，教师教育专业化程度不够，有人评论说如今师范大学培养的教师还不如早期中等师范学校培养的教师，此种评论虽然有失公允，但在一定程度上也具代表性。长此以往，培养的人才专业化水平不高，市场认可度不够，学校人才的出口和进口都将成为问题，有学者将其称之为“适销不对路，学校难发展”。

2.科学研究。发展科学是所有高等学校所应共同承担的社会职能。但不同类型的大学对发展科学的职能在层次上是有差异的。地方师范大学绝大部分属于教学研究型大学，“这类大学的职能首先是人才培养，然后兼顾科研。”但不少地方师范大学将科研与人才培养视为并行的两个社会职能，甚至出现了重科研、轻人才培养的倾向。事实上，科研应该是在教学实践发展到一定程度的自然生成，而不是强制性任务，重科研，轻人才培养的管理体制实际是在本末倒置。

3.社会服务。地方高校为地方服务是其发展的根本。但地方高校在社会服务上，“缺乏主动”。地方高校要走出困境，适应社会发展和地方经济建设的需要，必须清醒意识到立足地方、服务地方的重要性。在积极发展，开拓创新的同时不仅要学会“向上看”，也要学会“向下看”。所谓向下看就是了解地方发展的实际状况，满足地方发展的实际需求。这其中包含两个方面：一是学校要为地方的发展培养切实所需的人才；一是学校应该利用自身的资源直接为当地的经济发展服务。但从目前的社会反映来看，学校与市场接轨的意识不够，为社会服务的职能没有得到较好的发挥。高校教师对于实践的指导作用是极其有限的。科研工作不能介入地方经济建设，不能解决农业生产中的急待解决的技术难题；不能利用人才集中、信息灵通、学识水平高的优势，为社会提供决策、咨询服务；不能利用现有设施和条件灵活多样地为地方的经济建设服务。地方高校，尤其是居于二三线城市的高校，由于其地域特点，经济等各方面的发展程度不能与一线城市相比拟，其师资等各方面与居于一线城市的高校必然存在一定的区别。因此学校应从地方的实际出发，在不偏离国家教育方针政策的基础下，清楚自己的优势。在办学定位、教育理念、课程设置和教学方式上结合自身实际情况进行适当的调整和改革，发展自身特色，适应地方需求。

2.3.3　在高校发展中定位固化

高校的校名是一所学校的标志和代表符号。名牌的高校往往凝聚着几代人的心血和智慧，校名虽然只有几个字，却蕴含着丰富的内容，包含着深刻的含意。校名的改变对局外人而言只是名称的变动，但对该校的师生来说则是一个重大的事件。我国高等学校历史稍长的学校大多数经历更名，尤其是 20 世纪 90 年代以来，随着中国高等教育的快速扩张，众多高等学校合并、升格，以及单个高等学校快速发展之后，出现了一系列高等学校重新定位的问题。面对院校合并、升格、发展中的重新定位要求，如何选择定位便成为摆在我们面前的一个现实问题。自从 1992 年 5 月扬州大学成立以来，到 2000 年底，我国进行了一系列令人目不暇接的院校合并，涉及大部分名牌大学在内的 400 余所高等学校。近年来，还不时有一些省属高校进行合并。在这些院校合并时，遇到的首要问题就是如何确定合并后的学校定位问题。校名是一种无形资产，特别是历史悠久的校名往往已成为著名品牌，并且为某一高校所专属，它与学校定位息息相关。作为凝聚着人们精神的校名文化，其重要性不可等闲视之。校名问题通常是高校合并中的重要因素或关键问题。面对风起云涌的院校升格与定位，如何防止部分学校在短期内 i 级跳的过高定位，以及高等学校定位名不符实、不断贬值，应该引起教育决策者重视的问题。为此，必须防止以下现象的出现。

1.定位概念化。有些学校领导和学者将层次定位作为一个固定的概念和具性的价值存在，许多高校以武书连的分类法或卡内基标准分类为依据，盲目向所谓的高层次攀升。然而，为了确定学校在高等教育系统中的层次地位，忽视其循序渐进的发展过程，只重视其结果，会使学校在主观意识上的层次和现实的实力不符。譬如一些专科学校虽在名义上已升格为本科院校，但无论从其学科专业结构、职能结构、培养目标等各要素看，都仍是专科层次的特点，而事实上专科与本科各方面都应表现出明显的差异性。有学者认为，各个层次学校的目标和标准都有内在的教学内容和课程体系的支撑，因而各学校要确定其层次不能急于名称上的转变，而应摒弃重结果轻过程的传统观念，在目标导引下认真思考并确定其实现实质性转变的应对策略，踏踏实实地进行实践，待各种结构要素都符合作为层次标准时，才能“名副其实”。

2.定位永恒化。不同层次的学校有质的区别，但在一定条件下可以相互转化。如今许多学校为了更好地发展，不断提高其层次地位，这说明高等学校的领导都明白学校可以实现从低层次向高层次的转变，并且国家是鼓励这种转变的。如果将按科研规模所划分的层次结构作为依据的话，国家从政策上是鼓励教学型高校向教学研究型或研究型转变的。当然这样做能够在某种程度上，提高高等学校的办学质量，促进我国高等教育的发展，其利一定是大于弊的。如果高等教育评价机构和国家能采用一些宏观控制的手段对某些不符合某层次的院校进行降级，就能在一定程度上对某些急于升格和攀升的院校起到警示作用，缓解我国近几年来高校争办高层次院校的现象。

3.定位机械化。高等学校的层次定位是主体行为，是学校自身明确在高等教育系统中所处位置的一种行为。随着高等教育体制改革的不断升温，我国政府权力不断下放，高校自主权不断扩大，表面上看，政府并没有指定各高校确定其层次定位，但由于政府通过各种手段，尤其是经济手段来不断加强对高校的间接控制，从而使得高校的层次定位在很大程度上是由政府来决定的。政府大量资金一般投向层次定位较高的学校，认为学校层次高，学校的办学水平就相应较高，为国家所做的贡献也大，学校必然迎合政府的需要做出自己的定位。这种行为实际上是身不由己的，不是主体能动性的行为，而变成了被动的演绎过程。无论哪一种高等教育分类标准，都仅仅是学校用来进行层次定位的一种参照，而不是让学校一定要在某分类标准中找出匹配的位置，将自己固定在某一类型或层次上。当然，从某种程度上讲，类型划分是高校定位的前提，有助于减少高校定位的盲目性和无序性，使学校的决策更具有理性、有目的。如果没有能够参考的分类标准，高校就会像失去重心的游离物，茫然不知所向；但如果高校过于机械或过于草率地照搬分类标准来进行定位，同样也会失去自我、失去特色，最终将导致“趋同”与“攀升”现象。

2.3.4 在思想导向上定位偏差

(一)盲目定位

指导思想缺乏创新。在体制机制上长期形成的高等教育行政化使高校缺乏办学自主权和活力，体现在指导思想上摆脱不了条条框框的束缚，学校缺乏自主办学思想和行为，思想观念落后，与国外大学相比国内高校普遍缺乏独特的办学特色。办学特色往往是一所高校质量和水平的标志，是学校生存和发展的基础。目前，我国地方高校办学实践的一大弊端就是缺乏办学特色。地方高校没有利用自身有利条件，大胆创新，发展特色。在学校教学、管理等方面一味模仿与攀比重点大学，办学理念趋同、办学思想毫无特色，没有结合本校实际而盲目发展。学校的教育观念、教学模式保守落后，课程体系、教学内容亟待更新，办学的质量标准缺乏针对性。其次，高校对政府存在着严重的依赖心理，没有形成自己的办学理念。体制化的管理概念，致使许多地方高校虽然办学历史较长，仍没有形成拥有自身特色的办学理念。当前许多地方高校不顾自身的实际情况，求大求全，看不清自身优势与特色，模仿思想严重。学校定位不从自身所处地域的经济发展状况和人才结构需求出发，一味地以“跻身重点”为目标，追求高层次大规模发展，造成了一些地方院校不寻找自身特色，盲目定位，甚至“东施效颦”、“邯郸学步”，认为只要是重点大学的就是好的，就是适合社会发展需求的，盲目跟风；就当地市场需求来说，其专业设置及发展上又会陷入不适合地方社会经济发展的尴尬局面。

(二)定位偏高

办学层次上，“眼观向上”。许多高校领导人和学者认为，学校层次体现着办学水平，更有甚者认为被广泛借鉴的美国卡内基分类本质上是一个按办学水平排列的“高等教育机构类别”，并做出这样的推断——倡导学校定位于不同的层次而同时又鼓励学校提高办学水平，意味着将学校陷入一种两难境地。事实上，学校办学水平与其层次定位并无

直接相关。比较一个学校的办学水平，应将其放在与之同层次的学校群中进行评价。比如，本科型的学校之间可以互相比较，来评断其中某一学校的办学水平，而不能将某一专科学校与某所本科学校相互比较来评价谁的办学水平高，因为专科与本科层次不同，其培养的人才类型与承担的职能不同。专科教育是培养具有某种专业知识和技能的中、高级人才；本科教育培养的是较好地掌握本门学科的基础理论、专门知识和基本技能，并具有从事科学研究工作或担负专门技术工作的初步能力者，前者重在发展学生的实践技能，后者重在发展学生的心智技能。目前，许多高校将发展的目标往高一层次定，出现高职院校要升本科，本科院校要升硕士点，有硕士点的要升博士点的现象，全校工作的重点，学校领导的兴奋点都转移到升格上去了。学校负责人不是把主要精力放在促进学校的内涵上，而是奔波于跑关系，找门路，力争使自己的学校更上一层楼。

办学定位普遍偏高。普通院校盲目向"高精尖"看齐的攀比现象。受各种评估排名的影响，每个高校唯恐落在后面，因此在定位上存在脱离实际的倾向，部分高校设想在短期内建设成为国际一流大学，许多高校(包括许多地方院校)的目标是 5－10 年建设成为国内同类院校一流大学或高水平大学，但多数学校对高水平或一流大学的内涵缺乏定性和定量的分析，把办大学当成办企业，急功近利思潮泛滥。一些高校在发展过程中盲目向重点大学看齐；专科教育、高等职业教育和成人教育盲目向本科教育看齐。在教育产业化的过程中，地方院校不具备重点高校的社会声望，对社会的影响力要远远小于名牌重点高校，在竞争中往往处于不利地位。

办学规模上，"贪大求全"。高校扩招以来，高等教育的发展突飞猛进，地方院校的扩招为高等教育大众化作出了不可磨灭的贡献。但有些地方院校不顾办学条件，盲目扩大规模，提倡向万人大学进军，把办学水平与办学规模看成正比关系，而师资、设备、图书的严重不足，质量使人担忧。

学科专业发展上，"缺乏发展"。不顾学校的具体情况，不考虑地方市场对人才的特殊需求，在学科建设上片面追求发展一些基础性纯理论性的学科，并在这些学科领域上投置大量的财物资源，放弃了对学科特色的积累，忽视对应用型人才和复合型人才的培养，使得学科实力增长缓慢。自高校扩招以来，我国实现高等教育大众化的步伐加快，使原先发生在中等教育阶段普通高中之间的升学竞争迅速转变为高等教育阶段高校之间人才培养质量的竞争。其次，社会产业结构的优化升级，使原先教学科研实力雄厚的重点大学在学科专业结构调整上往往处于优势位置。

(三)定位模糊

盲目发展。这一问题在高校的课程设置和教学方面体现得最为显著。当前高校在学科建设上较为普遍的存在"求全、求热"的弊病。高校在市场经济发展大潮中，逐渐丢掉自身特色，学校教学和科研慢慢向社会倾斜，被经济市场所左右。许多高校在课程设置上不考虑本校的实际情况，不顾本地区经济发展条件的状况下，盲目的赶热门、抢市场。社会上新兴什么样的产业，高校就马上也设置相对应的专业和课程。高校不对新兴产业做充分的调查评估，不仔细分析所谓的新兴产业的性质，不对自身的办学条件和现状做出客观的评价,仅仅为追求大而全,热而新,简单以为学科建设上的“新”,可以吸引社会和学生的关注,在生源和就业市场上提高自身的竞争力。事实恰恰相反,高校的盲目跟风和激进的扩充发展,往往加重了高校的负担,使高校形成“尾大不掉”之势。这些仓促而上的专业和课程,学校往往难以保证师资教学条件和毕业学生的质量,反而造成了学校的资金浪费,教育质量下降,毕业生缺乏独特优势和竞争力,不能为地方服务和满足地方经济发展需求,学校的社会信誉不但没有提高,反而降低的状况。

优势缺失。传统优势学科专业是学校办学的基础。许多学校受经济利益驱动,没有根据自身能力盲目设立新兴学科、争办新兴专业,对传统和优势学科重视不够,对地方大学来说,加强传统优势和特色学科建设尤为重要。近几年,就业问题已经成了我国高等教育扩张的拦路虎,这使高等学校要重新考虑学校的学术导向或就业导向定位问题。如以就业导向定位的高校必须更加重视毕业生的就业问题,加强就业指导和服务,发挥政策的作用,使学生树立正确的就业观念,鼓励自主创业和灵活就业,特别加强对大学生的创业教育,增强创业意识和创业能力。

缺乏特色。这是影响高校毕业生就业的主要因素。特色是学校发展的生命,这可从中美两国部分大学人才培养目标比较看出。美国各高校都根据自己的学术水平,发展定位,确定自己的人才培养目标。不同层次高校之间的培养目标差异很大,以机械系为例,麻省理工学院、密歇根大学、科罗拉多大学的本科人才培养目标各异,这三所学校的培养目标是分层次的、多样化的。全美工科排名连续高居榜首的麻省理工学院以培养领袖人才为己任,工科排名处于一般水平的科罗拉多大学则定位在提高学生在机械领域的职业技巧。而在我同,重点院校与地方院校在人才培养目标并无多大差异,肩负着建设世界一流大学重任的清华大学在人才培养目标上与地方院校上海工程技术大学并无多大差异,两所学校都以培养高级工程技术人才为最终培养目标。

2.4　地方高校办学定位的原则

大学功能定位必须遵循一定的基本原则,既不能由长官意志拍脑袋确定,也不能允许学校靠搞关系去争取。做好我国大学的功能定位,首先是确定我国大学定位的原则。有学者认为,根据发达国家的经验和我国大学现实存在的问题,高等学校定位应当遵循五项原则:实事求是、多功能化、全国一盘棋、独立创新和与经济发展相适应的原则。但要真正实践这些原则却很难。如,实事求是就是从学校实际出发,发挥自己的优势,办出自己的特点。而我国现今大学绝大多数没有特色,特色即在办学理念、领导体制、教学模式、科学研究特色和科学学派等具有与众不同的鲜明的特征。虽然我国大学之间水平有差异,但具有鲜明个性和特色的大学却罕见,求同思维和互相攀比导致了我国大学“千校一面”。如,一所 20 世纪 80 年代初创办的大学,当时地方政府和校长给它定位为二三年制职业性质的大学,培养本地所需要的实用性的人才。那时,这所大学确实办得很有特色,处于全国同类大学领先地位,它培养的毕业生甚至比当地重点大学的毕业生还受欢

迎。可是，到了 90 年代初，这所大学也极不满意大专和职业的定位，千方百计要专升本。该校在升格为一所本科综合性大学了，很快又实现了硕士点与博士点“零的突破”，实现了学校突击升格，但影响到我国高等教育的整体格局。犹如，“一盘棋”，即我国大学系统就是高等教育上的一盘棋，每所大学就是这个棋盘上的一颗棋子，它们分别发挥各自的作用。如果都不愿当配角，都要去建设研究型的大学，这既是不可能的也是不需要的。其次，必须建立科学的、合理的中国高等学校系统结构模式。胡适先生曾经说过一句治学的名言：“为学当如金字塔，既能博大又能高。”这是讲打基础与攀高的关系，意思是说要想攀登知识的高峰（创造新知识），就必须打牢基础知识的根基。世界七大人造景观之首的埃及金字塔，已有 4500 年的历史，它的建造本身就凝聚了无数的奥秘。其实，金字塔就是一个象征，物质世界里许多事物都具有金字塔结构模式，如人才结构模式、科学研究模式、政权结构模式、产品生产与营销模式，等等。

2.4.1　高校定位遵循的基本原则

(一)简单性原则

简单性原则是高等学校把握学校发展定位过程中一种奇妙的信念。形式简洁而内容丰富的定位，不仅能为我们认识高等学校自身发展目标提供蓝图，而且能为我们发展高等学校提供依据。因此，高等学校的领导者们都在努力使用尽可能简单的语言文字来进行高等学校定位。如果仅仅追求形式的简洁和优美，而脱离高等学校的实际情况，那么定位对于高等学校的实际来说将是完全空洞的，也是不切实际的空想定位。高等学校在进行定位时要体现简单性原则，即在定位蕴含更加丰富信息量的同时实现形式上的简洁优美，就必须一方面对高等学校现实的规律性有深刻的洞悉，另一方面则必须娴熟地化繁为简的确定能力。高等学校的领导者要遵循这种要求，简单就是美。[①]

例如，厦门大学的定位是山海花园学府，中国南方之强。这样的定位就符合简单性原则，形式虽然简单，内涵却是十分丰美。相反，有的学校的定位却是显得十分复杂，例如有一所学校的定位是“适应地方经济建设和社会发展的需要，以培养高素质应用型经济人才为目标，以高质量的高等职业教育为主体，以比例适当的继续教育和职业培训为辅翼，积极探索多形式、多类型的联合办学，努力把学校建成以商为主、多科兼容、规模适度、结构合理、质量优异、特色鲜明的福建省示范性的高职高专院校，2010 年在校生达 10000 人左右”这样的定位，形式就不简单，内涵反而显得不丰美，与其说这是定位，不如说是规划。

虽然，我国高等学校是政府主导型的高等教育体制，政府作为高等学校的举办者对学校的办学目标有统一的规定，但往往过于笼统，以致于学校的服务面向不清，难以取得有针对性的学校定位，但是各个高等学校应当针对当地社会发展的需要，提出人才培养的专业、层次、类型和规模等方面的具体目标，从而合理确定高等学校定位。加之我国当

---

① 刘一彬.我国高等学校的定位研究[D].福建师范大学硕士学位论文，2007 年。

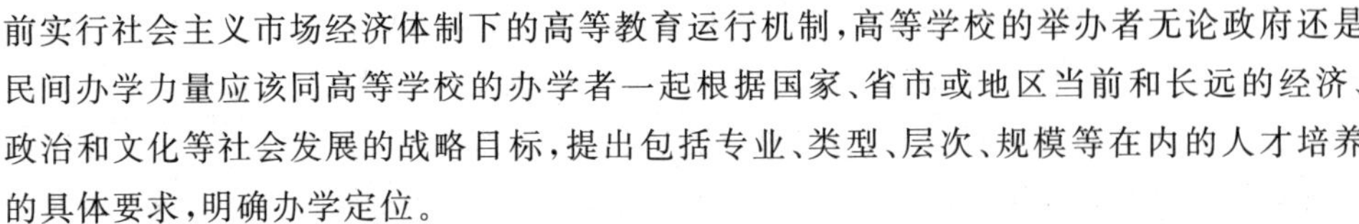

前实行社会主义市场经济体制下的高等教育运行机制，高等学校的举办者无论政府还是民间办学力量应该同高等学校的办学者一起根据国家、省市或地区当前和长远的经济、政治和文化等社会发展的战略目标，提出包括专业、类型、层次、规模等在内的人才培养的具体要求，明确办学定位。

(二)稳定性原则

特劳特的定位理论认为消费者对品牌的印象不会轻易改变，必须保持定位的稳定性，切忌频繁变更。同样，社会公众与求学者对高等学校品牌的印象不会轻易改变，所以高等学校的定位不应朝令夕改、频繁变更，应该保持一定的稳定性。高等学校的名称、专业名称、学科方向、学校服务面向等等不应随意更改，否则会损害高等学校自身的定位。当前我国高等学校出现的更名、升格、合并风潮往往容易破坏高等学校定位的稳定性原则。

一所高等学校一经定位应该长期保持其稳定性，不可随意更改。校名往往体现一所学校的定位。国内多数高校的更名是相当频繁，有许多历史较长的高等学校曾经经过多次甚至十余次的更名。例如湖南大学、河北师范大学、河北工业大学等都有过多次的改名历史。在院校更名普遍存在的情况下厦门大学算是一个独特的例外。高等教育史上有许多以小而精为定位的著名大学，如美国麻省理工学院、加州理工学院、法国巴黎高等师范专科学校等等其定位长期保持稳定，校名也长期保持不变，并没有跟着潮流改成大学，但是，因其持之以恒的定位而取得的成就使学校在世界众多高校中赫赫有名。美国的哈佛大学、耶鲁大学，英国的牛津大学、剑桥大学也是以高、精、尖和培养社会精英或绅士为己任的长期稳定的定位屹立于世界高等学校之林。我国由于政治、经济等因素无法使我国的高等学校长期保持稳定的定位，导致我国大多数高等学校不断的更名、合并或升格，甚至为了适应大众教育，许多国内著名大学也从精英教育延伸到大众教育，从而冲淡了原本的大学定位。

(三)质量取胜原则

我国高等教育正在经历着一场由计划经济体制向社会主义市场经济体制的深刻变革，原先单纯的计划经济体制下的上大学包分配的精英教育已经瓦解，各种各样类型的高校不断涌现，使得社会公众与求学者面对如此众多的高等学校不知所措。为了安全起见，只得选择老牌学校。新增的高校特别是民办高校更是无法得到社会公众与求学者的普遍认同，升格的高校在教师资质等办学条件、教育质量上遭受质疑，在社会经济发展与高等教育扩张中出现的就业困境中，社会公众与求学者更需要的是就业的安全感。所以，高校定位应着重寻求教育质量与就业的安全感，以遵循质量取胜原则。大学运行过程的质量就成为学校生存的条件，成为大学管理绝对不可忽视的东西。为了追求质量，学校整体都应当向来访者或注册的新生展示其品位、关注点和办学思想。好的质量往往有助于降低办学成本。质量不是从外部强加的，它必须从内部生发出来。正如乔治·凯勒所强调的那样，“质量低劣的问题必须坚决地予以解决，而且要采取外科手术式的方法

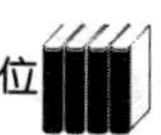

来解决，再没有什么比一些大学容许质量低劣所带来的危害更大的了，它的危害性如同一些热衷橄榄球的大学招收具有运动天赋的半文盲学生。”

首先必须掌握高校信息。质量不是学校的物资设备和教师们的学历证书，而是一个连续的批判性的自我评价过程，评价的重点是学校对学生智力和个性发展的贡献。加州理一学院的亚历山大・奥斯汀校长认为，一所高质量的大学应是一所了解其学生的大学，而且一所高质量的大学应当有一种方法用于收集和发布有关学生的信息。当有关学生的信息要求对学校有关工作进行变革和改善时，它能保证学校对教育规划或有关政策做出适当的调整。这样，学校就有了大批对学校满意的生源和稳定的接受过一流教育的年轻人。同时家长也喜欢且更重视这样的学校，学校就会有很好的口碑，这正是大学最好的市场竞争战略。

其次必须重视人员选聘。著名大学与不著名大学之间决定性的差别就在于它们对教职工选聘的重视程度。乔治・凯勒认为“平庸学校的教师只会阅读那些最好的著作和文章，而优秀学校的教师则努力与这些著述的作者联系并去了解他们”。因此，大学应当不遗余力地搜寻人才。斯坦福大学就是一个最成功的例子。斯坦福大学曾经是一所平庸的学校，它有一个优秀的工学院，而图书馆却是糟糕的，教师都是地方性的，设施破旧，但后来发展成为一所世界著名的大学。这里有诸多引人入胜的故事，包括它的大胆，它的坚决果敢，他们迁走了医学院，砍掉了建筑学院，它的智慧，它的筹资能力，它卓越的领导，它把发掘优秀人才看作是增加学校的财富以及它的英明战略。其中最重大、最核心的战略是几年中引进了 150 位美国最优秀的学者，第二是有序地重点发展，先是发展斯坦福大学具有相对优势的学科工程学和物理学，接着是社会研究领域，然后是人文科学，重视研究生教育和专业学院。第三是大规模地筹资以改善办学设施，建设有吸引力的住房，吸引有才华的学者。因此，信息、质量和人员是保证战略规划有效性的三大关键要素。有了准确的信息，学校大多数部门的质量能够得到保证，有一支才华横溢、富有创新精神的教职工队伍，就更加有利于高等学校的定位。

(四)突出焦点原则

高校定位如果焦点过多容易使社会公众与求学者对焦点产生模糊印象，反而变得没有焦点。在高等学校的发展过程中，要学会舍弃，要勇于舍弃一些相对薄弱的领域、学科，集中力量发展自己的强项，形成优势。

美国斯坦福大学曾打算建立建筑学院，但建设建筑学院需要同时发展建筑学、土木工程等四个专业，这些要有很大投入，而当时美国建筑行业的就业情况不理想，而且该大学附近的加州伯克利大学已经有一个相当好的建筑学院。斯坦福大学综合考虑之后决定取消这项计划，从而保证重点学科的发展。我国的电子科技大学在全国办综合性大学的热潮中始终抓住电子信息学科不放，舍弃其他一些学科，将学校发展定位为电子信息领域具有世界先进水平的一流大学，使学校取得长足的发展。

中国地质大学近几年来发展定位中，始终牢牢抓住地学学科不放，集中力量发展地学学科，而且其他一些学科也紧紧依托地学来发展，因而学校发展迅速，争得国家重点实验室、国家创新团队，院士人数也在不断增加。

（五）"情""形"结合原则

高校定位必须考虑国家的教育方针、教育目的以及办学方向，使学校定位符合国家的大政方针，必须深入把握高校所处时代的教育大环境，高校定位应具有国际视野，必须充分了解高等学校自身所处的小环境的优劣，包括学校所处的位置，学校的规模及办学条件等，使高等学校定位符合自身条件必须拥有智慧、忠信、民主、果敢、执行力强的高等学校领导者，能够带领学校全体师生实现高等学校的定位目标，必须健全高等教育制度特别是高等学校内部的规章制度，既要使制度便于执行，又要有弹性，既能符合国家的教育方针政策，又能体现学校的自身特点，有利于学校的可持续发展。高校定位必须同时把握学校的"形"，即占地面积大小、教学设施及其配备的数量、学生数的多少、学校自身的实力状况、高校能够在高等教育市场竞争中取得社会公众心目中的有利位置，在进行院校研究的基础上才能为学校作出准确的定位决策。对于高等学校来说，善于管理学校的领导者总是努力创造教职员工的有利态势，而不对下属求全责备，因此能够善于选拔人才担任合适的岗位，因为教职员丁各有特性，领导者要充分利用其有利特性，使学校达到自身的定位目标。

因此，必须审度我国高等学校政治、天时、地利、学校领导、高等教育体制与运行机制等几个方面的"情"，比较同类竞争高校的谋划来取得对全国高等教育发展形势的认识，并且根据这些认识遵循度、量、数、称、胜等"形"，高等学校的领导者充分了解了各个高等学校的实力——"形"，才能选择人才去利用和创造有利的"势"。

（六）战略性原则

高校定位必须具有战略性才能使高等学校实现自身的目标定位转变。美国斯坦福大学的领导者把以加州富裕家庭作为服务面向的私立大学的学校定位转变成为以国内甚至国际上最优秀的学生为服务面向的美国六七所最好的大学之一的学校定位。战略性的定位必须依靠学校自身的智慧、远见和意志力，并在定位上达成共识，而且有效地利用学校资源，制定切实可行的战略规划，而不是陷入无序的关注。战略的起点是对组织有清醒的自我认识。这就是第一次了解自己所处的位次，明确自己所处的境地或者想要实现的境况，并且决定对于组织的有利发展什么是最关键的。对一所高校重新定位就如同看奈克六面体一样，这样对一所高等学校进行深入的制度分析，能够对原有的学校产生新的认识，并使用新的眼光考察、审视学校所处的境况以及如何应付。这种重新发现和重新评价高等学校的发展状况，然后据此合理分配资源。

《大学战略与规划》的作者乔治·凯勒认为战略规划的关键是其质量、胆识以及灵活性。每个高等学校应该更清晰地认识自身的教育目标与目的以及实现目标更好地分配资源的方法，在进行战略定位的过程中，小规模的学校与大规模的学校是不同的，公立学校与民办学校是不同的，专业学院与综合性学院都应当存在差异，并且必须形成合力，必须更加明智，更富有远见，更重视学校外部环境和更具竞争力。哈佛大学从一所小型的

古典学院转变成为一所大型且在当时所有主要学科都处于领先地位的且培养社会一流学者的大学，其学术战略就是其校长查尔斯埃利奥特将注意力集中于信息、质量和人员。他自己亲自招聘院长和新学科的年轻教师。他改革了学生生活制度，重组了课程，并且通过诸如学术休假之类的新措施，促使教授们通过旅行，与异地专家交流，做学术研究和广泛阅读等方法来更新自己，提高教学质量。他重视把准确的、最新的信息作为自己决策的依据，站在学校的前沿，与他所处的时代保持一致，有勇气、有胆识，尊重教师，行动具有战略性。

高等学校在制定学校发展战略之前需要搜集充分的信息作为制定战略的依据，需要根据学校近期和现有的结构、财政和教学计划情况，保证学校的运行是高质量的，并努力招聘最优秀的人才，同时用正确的方式聘用现有人员。学校领导要始终保持一种压力，追求更好的质量，发展新的方法以及提高效率，并在校内外搜寻出色的人才。

(七)自我强化原则

高等教育系统是一个非线性系统，存在着正的放大型的反馈。在现在的高等教育竞争中，对于同类竞争高校进入一个自我强化的良性循环之中，要赶上他们变得非常困难，除非能够找到一个属于自己的自我强化的良性循环，如推出一个新学科、新专业，而不要试图在竞争高校的良性循环轨道上跟在别人的后面，这是毫无意义的定位。相反，高等学校不要轻易地将小的、临时性的优势丢失，因为它会迅速地转变成为竞争高校自我强化的良性循环，而成为自身的自我强化的恶性循环。应该一直关注小的优势，无论显得多么不起眼，因为它们常常能够被迅速地扩大为自我强化的良性循环。

由于我们的整个高等教育环境在本质上是不稳定的，高等教育的发展在某种程度上要经常遭受一系列无法预测的冲击。因此，高校制定一个极为详尽、自上向下的五年战略有时很可能在还未执行的时候，就已偏离了预定轨道，束缚了手脚。所以，高校必须从一种战略计划的思维转向战略定位的思维，成为一个学习型组织，从“单环学习”转向“双环学习”。通过双环学习，为达到新的吸引点而工作以及创造属于自己的自我强化的良性循环，高等学校就能够实现在更稳定的环境中被认为不可能的效果。基于此，高校的管理者要进行角色转换，从管理者转变成同事、合作者、支持者和行动者。高校管理要从控制转变为授权，从报告路线转变为网络管理，从下级转变为知识工作者，从职能管理转变为团队合作。

(八)模式趋异原则

大卫·瑞斯曼认为高等教育总是存在创新和开拓的空间，高校之间彼此千差万别，因此需要多种多样的战略规划和管理方式，应当分析自己学校的情况因校制宜进行合理定位。越来越多的证据表明，优秀的校长和专业的、有远见的学术管理人员是高等学校生产力和良好运行的关键。诺贝尔奖获得者赫伯特·西蒙说，“国家把大量的资源投入到高等教育，作为回报，国家有权利要求高等教育能够在培养专业人员和一两个马克霍普金斯似的人物之外发挥更大的作用。”可见，社会对高等学校的定位是多种多样的。美国的克拉克·克尔在《高等教育不能回避历史》一书中提出21世纪高等教育发展存在着一个趋同模式，即在高等学校内部按学术工作的层次进行分化，在比较高的智力活动层次，非常强调优秀，但是在不那么高级的学术层次有一个大众化和普遍入学部门，从而做到既为培养高级人才，又为扩大入学机会的现代需求服务。

但趋同模式不可能是一个单一的标准模式，趋同是一个过程，不是一个单独的终点，“看来是一个涌现的共同模式，肯定会有很多持续不断的变异，在很长时间可能会永远看到传统的印记。”所以克尔认为，在高等教育内部把注意力只集中在传统的大学已经成为一个时代的错误，甚至是一个有代价的时代错误，这样的集中注意传统大学，从12世纪到19世纪是适合的，但是在20世纪就很不适合，在21世纪甚至更不合适了。现在更多的人已经把注意力转到整个高等教育或中学后教育，不再单独注意传统大学。多数国家正在走向普及中等教育，然后走向大众化中学后教育。所以，一个有效的高等教育系统是不会有一个独一无二的历史性模式可以模仿，不可能是一度的意大利模式、法国模式、德国模式、美国模式，更不是任何别的模式。在明治维新以后，日本人在全世界寻找模式，他们为医学和法律采取德国模式，为文学采取法国模式，为农业采取美国模式。但是今天有更多的模式可供研究，因此高等学校定位的趋异恰恰是吸收了历史上的模式又在不同发展经历中最好的实践。

2.4.2 地方高校定位原则

1.分类定位原则。高等学校工作的出发点和落脚点均是人才的培养，因而高等学校的办学定位，首先应考虑培养人才的规格，进行类型和层次的定位，这即是“分类定位”。“分类定位”的根本目的，就在于要适应高等教育大众化的实际，追求整个国民高等教育体系的协调发展。不同类型的高等院校在办学定位上显然不能按照同一模式进行，必须有区别地选择适合自身发展的模式，即按照科学合理的标准分类予以发展。“分类定位”的核心理念，就是不同类型和不同层次的高等学校都是国民高等教育体系的有机组成部分，不同类型和不同层次的高等学校都应该根据国民高等教育体系的整体性要求各就其位，各司其职，在一定的类型中和层次上办出特色、办出水平。“分类定位”的原则要求，就是应根据不同类型和不同层次高等学校的性质、任务制定出不同的标准，允许不同类型和不同层次的高等学校选择适合自己发展的多样化的办学模式。作为地方高校来说，一定要根据自己的实际，结合学校原有的发展模式科学的定位。同时，要把定位看作一个过程，根据需要与可能进行适时的调整。

2.服务地方原则。高等学校应坚持以经济建设和社会发展为主要的服务方向，特别是要根据地方经济和产业结构的特征以及社会文化发展来筹划学科建设，确定专业设置与从事课程开发，这是高校统筹各种办学资源的基础。具体地说，高等学校为地方经济社会文化发展服务主要应体现为以下四个中心：(1)人才培养中心。就是要求高校要以培养生产或社会活动一线的人才为主要任务。为了更好地适应社会需要，必须实现人才培养目标的战略转移，即实现从学历教育到能力本位的战略转移，在教学过程中，更加注

重提高学生的学习能力、就业能力、转岗能力和创业能力。(2)科技创新中心。高校应当成为科学发现、技术发明、科技转化、科技应用、科技推广的中心。从经济社会发展的需要出发,与区域经济社会发展紧密结合,解决当地经济社会发展中急需解决的科学技术问题;在增强高校的社会服务、科技创新能力的同时,使高校自身学术水平和业务能力得到较快提升,促进和支撑学科的发展。(3)文化辐射中心。高校应是传播先进文化的重要阵地,通过自身的活动对周围的环境产生潜移默化的影响。高校的文化影响力的大小决定于高校的声誉,声誉越高的大学其文化辐射能力也越强。(4)信息交流中心。高校是信息交流中心和网络中心。通过提供科研信息、人才信息、市场信息,促进地方经济社会的发展,这在经济欠发达地区尤其如此。

3.比较优势原则。任何一所高校不可能办齐所有学科,也不可能在所有学科领域都保持一流水平。对地方高校而言,必须充分发掘利用现有的办学资源,走具有特色的发展之路。在学科建设、人才培养、学校发展等基本目标上不宜盲目求大求全求高,而要集中有限资源,瞄准区域经济与社会需求,在人才的知识结构和能力体系的某些方面有所突破,形成有比较优势的特色和品牌。定位理论中有一条重要的战略是"锥子战略",即以点带面,突出战略优势,有所为,有所不为。"为"即紧密联系实际,紧跟市场需求,办出自己的特色,形成自己的优势。"不为"即对脱离实际,自己弱势,别人强势的不为。一个学校的办学特色是受诸多主、客观因素影响和制约并在长期的办学过程中形成的,最终直接体现在所培养学生的质量、科学研究的成果,以及学校对推动社会进步和经济发展做出的贡献上。

4.功能效益原则。高等学校具有培养人才、发展科技、服务并推动经济社会发展等三大功能,承担着促进全面建设小康社会,服务于经济建设和社会发展的重任。因此,高等学校在定位时必须遵循规模、结构、质量和效益的有机统一,即在培养急需人才、加速科技成果转化、发展区域经济,优化资源配置、形成优势产业等方面做出应有的贡献。对地方高等学校来说,必须找到地方经济社会发展与学校办学目标的结合点,发挥自身优势,为地方经济建设与社会发展培养大批下得去、留得住、用得上的高级应用型人才,使地方高等学校成为推广应用高新技术、提升企业的管理水平和产品科技含量的平台,成为地方各类专业技术人才继续教育、终身教育的培训基地与再教育基地,进而形成区域性经济、科技、教育之间相互促进的良性循环,实现上新台阶、达新水平、出新效益的目标。

2.5　地方高校发展定位的战略策略

陈至立任教育部部长时曾指出:"教育质量是教育事业的生命线。在数量规模迅速扩大之后,如何提高教育质量、调整学科结构、提高办学效益就成为更加紧迫的任务。没有基本教育质量保证的扩招,就不是健康的发展;学科专业和人才培养结构不适应经济社会需求,也无法实现持续发展。必须坚持改革、发展、稳定的统一,坚持数量、质量、结构、效益的统一。"这一讲话的核心就是高等教育大众化进程中大学定位的问题。因此明确各个高等学校的定位，一方面解决毕业生就业问题，另一方面也能形成自己的特色，从而使中国高等教育在大众化进程中建立一种“有计划的多样性”(planned diversity)，实现持续快速健康发展。

2.5.1 借鉴国外大学定位的经验

(一)主要发达国家的定位实践

1.美国

美国高等教育在其发展过程中，在市场机制的调控下，基本上是有序发展的，各校是各就各位、各司其职，没有出现随意改名、合并、升格和错位现象。

美国卡耐基促进教学基金会，对美国大专院校重新作了分类和定位。按照这个标准，美国大学共分为6个类型：一是授予博士学位的大学(Doctorate－granting Uriversities)，其中根据每年授予博士学位的数量和获得的经费多少又分为3类。这类大学提供从学士到博士阶段的教育，但重点是博士研究生教育和高水平的基础研究工作。二是授予硕士学位的大学(Maste's Colleges and Universities)，其中根据学校的水平又分为3类，这类大学只能授予学士和硕士学位。三是本科学院(Baccalaureate Colleges)，这类大学只能从事本科教育，对于修业合格者授予学士学位。四是大专学院(Associate's Colleges)，根据这类学校的性质和功能又分为14类，它们是属于专科教育，只能发毕业文凭但不能授予任何学位。五是专业学院(SPECIAL focus institutions)，其中又分9类，包括许多社区学院(Community Colle－ges)，它们都是以培养职业和应用型人才为目的。六是部落学院(Tribal Colle－ges)，这类学院是适应某些部落的需要而建立起来的，具有明显的地域和民族特点，它们只是培养初级人才，以适应地域发展的需要。1994年美国高等教育机构类别划分为博士学位颁授机构、硕士级学院及大学、学士级学院、副学士级学院、专门机构、族群学院及大学。其中博士学位颁授机构又划分为研究型大学和博士级大学，研究型大学、博士级大学又分为一、二两级，硕士级学院及大学、学士级学院也各分两级。

美国学者罗伯特·伯恩鲍姆在其《大学的运行模式》一书中认为，当把大学看成一个组织时，我们看到的是各种职位的人们为实现共同的目标一同工作。他把高等学校抽象为四种基本的组织运行模式：学会组织模式、官僚组织模式、政党组织模式、无政府组织模式。每一种运行模式体现在学校的性质、规模、学生来源、学校文化、校长特点、内部人员的关系等方方面面。一是学会组织模式主要存在于那些以精英教育为追求目标的学院或大学。这类学校的特点是学校的规模比较小，办学历史比较悠久，大都在百年以上，学生来源也都是同龄人中的佼佼者，都是各中学里的尖子学生，这类学校进行的是精英教育，教师的学术水平都较高，大都具有博士学位，都是以学术为职业的，追求学术，培养学术精英是这类学校的理念，因此学校小而精。二是官僚组织模式主要存在于那些历史一般都不是很长的学校，并且学校发展和社会的需求有着密切的联系。这类学校是一些适应社会发展而产生和发展的，因为历史短，古典大学的学术传统对其影响较少，这类学

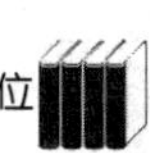

校的发展基本上是以社会的发展为晴雨表。这类大学主要进行的是职业教育和为社会培养应用型人才，学校的使命是重视入学机会，低费用、职业准备和满足社区需要。学生的来源有的是半工半读的在职者，很大一部分都是在高中时成绩中等的学生，学生入学的目标也都是为就业做准备。三是政党组织模式的高校大多是一般的地方性综合性大学，或者是位列研究型大学之后的二流大学。这类学校的特点是规模比学会组织模式和官僚组织模式的大学都要大，生源虽然比精英教育的学院稍差，但学生高中成绩也都属于中上之列。进入大学后学生的择业观发生了分化，一部分学生对学术感兴趣，而大多数学生的兴趣则在于职业准备或热衷于活跃的社交活动，教师的专业水平较高，管理更为复杂。由于学校规模大，团体成员比较专业化，成分比较复杂，兴趣爱好也各不相同。四是无政府组织模式的学校代表是研究型综合性大学，在这几种模式的高校中该类型的学校规模最大，并且几乎所有的教师都是名牌大学的博士生。教师最关心的是学术，校长来自于本校的教授群体，并且有学术管理经历。这类学校的权力重心不在学校，而是在学院和学系。在不同类型的高校，建立了与之相适应的管理模式，学校不断发展，保持自己的特色，实现了自己的学校定位。

美国高等教育在大众化进程中，逐渐形成了各种类型的、不同定位的高等学校相辅相成，具有美国特色的高等教育体系。目前，美国有高等学校 3638 所，从定位上来看，主要有：一是建立以科学研究和研究生教育为主要任务的研究型大学，这类大学在美国约有 130 余所；二是拥有博士授予权的大学，在美国约有 400 余所；三是学科比较齐全，拥有硕士授予权的综合型大学，在美国约有 600 余所；四是以文理学科为主，有学士授予权的普通 4 年制学院，在美国约有 500 多所；五是既开设基础性课程又开设应用性课程的社区学院，部分学科可授予准学士学位。这类学院既为学生升学作准备，又为社会各行各业提供所需的实用性人才，这类学校在美国约有 2000 多所。在美国高等教育体系中，值得一提的是社区学院。社区学院在美国高等教育大众化、普及化进程中发挥了十分重要的作用。1900 年至 1945 年间，美国高等教育学生数扩大了 37 倍，其中 2 年制学院的学生数扩大了近 300 倍；从 1950 年到 1960 年的 10 年间，2 年制学院的学生增加了 1 倍多；从 1960 年到 1970 年增加了 2.6 倍。在 1978 年 2 年制学院的学生数占大学生总数的 21.5%，到 1983 年达到 37.9%，1993 年增加到 40.2%。

2.英国

英国的高等教育已有 800 多年的历史，但英国是典型的实施精英型高等教育的国家，高等教育大众化的进程开始较晚。在漫长的发展过程中，英国高等教育的办学模式不断变革，形成了自身独有的特色。20 世纪 60 年代以来的英国高等院校分类与定位走过了一个由“二元——趋同——趋同下多元”模式的曲折路程。在适应社会发展需要的高等教育改革实践中，英国政府既坚守高等教育即大学的理念，同时也发展其它模式的高等教育，包括社会大学、教育学院、高级技术学院，不仅提供正规的学位教育，也提供其它非正规的证书课程及专业文凭教育，从而形成了目前古典大学、近代大学、教育学院、技术学院、继续教育学院以及开放大学并存的大学体系。20 世纪 90 年代前的英国高等教育可分“大学”与“非大学”两类，各有不同的组成部分。

大学部分。大学部分包括以下 7 种：(1)12 世纪创立的牛津(oxfo 司)和剑桥(eambridge)两所古典大学，它们是英国大学的典范。(2)近代大学。19 世纪 20 年代后，英国掀起兴办近代大学的“新大学运动”(Newuniversity Movement)，人们把这时期建立的大学称为“地方大学”或“城市大学”。这一类大学包括所有在 19 世纪和 20 世纪早期由地方创办的大学。后来，这些学院一般都成为有学位授予权的大学。到 20 世纪初，英国共有 18 所大学和 4 所大学学院。(3)新大学。二战后，英国成立了诺丁汉等一些“新大学”，到 1960 年代初，英国有 20 所这样的大学。(4)新新大学。从 1961 年到 1968 年间，英国创办了 10 所“新新大学”。这些大学自成立之日起就是正规大学，有权授予学位。在英国教育史上，开创了国家第一次从大学初建就拨给基本建设经费的先例，打破了由民间团体或个人办学的传统。(5)升格大学。1965 年，英国提出实行二元教育体制，大力发展技术教育。于是，在 1966—1968 年间，英国实现了罗宾斯委员会《高等教育报告》中关于将原来巴思等 10 所高级技术学院改为技术大学的建议。这些大学的特点是采用新的教学组织模式，力图解决大学专业过窄、过细的问题；同时加强文理交流，克服文、理两个学科专业割裂的问题。(6)开放大学(Open University)。1969 年开放大学的成立，标志着英国高等教育开始普及，这是一所独立自治的现代化大学，在世界各国影响深远，被誉为“英国教育史上的一次伟大革新”。(7)私立大学。1976 年 2 月，英国成立了一所完全独立的大学——白金汉私立大学(University。fBueking－ham)。这是英国惟一的一所私立大学，不由国家提供资助，而是靠企业界机构捐资、个人捐款和学生学费来运转办学。1983 正式命名为白金汉私立大学。1978 年，英国共有 45 所类似的大学。

非大学部分。非大学范围内的 4 种学校类型如下：(1)1969 一 1973 年建立了 30 所多科技术学院，后期又建 4 所，(1992 年 34 所多科技术学院全部升格为大学)；(2)14 所苏格兰中央所属学院；(3)64 所高等教育学院；(4)300 多所继续教育学院。15 世纪前，英国仅有 6 所大学。19 世纪中叶后，由于地方大学的建立才使英国大学数目翻了一番，达到 14 所。1963 年《罗宾斯报告》发表时，英国只有 24 所大学，这些大学可以追溯自己的历史到 150 年前。而到 2000 年，英国已经有 166 所大学与学院，其中 112 所大学和 54 所学院。由于英国始终较为完整地保留着具有悠久历史的牛津和剑桥等古典大学，使得英国得以较为完整地延续了大学教育的传统，使高等教育的发展保持一种稳定性和连续性的特性。另一方面，为适应社会变迁对高等教育的新要求，英国建立新兴的高等教育机构。如此，既不对原有大学造成太大的冲击，又能适应社会的要求。因此英国高等教育体制形成像一棵古树那样成明显的、生动的年轮结构：古典大学、近代大学、新大学、新新大学、多科技学院等。每一种院校都是不同时代的产物，每一种院校又适应社会的不同要求，每所院校都具有不同的时代特点和各具特色的办学风格。这种具有明显“年轮”结构的高等院校并存在一个国家的高等教育系统之中是英国高等教育的一个特色。1987 年英国议会发布的《高等教育——迎接新的挑战》(Higher Edueation：Meeting the hallenge)白皮书认为，多科技术学院成立 20 多年，作出了巨大贡献，非大学的地方院校将脱

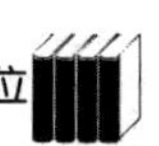

离地方政府。1985年《教育改革法》(The Edueation Reform Aet 1988)建立的新拨款机构以及中央政府直接管理的决定,使二元制中大学与非大学的结构与经费两部分联结起来了。根据1987年和1988年法案,英国高等教育拨款机构"大学基金委员会"(UFC)取代了存在70年之久的"大学拨款委员会"(UGC),并新设立"多科技术学院与其他学院基金委员会"(PCFC)主管大学以外的高等教育机构的经费补助。1991年5月,议会颁布了《高等教育:一个新框架》(Higher Edueation:New Framework)建议废除二元制,建立一个单一的高等教育框架。首相梅杰认为,"我们的改革将主要结束大学与多科技术学院和其他学院之间日益严重的人为区分"。紧接第二年,议会通过了《继续教育和高等教育法》(The Further and Higher Edueation Aet),建议成立"高等教育基金委员会"(HEFC)法人团体。依据这两个法案,政府裁撤了1989年才设立的"大学基金委员会"和"多科技术学院与其他学院基金委员会",改按地区设置"高等教育基金委员会"(HEFC);同意多科技术学院申请改名为大学,具有和大学相等的地位,享有自行颁授学位的权力。同时,还取消了国家学位授予委员会(CNAA),把学位授予权下放到各主要院校。这两个法案构成了英国高等教育体制结构变革的分水岭。最后,英国34所多科技术学院以及部分其他学院被改称为大学,成为"1992年后大学"(post－1992 universities)。一个统一的高等教育体制取代了运行20多年的二元制,实现了英国高等教育体制新的融和,从而完成了大学分类到"趋同"的变化。20世纪60一70年代,国际高等教育思想界占主导地位的一个假设是:欧洲各国的高等教育体制将重演美国高等教育体制的过程,即走"精英一大众一普及"高等教育的路程。许多学者也都预言,在当今世界高等教育大众化过程中,高等教育将走向多元化。不少国家的高等教育都是从一元走向二元或多元化。但是,英国高等教育体制却恰恰相反,"逆流而行"(against the tream),从分化走向"趋同"。由此,为世界研究高等教育体制的学者们提出一个高等教育体制变迁的方向性问题,也使研究者对英国高等院校的"趋同性"产生了极大的兴趣。

多层次、多规格的高等教育机构的建立,既丰富了英国高等教育的形式,完善了高等教育结构,也有效地扩大了高等教育规模,适应了战后英国高等教育发展与社会对各类高级专业人才的需求。20世纪80年代政府的经费削减,需要整个高等教育更具有"走向市场"的经营特点。由于职业性学科教学的变革,大学与非大学两部分在许多方面都变得比较相像。多科技术学院在追求学术漂移的同时,仍然保持自己固有特色,继续发挥着自己原有的优势。而许多历史悠久的大学在压力下也呈现了"多科技术的"特征。大学和非大学机构在研究能力、学术力量和教师资格等方面都越来越相似,都体现了同样的教育理想和教育方针,提供同样内涵的学术教育和职业教育。

在英国高等教育一元制大伞下,当今的英国高等院校出现新的分类,其多元化模式更加突出。所以英国不少学者把此现象称为"一元体制下的多元模式"(unified system with multiple modes),主要有几种分法:(1)英国高等院校分为"1992年前大学"(pre－1992universities)和"1992年后大学",(post－1992universities)。1992年前大学指古典大学、近代大学、新大学、新新大学、升格大学、开放大学和私立大学。1992年后大学指

1992 年所有升格为大学的多科技术学院以及其他学院。(2)索恩与丘伯特(Thome and euthbert,1996)根据学术自治、科层效率和市场竞争把大学分为 4 类型:A1、A2、B1 和 B2 大学。"A1 类型"是自治专业(autono－mous profes－sional)大学,主要由 1992 年前大学构成,与市场和学生消费主义相对隔离,以开展研究来树立其声望。"A2 类型"是专业市场(prossional market)大学,它们放弃了对资助机构的依赖,下放权力给下级,获得传统学院组织不能得到的解决办法。"B1 类型"是管理市场(managerial market)大学,除教学外,大学从事重大研究调查,国家学位颁布委员会的权力被院内学术团体所取代。"B2 类型"是市场科层(market bureaueraey)大学,由以教学为主的 1992 年后大学构成。(3)1995 年斯科特把英国一元制下的大学分为 12 种:牛津与剑桥大学;伦敦大学;维多利亚市立大学(布里斯托尔、利兹和利物浦等);红砖大学;达勒姆和基尔大学;技术大学;苏格兰大学;威尔士大学;北爱尔兰大学;开放大学;老的"新"大学;新的"新"大学。此外非大学还可以分为 4 组:多系科学院、文科学院、继续教育学院和特殊学院。(4)泰特(Tight)根据规模、收入、学科、学习水平、学习模式和校龄等把大学分为 16 种类型,等等。

可见,英国高等院校的"趋同"是有其"多元"内涵的。可以说,20 世纪 60－90 年代的英国高等教育是从一个以大学与非大学地位和作用正式分割、但在学术实践、文化和标准方面具有显著同一性为标志的二元体制,发展到一个没有正式分割但在学术实践、文化和标准方面存在越来越明显和实际差异的一元体制。

3.法国

法国在高等教育大众化进程中,主要依靠综合大学、大学校和短期高等教育机构。综合大学是着重于理论及基础学科的知识传授和研究;大学校是培养各行各业高级专业人才和国家官员;短期高等教育机构是培养工业、第三产业等需要的中级技术人才,毕业生主要面向就业市场,但也允许进入大学更高阶段继续学习,属于高等职业教育。到 20 世纪 60 年代中后期,法国高等教育也跨入大众化阶段。

4.日本

日本在 1970 年跨入了高教大众化阶段,在此进程中,高等教育机构主要有培养精英教育、高层次专门人才的大学和面向产业部门培养技术人员的大众型高等教育机构。后一种非大学型的短期高等教育机构有力地推动了日本高等教育大众化的进程。据统计,1951 年仅有短期高等教育机构 180 所,学生 1.6 万人,到 1979 年已增至 518 所,学生 37 万余人。值得一提的是,在 1975 年,日本国会通过了《专修学校法》,开始设立的专修学校基本上是提供高中后两年职业教育,培养学生就业和实际生活上所必需的能力,为日本经济的发展提供大量的中、低级技术人才。1976 年,日本全国有专修学校 893 所,到 1990 年招收高中毕业生的专修学校达到 2731 所,在校生 61.2 万人。但日本政府规定这类专修学校不属于高等教育的范畴。不过,近年来,日本开始尝试在专修学校和大学之间建立一些相互联系的渠道,如相互承认学分。

5.韩周

韩国 20 世纪 70 年代韩国的高等教育还处在精英教育阶段,为适应经济的高速发

展，客观上要求进一步提高工人的技术水平，并增加对高级技术人才的需求。在高教大众化进程中，韩国于 20 世纪 70 年代大力发展大众型高等教育，主要有：一是成立以招收继续进修专门知识和技术的在职人员的广播函授大学；二是大力发展专门为产业界培养高等职业技术人才的招收高中毕业生的二年制专门大学。这些大众型高等教育机构的建立和发展，使韩国高等教育在 1970 年至 1980 年间，高等教育学生数扩大了 3 倍多，并最终在 1980 年高等教育毛入学率达到 14.7%，进入大众化阶段。

(二)国外高校定位实践的启示

从上述几个国家的情况可以看出，在高等教育大众化进程中，关于大学定位有几个共同的特征：第一，高等教育中高等院校类型趋于多样化，除美国以外，欧洲、日本等国家的高等教育发展都是有序的，定位明确。特别是非传统的、非大学型院校在高等教育大众化进程中占有重要地位；第二，不同类型和层次的高等学校定位明确，具有各自的培养目标、模式和特色，各类学校之间呈现互补关系，彼此不可替代；第三，在保证高等学校多样化和各自定位的前提下，尝试在大学型院校和非大学型院校之间建立联系和沟通渠道，以更好地适应社会对高等教育的多样化需求。

1.分类与定位是不是一个概念。几乎所有人都把高校定位与高校分类联系起来，分类指导更是几乎被人们奉为高校定位的法宝。其实依靠对高校的分类来指导高校定位是一种简单化的方法。因为分类其实是对现存事实的一种归类，当事物演化到一个相当复杂而且比较成熟的阶段时，需要归类使复杂事物在认识上变得简便，因此分类是对事实的归纳，只不过是观察到的统计规律的外推，只适用于那些发生于某一特定社区和某一特定时期的一般行为。分类本身并不具备预测并指导实践的能力。从博弈论的角度看，在一种自由的环境中，高校的定位可以看作面对复杂环境的博弈，在这一博弈过程中，高校的最佳应对难以预测。分类的作用仅在于新的高等学校类型出现以后提供一种解释框架。另外，我国高等教育发展正面临着前所未有的新情境，应该是一个高等学校类型的分化时期，而不是高等学校类型的固化时期，在高等学校类型没有充分分化的时候，无法依靠分类来指导高等学校的定位。

2.高校该由谁来定位。美国大学的定位、分类、认证、排名次等工作，都是由独立的非政府民间学术机构来操作的，由于这些机构既不受行政干预也不受媒体宣传所诱导，所以他们具有很高的权威和可信度。我国虽然也有一些民间的评估机构，但是商业习气太重，可信度较差，至少目前担当不了给高等学校功能定位的任务。比较现实的作法是由国家教育部组成一个专门的专家组，提出高等学校定位的原则、分类方法、结构模式和大学分类的名单，经过论证后交国家立法机构审订，然后颁布《中国高等学校功能定位与分类法案》。各大学只能按法案行事，不得违反法案自行其是，这样就从法制的角度防止大学串位现象的发生。在对我国高等学校实行功能定位时，必须统一对某些问题的认识，这是顺利实施高等学校定位的保证。

3.高校功能定位是否妨碍各大学之间的竞争。定位是必须的，但竞争任何时候都是应当提倡和支持的，问题是对竞争应当如何看待。各大学虽然都有自己的功能定位，但每类大学都有自己的发展目标,都有研究不完的课题。所以,正确的态度应当是,发扬创新精神,以开拓进取的姿态,把自己的大学建设成为同类学校中的佼佼者。同时,必须结合大学功能定位,认真地整顿严重的浮夸学风。就拿大学改名来说,现在绝大多数大学都改名了,甚至几年之内数次改名,反正是越改越大、越改越响亮。可是,美国麻省理工学院成立 140 多年,"学院"这个名称并没有妨碍她迄今仍然是世界上最好的大学之一。法国国立行政学校,仅仅只是一所学校,根本没有冠以大学的桂冠,成立 60 多年以来,从来没有人想去改掉这个校名,但她却是法国培养高级官员的摇篮。中国人不注意务实,补尊重文化传统的继承性和连续性,总是习惯否定前人的作法。所以,中国大学基本上没有办学理念的传承性,结果是办不出有特色的大学。

2.5.2 以定位理论为指导,实现地方高校的科学定位

中国要实现小康社会,不但需要众多的高级人才,更需要数以万计的应用型人才和高素质的劳动者。高等学校科学定位内涵包括以下三个方面。

1.办学方向和目标的定位。从根本上来说,"育人"始终是高等教育最基本、最重要的职能;同时高校是知识创新和传播,技术创新与应用的基地,因此高校必须把培养人才、发展科技与积极参与经济和社会发展结合起来,为经济和社会发展作贡献。在当前的高等教育快速发展和深化改革中,地方高校首先应转变观念,理清思路,牢固树立紧密结合区域经济与社会发展的功能观。在经济全球化和区域经济合作的发展潮流中,作为地方高校的办学方向和目标的定位,就是应该为适应和促进区域经济与社会发展服务,强调其本土性,坚定不移地培育区域经济社会发展所急需的人才,加速科技向当地转化,优化当地资源配置,形成当地特色优势产业等方面做出应有的贡献。尤其是要在西部大开发、发展中部经济这场具有历史意义的大战役中,在各地"科教兴省(区)"、"人才强省(区)"的战略实施中一马当先。

2.办学类型和层次的定位。我国高等教育对人才培养的规格历来分为专科教育、本科教育和研究生教育三个层次,近年来参照国外的分类,结合我国的实际,倾向于将高校分为研究型、教学研究型、教学为主型和教学服务型四种类型。这四种类型的高校的职能都是以育人为本,教学、科研和为经济社会发展服务三大功能协调发展,只是在培养人的层次上各有侧重,科学研究和为经济社会服务所占比重有所不同。地方高校,绝大部分应定位为教学为主型和教学服务型。除了教学研究型和少量的教学为主型的地方高校进行适量的研究生层次教育外,主要进行本科层次或专科层次教育,实现以应用型为主的人才培养多样化。地方院校应立足本层次,办出水平,办出特色。即根据各自的传统、资源、特色、优势和外部需求等科学定位。国家和社会既需要一流的科学家、思想家、教育家、管理专家等,也需要培养适应现代技术需要的一流的劳动者。美国高等教育系统内部,既有世界顶尖级的著名大学,又有水平一般的大学,既有以科学研究为要旨的研究型大学,又有专事教学活动的教学型大学,还有以职业培训为目的的职业型大学。但它们在市场竞争中都有一个准确的定位,都找到了适合自己生存和发展的位置和空间。

各高等院校应具有各自的培养目标和规格，有多样的质量标准。正如有学者指出的，“我们所需要的高等教育质量应该是一种特色纷呈的质量。特色与特性包含共性于其中。在高等教育大众化的过程中，让不同层次的学校办出自身的个性，让不同类型的学校办出自身的特色，这或许是我们认识和把握高等教育质量的关键所在。”

3.办学水平和特色的定位。特色立校，特色兴校，是世界高等教育发展的必由之路，地方院校也是如此。在人才培养目标上，地方高校要确立自己的质量，发展特色。要培养有特色的学生，首先在教育观念上要坚信学生人人有才，才有异同；在教育实际上要尊重学生的自主选择，鼓励学生自我发现，调动学生自觉学习；在知识追求上，应朝着多个方向延伸，即讲求知识的广度、厚度、高度和深度；在学习途径上，应课内与课外结合，自学和辅导的结合，加上产、学、研的结合，进而达到学有所长，学以致用，学有创新的良好效果。因此，地方院校必须准确定位，使教育面向地方化，学科专业特色化，科技产业先导化，人才培养适用化，以贡献求支持，以特色求发展。

高校学科设置和专业结构的选择是提高学校办学水平和形成学校办学特色的关键，每所高校都应努力发展具有特色和水平的学科和专业，作为学校发展水平的标志和提高学校办学效益的基础。要发挥自己的比较优势和特色，地方高校必须努力成为地方应用研究的主力军、高校科技产业化的主力军，成为各地新经济蓬勃发展的重要力量。

特色办学主要体现在人才培养的质量和水平上。而学校人才的培养最终要落实到课程与教学过程中。因此，地方院校要根据自己的培养目标，根据科技发展的综合化趋势、根据知识经济对人创新能力的要求，进行课程调整与改革，拓宽学科专业，加强综合学科专业的建设，增强课程的综合性；发挥教师和学生的主体意识，探讨新型人才的培养模式，培养高素质的人才。

2.5.3　提高整体科研能力为出发点，实现地方高校的正确定位

地方资源如能加以适当、有效的利用也会产生强大的社会效应。比如近几年本土课程资源的开发与利用，就取得了较好的社会回应。学校定位时所针对的本土资源从内容、方式到途径都还有较大的发展空间，如能创新性地加以利用，不仅能开拓学校发展的途径，更能促使学校走向特色化的发展道路。

1.强化科研基本功训练。地方高校科学研究的发展，首先要强化科研意识。只有倡导、营造科学研究的良好氛围，支持、鼓励广大教师积极从事科学研究，并把科学研究纳入教师的业务考核之中，地方高校的科学研究环境才能真正建立起来。第二，地方高校的科学研究要强化教师科研基本功的训练。在承担高层次科研项目能力明显不足的情况下，一方面要苦练基本功，另一方面要创造教师开展科研的条件。要重视校内科研基金的扶持、育苗工作，加大校管项目的投资力度，为争取高层次科研项目创造条件。第三，要重视整体科研能力的提高和局部的率先突破，才能带动科学研究的快速发展，培养具有地方高校特点的科研方向。

2.把握优势科研方向。地方高校科研方向比较分散，各个学科的科研存在着严重的

不平衡,必须从优势科研的实际出发,分析已取得的科研成果及其社会反响,扶持科研优势;二要依据现有科研基础,从学科的前沿地带和跨学科角度确定科研方向,努力形成一定的研究特色;三要从基础研究、应用研究和试验发展出发,确定在各个层次的研究方向。地方高校基础研究的科研方向应定位于应用基础研究,可能更符合地方高校科学研究的实际。在应用研究方面,地方高校科研方向的定位应立足于区域性、地方性特定的实际目标或应用目标,组织科研力量有目的的进行研究。在研究与试验发展方面,地方高校科研方向的定位应立足于与地方企业界的结合,一是将自身基础研究、应用研究的成果在企业转化成为产品,二是根据企业的需求研究技术开发中的理论与技术问题。

3.实现科研跨越式发展。无论在承担高层次项目方面,还是在建设地域性研究中心方面,仅仅依靠地方高校自身的力量远远不够,不但需要强化与重点高校、科研机构和企业之间合作,而且必须主动出击,进行全方位、多层次的合作,依靠合作带动地方高校科学研究上层次、上水平,最终实现科学研究的跨越式发展。首先,要实现高层次人才的战略合作。地方高校要善于聘请高层次人才进行科研方面的指导,重金聘请兼职学术带头人,不为所有,只为所用。第二,要加强科研项目申报和科研过程的合作。一方面在高层次项目申报时,要加强与重点高校和科研机构的合作,提高申报项目的质量;另一方面在科研过程中要加强与校外科研人员的合作,虚心学习校外科研人员的科研方法和科研经验,逐步形成具有竞争力的科研方向。第三,要加强信息交流方面的合作,建立畅通的信息交流渠道,站在学科的前沿开展科学研究。

2.5.4 以学科交叉和渗透为依托,实现地方高校的合理定位

地方高校是所在区域社会发展的加速器,是地方科技、经济、教育、文化的源泉和中心.、不但承担着传授新科技知识的重任,而且还承担着创造知识的重任。企业中急需的难题,是高校项目和课题的重要来源。地方院校可与重点大学进行“错位经营”,侧重促进当地中小型企业、乡镇企业和民营企业的技术进步,帮助他们解决生产中面临的重大技术难题。在与地区经济建设和社会发展需要的结合点上,加大发展力度,形成特色。

1.加强科研方向与科研力量的结合。地方高校科研整体薄弱的一个重要因素,就是缺乏明确的、具有竞争优势和发展前景的科研方向。同时,科研力量分散,缺乏高水平、学术造诣深、有影响的学术带头人,无法形成科学研究的合力和学科群体。所以,地方高校科学研究的发展,要重视与学科建设的结合,一方面通过科学研究提高学科建设的水平,另一方面依靠学科建设形成明确的科研方向,更重要的是通过学科建设整合科研方向和科研力量,培养学术带头人,形成研究梯队,组建科研团队,形成学科群,提升承担高层次科研项目的能力,并在局部突破能够承担重大科研项目。地方高校科研要把为学科建设服务作为一个重要的目标,通过学科建设培育科研优势与特色。

2.加强教学科研与区域经济发展的层次阶段的结合。地方高校科学研究的优势不明显,还缺乏特色和有影响的研究成果。开展跨学科的交叉、渗透研究,开辟新的研究领域,实现学科间的交叉联合,是地方高校科学研究发展的突破口。交叉学科的研究便于

从不同角度研究同一问题，或对同一问题进行多角度的研究，使科学研究系统、深入和具有多维性，实现科学研究横向拓宽和纵向的深入。在研究内容上，有同一学科内部各个研究方向的交叉与渗透，有跨分支学科、跨学科门类的交叉与渗透，有自然科学和人文、社会科学的交叉与渗透；在研究方法上，有递进式的交叉与渗透，随着认识的提高，在多学科交叉与渗透的空间进行科学研究纵向的深入和横向的拓展。有循环的交叉与渗透，呈现出在各个学科中有规律的科学活动现象。

2.5.5　以文化遗产与资源的开发和利用为抓手，实现地方高校的特色定位

人文、社会科学研究只有从地方特定的历史文化出发，才能更加显现出科学研究的特色，其研究成果才可能适应地方社会发展的需要，也才能真正服务于地方的经济和文化建设。地方高校拥有研究地方问题的天然优势，从地方特有资源出发，研究开发地方在全国乃至世界上有影响的科学文化遗产和特有资源，丰富祖国的科学文化宝库，把地方的科学文化知识传播出去，是地方高校科研的基本任务，也是形成地方高校科研特色的根本途径，还是地方经济、社会发展的重要需求。地方高校可以根据本地区优势和资源优势，发展特色学科。其次，每个地区都有自己独特的产业结构，地方高校要适应这种需求，并结合自身实际情况，不断调整、优化学科和专业结构。地方性的科研，重在选择地方历史文化遗产或现实经济、社会中具有重要价值，有可能在科学界引起反响或能够创造巨大经济效益的科研方向，组织强有力的科研队伍，进行联合攻关。

同时，要加强校园文化建设，努力形成学校的文化传统。校园文化是一种以文化形式参与的非强制性的教育因素和教育力量，包括校园精神文化、校园制度文化和校园物质文化。校园文化建设，具体包括校园精神文化建设，它是校园文化的核心，是校园的灵魂和主导；校园制度文化建设，制度规范能使师生员工养成良好的行为习惯，激发师生的荣誉感；校园物质文化和环境的建设，学校要加大教育投入，保证教育设施、文体设施、服务设施齐全，为学校发展提供物质保障。

2.5.6　以转变社会的教育观、用人观、就业观为指针，实现地方高校的准确定位

虽然大学有自身的独立性，但独立的程度是相对的。每一所地方高校，都处在某一区域，这一区域的经济结构、政治、文化环境对人才的数量、质量、类型的要求，会直接影响到学校的发展，地方大学必须走“适销对路”的路线。社会大众“望子成龙”的传统和心态是我国高等教育持续发展的一种动力，然而，如果“龙”的内涵仅仅是上重点大学、研究型大学，毕业后是“国家干部”、“白领阶层”，或者是去大城市、大机关、外资企业工作；用人单位也单凭高学历、名牌院校来取舍，那么，这些观念和心态势必会影响各个高等院校的定位。因此，要树立质量多元化观念。用不同的质量标准来评价不同层次的高等学校。社会是分层的，社会的职业也是分层的。只要不同定位的高校培养出来的人才能适应不同的社会和市场的需要，就是好的质量、高的质量。因此，要根据不同定位的不同学校制定不同的质量标准；要依法抓紧制定国家职业（技能）标准，明确对各类劳动者的岗

位要求，积极推行劳动预备制度，坚持实行“先培训、后上岗”的就业制度，用人单位根据标准，选择适用的、实用的人才，树立正确的用人观；发挥政府的主导作用。正确引导各个学校定位、定型，要采取措施来引导学校分出各种类型，明确不同的分工，创造条件采取不同的指标体系来评估、评价不同类型的高等学校，避免用统一的标准来规范所有的学校；要宣传正确的就业观念，鼓励大学毕业生到中小城市去，到乡镇去，到普通的有一定技术含量或管理要求的劳动岗位上去，同时积极鼓励和引导毕业生自己创业。只有我们树立起新的教育观、用人观、就业观，才能有效地保证各个高等学校安于其位，才能有利于高等教育大众化的健康发展。

2.6 地方高校办学定位的实现路径

研究了影响高校办学定位的因素，分析了定位中容易发生的五种不良倾向后，我们可以得出这样一些的认识：一是正当我国的高等教育迈向大众化阶段之时，高校的办学应当呈现出多样化的发展势头，各校定位既要符合自身发展的需要，更要适应社会对教育分工的需求，避免盲目攀高或办学趋同化现象的产生。二是治校者们应紧紧把握时代前进的脉搏、主动适应社会多样化的教育需求，增强教育的市场意识和国际意识，形成自己独特的办学理念，把学校办出特色。三是各级政府、教育主管部门应该为高校办学的多样化定位创造一个良好的制度环境，逐步形成公平竞争的教育机制，使所有高校都能在相应的类型办学并且办出成绩来。随着高校改革的进一步深化，特别是高等教育格局的变化和经济建设和社会发展的进一步加快，地方高校的办学定位需要进一步得到明确。

2.6.1 正确把握学校定位原则

学校定位是关于学校近期和中长期办学类型、办学层次、办学特色、人才培养目标、科研水平的战略选择。地方高校在对社会需求和学校发展空间做出正确判断的前提下，应该在人才培养、学科建设、科学研究等方面做出理性定位，使学校走上科学发展的道路。在进行学校定位时必须坚持的原则是：不同类型和不同层次的高校都是高等教育体系的组成部分，都可以在一定的类型和层次上办出特色、办出水平；地方高校要更自觉地树立起服从以区域经济建设为中心的指导思想，增强为区域经济和社会发展服务的功能，为区域经济发展作出自身特有的贡献；地方高校要根据自己的办学传统和资源条件，突出特色，有所为，有所不为，集中精力形成自己的优势。如辽宁工程技术大学在确定学校发展目标时就充分把握了地方高校的定位原则。

1.明确自己的办学规模和层次。高校办学存在一个“规模经济”效应的问题。办学规模的定位是就数量而言的定位，办学要有一定的规模，有规模才有效益，但规模不宜贪大。办学层次主要是指人才培养的层次，包括专科层次、本科层次和研究生层次。各个层次的学校数量及其办学规模要受到社会人才结构的制约，不同办学层次的高校之间应有一个相互配合、协调的关系。地方高校在办学层次的定位上，既要考虑社会对各层次人才需求的数量和质量，更要考虑自身的办学实力，不能"盲目拔高"，要把握自身的优势，准确选择自己的地位，显示自己的特色。在办学之初应当以本科教育为主体，经过长期的建设和积累，可以举办研究生教育。

2.确立自己的人才培养目标和模式。人才培养目标的定位是指高校在办学过程中以培养哪种规格的人才为主体，从而制定出相应的培养方案和质量标准；人才培养模式，是指大学依据国家人才培养的目标和质量标准，为大学生设计的知识、能力等素质结构以及实现这种素质结构的教育、教学活动方式。为了实现定位，地方高校必须确立与同类院校和不同类院校区别的、属于自己的人才培养目标和人才培养模式。一般来说，地方院校的办学理念和发展定位有别于"研究型"大学和传统的"学术型"院校，而将自身定位于应用主导型，其人才培养目标定位于培养直接面向市场和生产第一线的高级工程或管理应用型人才，学生除了要具备坚实的专业理论知识以外，还要具备较强的实践应用能力。而且，在人才培养模式方面，地方高校必须与老牌、名牌大学形成"错位"，探索一条适合自身特点、满足社会需求和学生需要的人才培养模式。这既是大学教育个性化的体现，也是地方高等院校扬长避短发挥自身优势的主动追求。地方高校应根据地方经济、技术的发展水平和特色产业的发展趋势，以及当地特定的文化资源，来谋划学科建设和专业设置，改革和创新人才培养方案、教育教学理念与教学方法，培养个性鲜明的高素质应用型人才。

3.确定自己的发展目标。高校的发展目标有整体目标和局部目标之分。整体目标就是指发展战略目标，是指在某个较长的历史时期内，学校生存发展中带有全局性、方向性的奋斗目标，是对学校未来发展趋势、发展方向的科学预见和创新性思考。局部发展目标是在战略目标确定之后，确定学科发展目标或是系、部的发展目标等。既要明确整体目标和局部目标的内容及任务，又要处理好整体目标与局部目标的关系，实现协调统一，共同发展。地方高校必须确立自己差异化的发展目标，才能将自己的办学与同类院校相区别。

4.明确自己的办学类型。办学类型有多种分类。按隶属关系来分类，如部属高校、地方高校；按学科含量来分类，有单科性院校、多科性院校、综合性大学之说；还有的按学术水平来分类，譬如国际上通常用研究型、应用型、技术型来划分理工科大学。在我国的普通高等教育中，按科研的含量和学术水平的不同，把高校划分为研究型大学、研究教学型大学、教学研究型大学和教学型大学四种类型。地方院校不应当、也没有必要按照研究型大学的标准来确立自己的方向，而应将教学型大学作为自己办学类型的基本定位，在经过一定时期的建设后，可以将教学研究型作为自己中长期的办学类型定位。

2.6.2 系统创建自己的办学特色，增强核心竞争力

高校办学特色的定位是形成办学多样化的有效途径，是高校在教育市场中具有竞争力的表现，也是学校吸引生源、形成社会地位的基础。建设什么样的大学和如何建设这

样的大学的问题，自始至终一直是大学教育的决策者、办学者、管理者共同关注的话题。地方高校必须从自己的实际出发，积极发掘和研究自己的办学资源状况，作系统的思考和长期的规划，并付之于持续的行动，经过长期的努力，才能逐步建立起自己的办学特色。大学发展到一定阶段，要想脱颖而出，必须发展特色。人无我有，人有我优，人优我特，人特我高。比如，美国加州工学院一直坚持“小而精”特色办学，并没有一味追求大而全。学生规模虽然不足2000人，但却是美国一流的大学。因此，面对大学之间激烈的竞争环境，地方高校必须遵循比较优势原则，实施特色发展战略。

1.人才培养特色。地方高校要发展就必须树立特色化质量观。地方高校在人才培养上，要尊重社会的需要，不能只管培养，不能有什么样的老师，有什么样的办学条件，就培养什么样的人，而应该是社会需要什么样的人，就培养什么样的人。在人才培养的规格上扬长避短，注重人才的应用性，注重学生实践能力、动手能力培养，以社会需求为导向，特别要以地方经济社会的需要为导向，在专业建设、教学计划安排方面要随区域经济结构的调整而调整，形成自己的人才培养特色。如大连工业大学建校50年来始终坚持为行业和地方经济建设服务，立足轻纺行业培养应用型人才。在不断更新教育思想观念的同时，学校将应用型本科人才培养模式改革思路定位于以下方面：以满足行业和地方经济发展需求为目标，以创新精神和实践能力培养为核心，坚持走产学研结合之路，着重从专业设置、培养方案、课程教学和人才培养途径等方面进行改革与创新，构建知识、能力、素质三者有机融合的多层次、多元化、个性化的有特色的应用型本科人才培养模式。

2.学科特色。任何一所学校要成为全方位发展的学校都是不可能的，特别是像办学历史不长、又经历过管理体制改革和合并的学校找准学校在地方经济社会发展中的地位和作用是非常重要的。地方高校虽然在整体学科水平上无法同教育部直属院校抗衡，但是并不意味着这些学校只能落在重点大学之后。有些地方高校是适应地方经济建设需要建立的，学科专业具有一定的地方特色；有些高校是近年来在国家高等教育管理体制改革中，由国务院各部委划归到地方管理的，学科专业具有很强的行业特色。因此，地方高校学科门类要坚持特色，选择自己有良好基础的、自己所擅长的领域去发展，建设自己的品牌学科，同时辐射和带动其他学科，形成以品牌学科为引领的特色学科体系；要面向支柱产业发展重点学科；面向新兴产业发展新兴学科；面向社会全面进步发展人文学科；人文学科和自然学科交叉互融，共同发展。如沈阳工业大学依托老工业基地，构筑机电类优势学科专业群，服务装备制造业。以电机与电器、电气工程、机械工程、材料科学与工程、测试技术及仪器等16个国家及省重点学科为坚实基础，依据优势学科特色设置专业方向，形成了电气信息类、仪器仪表类、机械制造类和材料加工类本科优势专业群，为培养适应区域经济发展的高质量特色人才奠定了坚实的基础。①

---

① 白莉等.地方高校办学定位与发展对策[J].现代教育管理，2010年第10期。

2.6.3　推进产学研结合，走进区域经济社会发展主战场

随着高科技的迅猛发展和知识经济的到来，高等教育的理念和功能都发生了重大的变化，高等学校不再是过去游离于社会之外、坐落在象牙塔内被动依赖于社会和政府的组织，而是逐渐走人经济社会发展这个历史舞台的核心，融入社会和经济发展的滚滚洪流。社会服务面向的定位是指高校要找准社会服务的空间范畴，反映高校在履行人才培养、科学研究、服务社会等职能时所涵盖的地理区域或行业范围。著名大学的产生无不与国家和区域振兴紧密联结在一起。尤其是在知识经济社会，高等教育的知识传播、知识的创造作用日益明显，高等教育对社会经济的贡献率显得十分突出。因此，地方高校要更自觉地树立起服从以区域经济建设为中心的指导思想，增强为区域经济和社会发展服务的功能，为区域经济发展作出自身特有的贡献。与此同时，高等学校在与区域经济和社会发展结合的过程中也必然会实现自己的价值，增强科研成果向现实生产力转换的能力，提高在社会发展和经济建设中的地位。

地方高等院校往往位于省会中心城市以外的二线城市，它们在省级高校体系与格局中一般处于低重心位置。这类高校肩负着为所在区域经济建设和社会发展服务的使命，必须以地方为中心，依托地方、服务地方，这就决定了地方高等院校服务面向的“地方性”或“地域性”。实际上，地方高校与地方经济之间始终是一种“共生”关系，理应形成良性的关联与互动。学校要突破传统封闭的办学模式，走“开放办学”之路，积极融入当地社会，利用校内各种资源特别是智力资源，全方位服务于社会。而且，这种服务不单是被动的适应性的服务，更是主动的引领性的服务。因此，地方高校要有引领社会的勇气，要具备引领社会的能力，能帮助地方政府抓住发展机遇。在发展战略和规划的制定，以及工程技术方面都能提供一些前瞻性、引导性的支持，这是地方高等院校在更高层次上服务地方经济的一个方向。

地方高校的学科专业大多是应地方经济建设需要设置，与地方经济发展具有很强的吻合性，这是地方高校发展的基础。地方高校要充分利用其区位优势和地域优势，推进和加强与地方企业的合作，在区域创新体系建设中发挥引领和推动作用，并在与企业的创新合作中获得自身发展，使学校的学科优势和科研成果在与企业的联合、结合中形成重要的研发平台，在国家创新体系中占有重要的地位，发挥应有的作用；地方高校要紧密结合区域经济发展的需要，高度重视科研成果产业化，通过科研基地建设，为企业提供源源不断的技术支持和各种科技服务，走进区域经济主战场。高校创新平台在建设创新型国家中越来越重要，为经济建设持续提供原始创新成果、高新技术成果等一系列科技创新活动的重任都落到了科技创新平台上。为搭建科技创新平台，地方高校应当在资源分散的现实情况下，协调人、财、物等资源并建立其整合机制，集中优势资源并发挥特色，有目标、分层次地搭建各级创新平台。如沈阳工业大学为此进行了多年的探索和实践，利用校内的人才、学科、硬件、技术等优势资源，建立了凝聚人才的科技创新团队人才资源整合机制，建立了多学科领域交叉融合的知识资源整合机制，建立了大型设备共享的硬件资源整合机制，建立了重大科技攻关的技术资源整合机制，使创新要素的各类优势资源充分整合，推动科技创新平台建设并取得进展，从而在创新平台层面上奠定了科技创新基础。目前，沈阳工业大学建设了国家稀土永磁电机工程技术研究中心、辽宁省风力发电技术工程研究中心、高电压强电流与新型电机重点实验室、复杂曲面数控制造技术重点实验室、镁合金及其成型技术等省级重点实验室、省高校人文社会科学重点研究基地、辽宁省知识产权研究院等 17 个国家和部省级科研基地，还建设了东北 j 省地方院校唯——所国家级大学科技园，科研基地集群化趋势已经形成，优势资源已高度凝聚并全面发挥作用，全校科技 80％以上创新业绩由创新平台完成。学校还推出了一批具有市场前景的高新技术成果，其中，高效节能稀土永磁电机国际领先；变速恒频兆瓦级风力机组国内首创；长输管道在线智能检测系统打破国际垄断；细长曲面类零件数控铣削理论与应用技术居国际前列；绿色无明矾粉丝制备技术水平国际先进；智能化集成低压电器首开国际先例；汽车零部件用高性能镁合金制备技术成功产业化应用；环己烷氧化酸性有机废水制取己二酸和二元酸技术变废为宝。近几年，完成企事业单位委托的科研项目 1635 项，为企业解决了大量技术难题，推出了多个成熟的高新技术产品。因此被评为辽宁省知识产权“兴业强企”示范单位、多次获得辽宁省科技成果转化奖，被评为辽宁省校企合作先进单位，2009 年获得国家技术市场“金桥奖”。

2.6.4 发挥高校智囊团、思想库作用，走进地方政府的决策咨询系统

区域经济和社会发展，离不开重大事情的科学决策。地方政府和企业重大事情的科学决策，离不开专家、学者的参与，而高校内学科种类多，专家、学者云集，是储备思想的智慧库、智囊团。如，为振兴辽宁老工业基地、建设和谐辽宁，沈阳工业大学积极推出优秀软科学成果为地方经济社会发展服务，为辽宁老工业基地全面振兴提供理论支持和智力服务。在辽宁省、沈阳市地方经济发展、改革开放和社会主义现代化建设中取得了明显的社会效益或较好的经济效益，使软科学成果真正走进了地方政府决策咨询系统。作为装备制造业大省和东北老工业基地振兴的核心区域，辽宁省近几年企业有了新的变化，新型工业化的科学内涵和基本特征需要探索。沈阳工业大学承担的“新型工业化评价系统”项目研究中，提出了面向省、市、县的新型工业化评价指标体系和指标等级标准，以及省、市、县的工业化进程评价、新型工业化综合实现程度评价、新型工业化发展状态评价的方法。该研究成果获得“辽宁省哲学社会科学成果奖（首届政府奖）一等奖”，并被辽宁省国民经济与社会发展“十一五”规划吸纳采用，为辽宁省的新型工业化长远发展提供了理论咨询。近几年，沈阳工业大学共有 90 余项软课题成果被政府各部门吸纳采用。如“沈阳市铁西新区可持续发展实验区建设”项目被中国首个老工业基地调整改造和装

备制造业发展的示范区一沈阳市铁西新区采纳，同时也获得辽宁省正式挂牌组建铁两新区可持续发展实验区，为进一步推动铁西新区的可持续发展提供了战略决策咨询。“新会计准则实施效果预测及检验研究”和“面向东北企业可持续发展的会计政策的选择研究”两个项目被沈阳市财政局采纳实施，为财政管理提供了科学可行的会计策略。“辽宁在东北亚区域中的战略地位与经济合作途径研究”被辽宁省对外贸易经济合作厅采纳，该成果提高了辽宁省与东北亚有关国家的经济合作水平，进而推动了全省的经济开放度，取得良好的经济效益和社会效益。“辽宁省潜力型产业发展研究”被国家振兴东北办公室和辽宁省发改委同时采纳，为辽宁省的产业发展和完善提供了政策咨询。

第3章　高校创业教育的转型发展：理论基础与变革维度

3.1　创业教育的内涵、要素及其影响因素

3.1.1　创新与创业的关系

奥地利经济学家约瑟夫·熊彼特在《经济发展理论》一书中首次对“创新”这一概念进行解释并开创了针对创新的理论研究。他认为“创新”就是“生产函数的建立”，是“生产手段的新组合”(new combinations of productiveness)。同时，熊彼特也将社会经济活动中的创新划分为五种类型：(1)采用一种新的产品——也就是消费者还不熟悉的产品——或一种产品的新的特性；(2)采用一种新的生产方法，即在有关制造部门中尚未通过经验检定的方法，这种新的方法也不需要建立在一种科学新发现的基础之上，而是存在于商业上处理一种产品的新的方式之中；(3)开辟一个新的市场，也就是有关国家的某一制造部门以前不曾进入的市场，不管这个市场以前是否存在过；(4)掠取或控制原材料或半制成品的一种新的供应来源，不管这种来源是已经存在的，还是第一次创造出来的；(5)实现任何一种工业的新的组织，比如，造成一种垄断地位(如“托拉斯化”)，或者是打破一种垄断地位。

创业者的根本在于将生产手段重新组合，以推出新的生产方法。概括而言，创业者的基本特征是富于创造性、实践性、机会性和良好的意志品质。

首先，富于创造。熊彼特对传统社会生活中的“管理者”或“技术型专家”与创业者之间做了区分。“技术性专家”的功能来自于科层制，是社会经济运行的封闭循环中，按照科层制所赋予的专业化运作，“例行公事”就是“技术型专家”的基本工作特征。与之相反，打破成规是创业者的基本特征，其行为模式总是在不断地变更之中，并且通过变更实现生产要素的新组合；其次，实践性。创业者不同于技术专家，基本不从事发明创造，而是将技术专家的发明创造应用于实践，以此创造新的社会经济价值。第三，机会性。建立在对未来发展趋势敏锐嗅觉的基础上，创业者能够在复杂多变的社会经济情境中捕捉机会，并通过自我创新引领该行业的发展，这是技术专家所不具备的。第四，良好的意志品质。因为创业环境的高风险性，创业者在创业之路上到处是艰难险阻，面临各方面的质疑和自我的心理压力，创业本身所具有的高风险性要求创业者有良好的意志品质，具备坚韧的意志力，以克服困难战胜自我，最终实现创新的目标。

从以上分析可以看出，创新的概念范畴涵盖了推动社会经济发展的所有技术的、组

织的、方法的、系统的变革及其最终价值实现过程。而创业则是为了推动创新的实现、由一大批拥有企业家精神的创业者所进行的动态过程。与创新相比,创业更加强调愿景形成与价值实现的有机统一,它要求人们必须具有将创新精神、创新意识和创造力转化为成功的社会实践过程。这不仅包含了个人创新能力的培养,也要求人们必须具备发现变革趋势并把握机遇的能力、组建有效的创业团队并整合各类资源的能力、打造可持续的创业计划的能力以及抵御风险、解决应激性问题的能力。可以说,与创新这个更为宏观的、注重系统分析的词语相比,创业是一种更加注重实践性、个体性、多样性的过程。

尽管全社会已经意识到了创新和创业的重要性,但是我们长期以来依旧缺乏对创业及创业教育的正确认识。人们通常会狭隘地将创业理解为“开办自己的企业或事业”,创业的范围也仅仅局限于自主创业,由此造成的一个实践误区就是在高校中蓬勃开展的创业教育几乎千篇一律地将培养自主创业者作为其主要目的。

3.1.2　创业教育的内涵及其要素

早在 1919 年,著名的教育学家陶行知先生就已经将“创造”引入教育领域。他在《第一流的教育家》一文中提出要培养具有“创造精神”和“开辟精神”的人才,这对于“国家富强和民族兴旺具有重要意义”。时至今日,随着知识经济社会的到来,培养创新人才、建设一流大学、提升高等教育对区域社会经济发展的知识基础作用已然成为各国政府的普遍共识。我国先后出台了科教兴国战略、“985 工程”、“211 工程”、《国家中长期教育改革和发展规划纲要(2010－2020)》等一系列旨在促进创新人才培养的发展战略,深刻地影响了高等教育的变革。

从国内学者关于创新能力培养的理解来看,创新能力的内涵基本划分为三种观点:第一,创新能力是个体的基本能力,即通过已知信息即知识和经验的使用,创造出某种独特、新颖且具备特定价值产品的能力;第二,创新能力的表现包括重组和发明两种形式。这两种形式相互关联,所谓重组即对已知信息的重新组合,而发明指新思想、新技术或新产品的推出。第三,创新能力应当以一定的知识结构为基础。总体来看,大学生的创新能力主要包括了四个方面:(1)学习的能力,即对主要已有知识及知识源的接触、筛选、吸收、消化;(2)发现问题的能力,即对已有知识框架结构的漏洞或盲点的发掘以及对知识框架结构的完善,对已有知识框架结构合理性的质疑和重建;(3)提出解决问题方案的能力;(4)实践其方案的能力。

从创新人才培养的角度来看,创业教育毫无疑问是实现上述目的的最佳路径。正如前文中所述,创业教育的本质就是以更加实践性、个体性、多样性的方式实现创新人才培养这一目标。1988 年,柯林·博尔提出创业教育应成为第三本“教育护照”;1989 年,联合国教科文组织在北京召开的“面向 21 世纪教育国际研讨会”上提出,创业教育要强调培养学生的事业心和开拓技能;2002 年,教育部及与会专家在“创业教育”试点工作座谈会上一致认为,创业教育是素质教育的一个重要方面;而近两年的有关研究更是明确指出,高校创业教育的核心在于培养学生的创新思维、创新意识、创新能力。部分学者和知名的企业家认为创业只能是一个自我探索的过程,无法通过教育的方式施加影响。但正如彼得·德鲁克所言:“创业不是魔法,也不是神秘。它与基因没有任何关系。创业是一种训练(discipline),而就像任何训练一样,人们可以通过学习掌握它。”部分学者更是直截了当地指出,每个学生身上都在某种程度上存在着可以培养成为创业者的天赋。

首先,创业教育要培养大学生对创业的基本认知,这种认知本身就是一种知识结构,可以作为大学生知识体系的一部分。在一个创新驱动的社会中,创业知识的内容可以体现当今社会主流和日常的各种创新模式以及社会态度、经济政策和法律制度对创造力、冒险精神和创业行为的支持等。因此,创业知识具有综合性的特点。其次,创业不仅仅是一种商业行为,作为思维、推理和行动的独特模式,创业需要想象力、洞察力及创造性整合资的能力。因此,更广泛意义上来讲,创业教育是体现创新教育的最佳实践路径。对于大学生优化知识结构、适应未来不断创新的社会并实现自我发展具有重要作用。这也是创业教育的本质特征。

在分析了创业教育的内涵就是创新人才培养之后,我们有必要讨论创业教育本身所具备的特征以及其内涵“具现化”过程中必须考虑到的三个要素。

第一,创业教育最基本的要素就是人,是一个个具有独特个性与想象力、创造力的学生。他们是创业教育的重要参与者、创业活动的实践者、创业成就的分享者。一般来讲,包括成就动机、自主性、寻找和把握机遇的能力、创新能力、商业风险的承受力、自我认知、情绪控制、目标激励等因素都在切实地影响着大学生参与创业教育的态度和导向。也只有建立起上述因素与创业成功之间的密切联系,才能够激发每个学生的创业热情,这也是创业教育能否成功的第一步。但在实践过程中,我们可以发现每一名学生由于其知识结构、生活背景、教育需求的差异,对于创业具有不同的理解。这就使得创业教育应该针对不同学生。对于那些具有高绩效表现力、创业欲望强的学生,高校创业教育的侧重点应当更加偏重于大学生的创业实践支持体系建设;对于特别缺乏创业动力和热情的大学生,高校应当尊重其个人选择,通过校园创业文化来对其进行熏陶;体量最为庞大的则是居于中间层面的大学生,这一群体的特征非常明显,他们对创业有所了解也具有一定的动力,但是他们缺乏某种促使其创业的最关键要素。对于高校创业教育来讲,中间层面的学生应当是整个体系设计和实施过程中关注的重点群体。对创业教育目标群体的准确分类,是创业教育面向全体学生但要分层分类实施的重要依据。

其次,传统的教育更多的是关注学习过程中的特定内容,课程基于教科书的设计,有着特定的范式与路径。这也是大学专业教育对学生进行专业训练的主要方式。虽然创业教育被认为是变革性的,但是它依旧来自于传统的教学方式与习惯。创业涉及一系列知识、技能和态度的综合。“它不仅仅是功能性技巧与知识的学习,更多的是包括了从创新到管理的所有领域的自我建构。”从这个意义上来看,创业教育的目标远超过记忆、分析、推理等传统的教学。创业教育必须在复杂性的情境中感知问题、处理问题。因此,在学科知识已经形成了完备的体系,学习基于记忆为特征的传统的教育模式中,创业教育的教学方式需要发生根本转型。以美国为例,很多高校的商学院已经将创业教育的教学

从以知识为中心转向了以学习为中心。对一个创业者来讲,更重要的是他掌握整合不同知识和技能为整体创业目标做出贡献的能力,而并非自己成为其中某个领域的专家。由此看来,创业教育的实施在于传统课程相结合的基础上,还应该提供学生潜力发展的渐进过程。

第三,外部环境与政策的变化也在理念、制度、文化等多个层面影响着高校创业教育的发展。当前世界各主要发达经济体都在经历着前所未见的转型。生产、工作流程组织、产业结构、商业模式等诸多方面的变革正在迅速消解着工业时代所形成的各种惯例与习俗。传统的以生产为导向的产业体系正在让位于以服务为导向的经济结构。从未来的发展趋势来看,各国长期就业岗位和公共部门的雇员数量都在逐步减少,相对应则是更加分散的、扁平化而非科层化的工作雇佣体系。互联网技术的广泛应用造成了生产过程的灵活性和去中心化,工作本身更加强调信息和知识的可获得性、员工的持续学习能力。这些变革促使发达经济体逐步转向"全球的、创业的、知识为基础的经济"。创业教育的目标不再是使学生了解企业或是帮助解决就业,而是成为创业文化塑造的制度性工具之一。美国 99.7%的小企业、超过一半的私营部门都是创业型企业。"过去十年来,小企业创造了 60%—80%的工作岗位。特别是自 2004 年以来,小企业几乎创造了所有的新增就业。雇员少于 500 人的小企业创造了 186 万个就业岗位,雇员超过 500 人的企业其损失的岗位比创造的岗位要多了 18 万个。"

一个国家或地区成功转型为新经济,不仅受到文化和现有经济结构的影响,也有来自于政府在知识、管制、资源分配三大领域中的政策。当前世界各国都在普遍增加对创业活动的政策支持,通过立法激励公共—私人部门之间的研究伙伴关系。因此,高校创业教育的主要目标也必须发生转型:从帮助学生就业转型为激励创业活动或是增加大学生现有的创业行为的内在动力,培养和发展大学生的创业胜任能力。

3.1.3　创业教育的核心问题

自 1947 年哈佛商学院开设第一门创业教育的课程以来,众多学者都在持续探索创业教育的理论与实践问题。很多学者认为半个多世纪以来,特别是 20 世纪 80 年代以来创业教育迅速发展的驱动力中,经济方面的推动力要远远大于社会结构变革的推动。创业教育首先被认为是解决经济或就业问题的某种手段。它可以通过影响人们的态度、价值观和一般社群文化而达到促进就业的效果。当然,此目的被隐藏在了诸多名义之下,如新创企业、自我就业、工作创造、知识更新、技能发展等,而围绕上述主体的创业教育过程中最为核心的部分,就是如何以各种有效的教学与实践方式培养出成功的创业者。特别是对于转型国家及经济体来讲,它们长期以来的经济运行方式都是以中央集中控制为主,由此使得这些经济体很难适应创业文化的出现,对于创业时代的到来也缺乏有效的治理手段。在此种社会经济制度的安排下,经济资源的短缺、缺乏基本的知识和技能、全社会创业文化的缺失等都成为阻碍创业的因素,而创业教育则起到了融合文化、资源、制度的作用,对于转型期经济体整体创业文化的繁荣发挥了基础性作用。

笔者认为，基于对中国高校创业教育发展的现状及趋势判断，创业教育面临着五个核心的问题：(1)创业教育的界定及其目标是什么？(2)创业教育的类型，内容及其目标群体为何？(3)创业教育的有效实施包括哪些要素？(4)创业教育对于区域创业文化的繁荣、经济与社会的转型来讲扮演着何种角色？(5)如何通过创业教育发现那些具有潜力的创业者以及如何评估创业教育的效果？可以说，上述问题构成了高校创业教育转型过程中理论研究与实践发展无法回避的核心问题。

一项持续十年的研究(1985—1994)表明，“大部分的经验研究证实创业是可以通过系统化的教育方式进行传递的”。这也证明了创业教育存在的合理性。创业教育被定义为“作为改变创业态度或者提升个体技能的任何一种教学项目或者教育过程，该过程涉及发展特定的个人素质。因此，创业教育的功能并非迅速形成新的企业”。国外学者认为创业教育包含了四种大的类型：第一种类型是“创业意识唤醒的教育”，其目标在于培养学生对于创业的基本知识以及可能影响目的的态度；第二种类型是“创办企业的教育"，所面对的目标群体一般是那些已经有了创业的基本认知和需要成长为自我雇佣者的人；第三种类型则是“创业动态教育”，聚焦于那些已经是创业者的个体，他们需要在创办企业的阶段之后掌握一些动态的行为；最后一种类型是“创业者的持续教育”，通过对创业者创业行为的持续关注，建立一种终身创业教育体系。从以上研究可以看出，高校创业教育的主要目标群体应该集中于第一类型和第二类型，即以“创业唤醒教育”和“创办企业的教育”为主，重在培养学生的创业意识和基本的创业知识。

Hansemark认为传统教育仅仅是知识与能力的迁移，而创业教育作为一种模式帮助了态度与动机的改变。创业教育的有效实施方式取决于两个更为重要的先决条件：创业文化的塑造和鼓励学生尝试改变的种种制度性安排。欧盟委员会《通过教育与学习繁荣创业精神》的报告将创业教育定义为“创业指的是个体转换观念到行动的能力，它包括了创造力、问题解决能力和风险承担与管理能力，同时也是为了达成目标进行计划和管理的能力。这一系列的活动支持了社会与个体的成长，使得每个人能够意识到他们工作的社会背景以便更好地把握机遇，为形成社会创业或者商业创业活动奠定基础”。2008年欧盟召开的创业教育研讨会也认为创业教育不仅是教授某人如何运营企业的知识，也涵盖了鼓励创造性思维和提升自我价值的手段。通过创业教育，大学生可以掌握一系列的核心能力，这些能力包括：通过产生新的想法和找到所需资源而追寻机遇的能力；创造和运营一个新企业的能力；用创造性的、批判式的方式思考问题的能力。

创业教育的另外一个问题就是它的有效性如何保障，即一所高校应该通过怎样的组织变革与创新过程，推动创业教育体系的形成与持续发展。要解决这一问题，我们首先需要思考高校创业教育的整体框架，它包括了构成要素及其相互关联、投入与产出分析、环境分析等不同部分。

首先从框架的构成要素来看，基础性要素与保障性要素共同组成了高校创业教育产生与发展的全部内容。基础性因素涵盖了以专门的课程体系、充足的师资供给和完善的创业实践为代表的创业教育基础设施，保障性要素则包括了大学内部的学术创业文化、

创业拓展活动、学生—企业的关联强度、大学内部的管理效率等。总体来看,基础性要素是高校开展创业教育的必要条件,它起到了直接促进创业教育的作用。一所高校只有具备了这些基础性要素才能够实施创业教育;而保障性要素则是创业教育能否顺利发展下去的充分条件,高校的治理结构与组织文化、目标与战略、研究与技术商业化的路径,特定的创业基础设施等都影响到了创业教育的有效性。

从投入与产出的角度来看,高校创业教育的开展其实也是一个为了达到特定目的,投入给定资源,采取一系列探索性和实践性活动的过程。在投入方面,高校对于创业教育适当的教学方式的改革以及额外课程活动的开发、不同院系在学术文化与创业文化之间的认可与平衡、鼓励学生参与创业教育的各项资源等都代表了高校对于创业教育的重视程度。只有当一所高校在投入方面增加了对创业教育这一主题的供给,它的产出才是有意义的。因此,在校大学生的创业实践与毕业生的自主创业活动都是高校创业教育的直接产出,是否能够增加产出,则来源于投入资源的数量和质量。

从环境分析的角度来看,高校创业教育的实施需要考虑更为广阔的背景,将创业教育纳入社会经济变革的需求、国家发展战略以及政府的一系列政策体系之中。创业教育的复杂性就在于其产出的不确定性及无法评估,这种明确的产出的缺乏导致了投入方面明显的多样性。在这种情况之下创业教育的理念与其说是一个问题解决的过程,还不如说是更多的对现有实践的详细的分类过程。国内外一般的研究都指出了政策在推动和影响创业教育方面所起到的作用,比如美国 20 世纪 80 年代初的《拜杜法案》对创业教育起到了间接的推动作用。包括技术创业发展法案、下企业行动项目都是为了推动大学创业活动而制定的法律。与美国类似,英国近年来也制定了一系列的政策用以鼓励高校的创业活动。因此,未来中国创业教育的研究需要集中于高等教育领域的政策变革是如何推动了创业教育的实施。

3.2 不同理论视角下高校创业教育的转型发展

3.2.1 利益相关者视角下高校创业教育的转型发展

自利益相关者这一概念出现以来,已经被广泛应用到了商业、政府、公共部门等不同类型的组织变革分析之中。高校的利益相关者群体涵盖了与高校各项事务相关的组织或个人。近年来,国内外学者展开了大量的理论探讨,从高校利益相关者的内涵与范围界定、高校与利益相关者的互动关系等方面展开了研究。德里克·博克则从组织成长的角度认为高校与外部利益群体之间的合作至关重要,传统的“以自我为中心”或“象牙塔”的学术组织形态已经无法适应现代社会知识生产模式的变化,高校需要建立起不同主体共同参与的模式。罗索夫斯基按照密切程度将高校利益相关者分为了最重要群体、重要群体、部分拥有者和次要群体四个层次,明确界定了不同类型利益相关者的边界和性质。米泰尔的“多维细分法”模型将利益相关者及其组成看作是动态变化的,任何利益相关者的个人或群体在组织发展的不同阶段都可以获得。另外一些学者则从整体重建的角度考虑整合不同利益群体的需求来持续改进学校。如斯特林菲尔德在《重建学校的大胆计划：新式美国学校设计》一书中提出了综合设计的概念，其中就强调了需要变革那些影响教育决策和计划的外在系统来进行单个学校之外的运作。纳斯波尔在《纠结在学校》一书中也试图把握并描述学校和社会组织之间多种复杂的、彼此联系的相互影响方式。

在欧美国家创业教育的利益相关者研究与实践领域，创业教育已经走向了开放、互动、去中心化等为特征的社会不同利益群体共同参与的治理模式。美国大学的创业教育也早已经形成了由政府、企业、非政府组织、金融机构、新闻媒体、公众利益群体等不同类型利益群体间的互动合作网络，强调通过构建利益相关者群体间的互动关系网络促进创业教育的发展。这些不同的利益相关者通过积极地参与、有效地沟通、及时地反馈，建立起了彼此之间的互动关系及价值链，从而将高校创业教育的愿景与各利益群体的实际需求相结合，促成了高校创业教育持续性的组织创新与变革，极大地推动了创业教育的繁荣。

从国内外的理论研究到相关政策，可以看出创业活动在国民经济中的作用越来越明显。创业教育对于提升创业者创业精神和创业技能，从而提高创业成功率也具有积极意义。实际上，发达国家创业教育的运行开始越来越多地关注广泛利益相关者，包括社区、中小企业、服务机构、创业者，毕业校友等。换言之，创业教育成功的基础在于全社会的广泛参与、各利益群体的协调沟通、不同组织机构的互动学习。

1999 年 1 月教育部公布了《面向 21 世纪教育振兴行动计划》，指出“加强对教师和学生的创业教育，采取措施，鼓励他们创办高新技术产业”。2012 年党的十八大报告中也提出了要“促进创业带动就业”，《国家中长期教育改革和发展规划纲要(2010 — 2020)》中也明确指出要“加强就业创业教育和就业指导服务，创立高校与科研院所、行业、企业联合培养人才的新机制”。

但是，国内大部分创业教育模式更多地关注高校与企业及企业家的合作而忽略了其他社会组织的参与作用，社会力量参与创业教育的广度和深度都有待加强。相对于近年来我国创业教育研究的兴起，现有研究并没有就利益相关者参与模式进行详细阐述，更没有就社会全面参与的创业教育模式进行理论探讨和模型构建。

政府和高校对创业活动寄予很高的缓解就业压力期望，希望通过引导更多大学毕业生通过自主创业，在解决自身就业问题的同时创造更多的就业岗位。在解决就业问题的高期望值下，中国高校创业教育的成果却并不令人满意，数据显示，国内大学毕业生选择创业的不到 1%，在有的重点大学，每年三四千毕业生，创业的只有寥寥几人或十几人，这与高校轰轰烈烈开展的创业教育很不相称。据不完全统计，全国大学生创业成功率只有 2%至 3%，即使在成功的大学生创业案例中也往往存在企业成长性差、长效发展难等问题。一个关键因素就是目前高校创业教育仍然处于封闭运行的环境中，缺乏对外部环境的开放性，全社会共同参与高校创业教育的氛围尚不明显。

创业教育是一项复杂的工程，绝非高校自身所能完成。创业教育应该是大学、政府

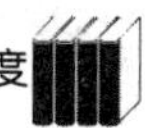

部门、地方教育机构、企业家、非政府组织等社会各界的共同责任。大部分创业教育领域的研究更多的是从高校自身的维度出发探讨创业教育的模式与推进策略,需要借鉴发达国家的经验,以更广阔的视角来看待创业教育,着力构建创业教育机制——高校、政府和企业等各方力量之间分工合理、良性互动,最终形成全社会参与的高度开放性创业教育模式。创业教育需要包括学校,企业等社会各界人士的共同努力才能实现,因此创业教育的要点是校内资源与校外资源的整合。但是现有研究还依然停留在经验总结与介绍的阶段,对于高校创业教育的动态发展过程缺乏研究。从我国高校创业教育的研究与实践来看,我们亟须从理论层面将利益相关者的分析纳入到高校创业教育的分析框架之中,通过理论研究和实证研究分析高校创业教育过程中各利益相关者的互动、激励与协调以及由此带来的高校组织创新与变革、治理结构创新等方面的问题。

3.2.2 创业型大学视角下高校教育的转型发展

(一)什么是创业型大学?

早在1998年,联合国教科文组织发布的《21世纪的高等教育:展望与行动》报告书中就提到:"所有具有远见的高等教育机构应该在确定自己的使命时牢记这样一种愿景(broader vision),即建立起我们这个时代可称之为'进取性大学'(Proactive University)的新型大学。"联合国的这份报告发布之时正是互联网初现端倪、欧美等国经济结构从后工业时代转向信息时代的阶段。在种种来源于外部环境的刺激和压力之下,世界各发达国家的大学逐步远离传统的"象牙塔"这种结构稳定、学术文化占据主导地位的形象,转向了以"积极进取"、"承担风险"、"社会合作"、"创新思考"为主要标签的形象。随之而来的则是不同类型的大学在文化理念和组织结构方面产生了实质性的变革:从组织架构来讲,更加扁平化、开放式、跨学科的大学治理结构替代了传统的以学术体系为核心组建的高校管理结构,高校与外部世界之间的关系不再是那样的泾渭分明,它们需要对环境的细微改变做出及时反映;高校更加注重研发创新和技术转让活动,积极地在市场上寻找有利于大学知识生产和扩散的渠道,各种附属于大学的知识产权机构和大学研究区也已经成为大学最为核心的部门之一;高校需要更多地从外部获取资源,因此它必须加强与其他社会组织特别是产业部门之间的联系,各种大学与产业部门之间建立的合作研发中心见证了这一趋势。

亨利·埃兹科维茨教授是较早开展对创业型大学研究的学者之一。在一系列的研究结果中,他将创业型大学定义为"经常得到政府政策鼓励的大学及其组成人员,对从知识中获取资金日益增强的兴趣正在使学术机构在精神实质上更接近于公司,公司的这种组织形式对于知识的兴趣也总是与经济的应用紧密相连"。可以看出,创业型大学一个鲜明的特征就是其对知识生产结果商业化扩散的极大兴趣,与传统的、偏重学术探究的高等教育机构来讲,创业型大学在重视科学研究和各种发明创造的同时,也必须为这些创新的成果最终转化为满足人类各种精神和物质需求的创新产品而做出努力。伯顿·克拉克就将创业型大学描述为"凭它自己的力量,积极地探索在如何干好它的事业中创新。它寻求在组织上的特性做出实质性的转变,以便为将来取得更有前途的态势”。因此,创业型大学具有更加强烈的创业精神和强大的将创新研究成果转化为创新产品的能力,科研转化能力、团队合作精神、跨学科研究的程度、应对外界环境变化和资源获取的能力、教学与研究的实践导向等构成了创业型大学有别于传统大学的最明显差别。

(二)创业型大学的组织要素

与传统大学相比,创业型大学在观念和行为上发生了巨大的变化,其中最为明显的就是在大学内部组织制度和发展动力机制上的变革。伯顿·克拉克对欧洲五所创业型大学的比较研究发现,一所创业型大学必然包含以下五种组织要素。

首先,创业型大学具有强有力的领导核心。无论是美国历史悠久、享誉世界的常春藤名校,还是欧洲国家那些传统的以学术探究为使命的大学,它们在治理结构上长期以来都保持着一种分散式、基层决策的特点。大学的领导层十分缺乏对于学校整体发展的战略和资源整合的能力,无论是学术独立还是大学自治,都明显抵制某种中央权威对大学理想和理念的侵蚀。但是伴随着 20 世纪 80 年代以来新自由主义的兴起以及随之而来的新公共管理运动对于各国决策层的影响,大学逐渐失去了稳固的资金来源和其他政府的支持。在这种背景之下,大学所面临的问题的复杂性不断增强,原有的治理结构已经无法面对迅速变化的世界的冲击,它们迫切需要更加有效的治理能力。虽然少数处于优势地位的旗舰大学或者精英大学能够继续维系良好的运转,但是对于大部分中间层的大学来讲,如何提升自己的治理能力,发展出强有力的领导核心,整合不同资源来维持自己的生存和发展,就成为摆在诸多高校面前的一个问题。因此,对于创业型大学来说,他们需要非常强有力的领导核心,这种领导核心能够整合校内校外的资源,树立和推动创业文化的发展。

其次,大量的扩展机构。创业型大学除了有传统的负责学术、科研和教学的机构之外,还拥有着大批跨越大学的边界,与外部组织之间建立各种互动合作关系的机构。这些机构的使命就是为创业型大学寻找足够的外部资源以维持它的运转。总体来看,这类机构的形式大体分为两类:一类是专业化的校外联结组织,它们包括了校友会、知识产权管理机构,从事与产业部门之间的合作关系建立、大学师生的技术转让和知识产权活动、咨询和服务、资金筹集,社会服务等;另一类则是各种跨学科研究机构或项目,这种跨学科研究机构将不同学科之间的知识结构与资源结构有机整合在一起,超越了传统的学术界限,鼓励不同知识背景的教师和学生在问题解决过程中的合作、激励、协调。

第三,多元化的经费来源。与传统的大学经费来源主要依靠校友捐赠和政府拨款不同,创业型大学的经费来源更加的广阔,也更加重视通过市场的手段建立起支持大学长期发展的稳定经费来源机制。因此,创业型大学非常热衷于利用教师和学生的创业活动所带来的其他回报、教师的技术转让和知识产权开发以及相应的服务等形式获取足够的发展资金。有鉴于近年来欧美各国对于高等学校资金支持力度逐年减弱,我们可以看出创业型大学所建立的资金来源多元化对其稳固发展所具有的重要意义。

第四,激活的学术中心地带。所谓学术中心地带,是一所大学运行的基础——科研

机构和教学组织。这包括了传统的以学科为中心建立起来的院一系结构以及新成立的各种跨学科研究中心。上述机构承担着人才培养、科学研究、服务社会的多重使命,也是大学最主要的功能。由于各种新组织形式的机构出现以及大学经费来源的多元化,大学的变革呈现出了强烈的不均衡态势,这造成了那些更加容易接近市场的机构,如工程、信息技术、医学等方面的院系和研究中心更为容易获得主动特性。这就形成了部分学者所认为的非对称收敛状况。但是,创业型大学并不只是意味着"科学与技术"功能,"人文和艺术"院系一样拥有拒绝落后的理由。伯顿·克拉克通过对欧洲一些创业型大学的分析和研究指出,传统科学,如物理,化学、数学、经济、社会、文学等,在当前市场逻辑及"应用性"的需求中,虽然无法获得较多的资源,但是在"企业化精神"的刺激下,如果能改变价值观,采取有效策略,加强合作意识,也都可以争取更多的资源,从而增强其竞争力和发展特色,强化其学术研究的地位。此外,为了激活学术中心地带,还应加强跨院系的合作,加强整合型研究。

第五,整合的创业文化。创业型大学具有一种弥漫整个校园、以追求创新为使命的文化。与传统大学在历史文化的积淀过程中形成的文化不同,创业型大学更像是一个教育组织与企业组织的结合体。它追求对于未知 l 事物的各种探索和科学研究活动,但是它并不将其作为自身的唯一使命,它需要形成一系列的理念、文化、制度来推动上述科学研究结果的最终实现——这一实现过程更多的则是依赖商业组织所具有的种种特性,如对市场环境的及时反应、对社会需求的趋势研判和准确把握,对资源的有效利用、与市场合作者的协同等过程。综上所述,创业型大学的校园文化带有一种混合体的特质,它发端于大学因某种压力而进行的组织变革或创新,随后成长为支持大学发展的核心理念,最终成为整个校园的文化或灵魂。这种文化自我发展与形塑的过程来源于对实践的不断反思以及观念和实践之间的交互影响。伯顿·克拉克认为,良好的文化可以产生对组织的认同,并形成最大的决心来实现组织的目标。而一种新的企业文化精神的产生,是学校中有形与无形的因素、正式与非正式关系的综合,需要在管理人员、广大师生当中普遍存在着创业精神。

(三)创业型大学视野下创业教育的转型发展

1.创业教育转型的边界

伯顿·克拉克认为创业型大学具有三个特征:大学自身作为一个组织具有创业性;大学的成员一定程度上能变成创业者;大学与周围环境的互动遵循创业模式。大学的每一次变革都伴随着外部环境的急剧变动。随着全球化进程的加剧以及科技革命的影响,现代大学的社会职能发生了转变,大学的传统职能是学术权力领域的重要参与者,而现在所承担的社会职能更多是在知识的生产和运用之间充当重要调节器。在大学职能向调节器转换的过程中,产业部门、独立研究机构和个体科研工作者都成为新知识的生产者,甚至政府机构也成为新知识的生产者;因此大学已不再垄断知识生产,其他非大学领域如工业实验室、研究中心、智囊团和咨询机构等也具备知识生产的能力。开放性成为新时代知识生产过程的基本特点,由于知识生产垄断地位的失去,大学与产业部门,独立研究机构、政府之间的关系演变为竞争、交易、合作以及学习，体现了“后现代”工业文明中的知识生产从一维走向多元的时代特征。这也为大学创业生态的出现奠定了基础，以大学为载体进行的创业教育与各种创业活动成为世界各发达国家创业型大学的战略核心。如麻省理工学院就形成了将校内的创业课程，出版物、科研与创业项目和研究中心、学生社团等与创业有关的资源紧密联系在一起，形成了大学发展过程中的一个新的变革力量——创业型大学的出现。

在创业型大学的发展浪潮中，创业教育必然也面临着深刻的转型。其中关于创业教育的组成要素及其功能结构方面还存在着大量需要研究的问题。从大学创业教育未来转型发展的基本特征来看，应该是以创业型大学为基础，涵盖所在区域，将大学创业相关的所有资源进行整合、以建立大学与区域范围内各要素间以创业为导向的关联的、共生演进相互依存的生态系统。大学创业教育如果仅仅是将大学作为研究的自然边界，而很少涉及将他们作为一个整体与地区创业生态系统的关系，那么这种创业教育很难成为创业型大学的主要特征。

2.创业教育转型发展的要素条件

在创业型大学发展方兴未艾的时代背景下，我们首先需要厘定高校创业教育的构成要素，在对这些要素进行分类和梳理的基础上，明确高校创业教育转型发展的方向，推动创业教育在实践层面的革新。

一般来讲，高校创业教育由内源性要素、基础性要素和发展性要素构成，它们彼此之间构成了由内向外、逐层扩展的格局，保证了创业教育的内涵发展与外延发展的和谐统一。从系统论的观点来看，如同自然界生态系统的内部机制一样，大学校园各种要素如精神文化、制度文化、物质文化和行为文化等之间相互依存、相互制约，通过各要素之间的张力保持一个相对均衡的生态秩序，从而达到系统内部的平衡口回顾大学发展历史，就可以看出自大学产生以来，任何阶段或任何形态的大学理念变革都会有特定的大学文化生态系统相应。这样一种文化是促进大学创业生态系统要素成长的最重要的内源性要素。当大学变革来临时，原有的文化生态的稳定性将会被打破，其合理的部分被保翻、吸收，并逐渐形成新的文化生态系统范式及创造性的毁灭，而这也是创新的本质。

从大学创业教育的内源性要素来看，具有创业精神的历史传统及其办学理念毫无疑问构成了推动创业教育发生发展的文化核心，它也是构成整个创业型大学的精神内核，制约着一系列的制度、物质和行为等文化要素的发展，是内在地起作用的决定因素。这种开放，多元、包容的文化支持了高校师生的学术创业活动，保证了创业文化在高校校园中的孕育、创业教学与创业实践的开展，形成了一种规范化的约束机制，使整个高校创业教育始终围绕这个核心在运转，使学校内部在创业方面所投入的资源、物质和制度能够不偏离核心理念。此外，当我们看到麻省理工学院和斯坦福大学所坚持的那种教育为现实世界服务的实用主义，坚守自己的办学理念并形成了学术创业的规范制度之时，我们更加认为一所高校创业教育转型，发展的第一要务必须是形成创业教育方面独特的精神文化、物质文化和制度文化并将三者高度统一。在文化外显的过程中，高校还应该将这

种文化特征生活化、具现化，在整个校园中体现这种创业文化的传承、内化与更新，在长期的历史流变过程中坚守高校的创业文化和创业理念，在知识的生产、传播、应用的循环过程中，形成创新思想和创业活动的支撑体系，促使创新思想和创业活动的不断涌现，在此种氛围之中的师生群体则成为新思想和新事业不竭的源泉。

如果说内源性要素是高校创业教育转型发展的核心，那么居于外围的则是基础性要素，它包括了行政管理机构如创业教育指导委员会、创业教育教学委员会、专职副校长及相应的行政机构、技术转移中心、知识产权办公室、产业一大学合作研究中心、开展创业教育和创业活动的实质性机构如创业园、科技园，国家实验室、工程研究中心、创业企业孵化器等。不同类型和功能的机构共同组成了高校创业教育的生态系统，如加州大学洛杉矶分校的副校长认为:“创业是一种思考的方式，包括改变、冒险、竞争和将一个好主意变成现实的不确定性。我们需要在灵活、个性的大学制度中创造创业文化，我们正在建立的 UCLA 创业生态系统将会培养高效、透明、推动创造和创新的文化。”

从功能来讲，这些不同机构和部门承担了创业教育的计划、组织、协调、反馈等功能，保证了一所高校创业文化和理念在实践层面的实现和持续发展。首先，高校的行政管理机构必须要有推动创业教育发展的共识，这种共识除了体现在理念层面，还应该在具体的战略层面和执行层面得到体现。

发展性要素与内源性要素和基础性要素相比，更多的是以一种促进创业教育发展的内部循环形式产生，包括创业教育的课程体系、创业教学管理体系、专业化师资队伍、跨院系交流的创业计划和创业联盟;为学生建立不同学科，不同专业之间创业合作的网络。这些建立创业教育跨院系交流的创业计划和创业联盟，为学生建立不同学科、不同专业之间创业合作的网络。

3.3　高校创业教育转型发展的维度

3.3.1　理念转型的维度

从 1947 年美国哈佛大学首次在商学院开设创业教育课程，到 1953 年纽约大学开设由彼得·德鲁克任主讲教授的创业教育讲座，再到 1968 年百森学院第一次引入创业教育学士学位，创业教育已经从当年的商学院，工程学院扩展到了大学的各个领域。今天，创业教育不仅成为欧美大学商学院课程体系中的重要组成部分，它也开始延伸到大学的其他学院。创业教育与专业教育之间的融合趋势愈发明显，如何将创业教育有效地融入专业教育过程之中，在培养大学生专业知识的同时融入创业的理念、知识与技能，使大学生成为既懂专业知识又有一定创业能力的复合型创新人才，已经是今天欧美大学本科课程改革中增长趋势最为明显的主题。美国的大学在过去三十年中，正式的创业教育项目已经从 1975 年的 104 个增加到了 2012 年的超过 600 个。在这一过程中，大学内部也改变了对于创业教育的传统认知，特别是自 20 世纪 80 年代《拜杜法案》通过之后，美国的大学鼓励教师和学生以技术转移的形式，将各种创新性的研究成果转化为实际价值。创业教育的开展不仅有效地改变了大学生对于创业的传统认知，更重要的是，那些选修至少两门创业类课程的学生与未选修此类课程学生相比，具有更加强烈的创业意愿，也具有较高的创业成功率。

通识教育和专业教育是各国大学教育中最为重要的两个组成部分。前者关注学生作为一个有责任的人和公民的生活需要，后者则给予学生某种专业领域的知识或某种职业能力的训练。对于通识教育来讲，创业教育的跨学科性有利于学生接触、理解、吸收和转化不同学科领域的知识。创业教育为大学的通识教育提供了一种可以将理论学习与实践探索相结合的路径，不同学科的一般性知识与文化价值、社会体系、经济政策、法律制度以及塑造人类行为的各种活动紧密地联系在了一起。以美国创业教育课程的基本设计为例，大部分创业教育课程设计的初衷都是面向大学的所有学生，通过创业教育来探索和解释当代核心文化价值是如何在人类行为的广阔领域中得到释放或表达，这些文化、经济、法律、制度等多个领域所存在的多元性与差异性又是如何综合起来构成了人类社会的复杂行为。从这个意义上来讲，大学创业教育完全可以以一种更加有效、更容易被学生接受的方式促进通识教育的发展。

大学专业教育的细分及其培养日标的专一性最初来源于西方工业化时代“标准化、可复制、大批量生产、质量控制”等特征在教育领域的反映。在今天的时代里，社会经济发展的驱动力已经不再依靠生产要素的数量增加，而是大量的富有创造力、更具个性表达的个体。大学的专业教育需要更多地考虑每一个学生的个性特征与学习需求，学生在针对某一个特定学科或领域的学习过程中，也将融入其他相近学科的知识，专业教育也需要增强对不断变化的外部环境的反应，培养目标、课程体系、教学方式、评价方式也需要通过变革以适应知识经济时代对于创新人才的定义。创业教育的跨学科性与实践性恰恰可以整合上述离散的专业知识和学科领域。创业教育与专业教育之间的融合使学生“在针对某一专业领域的知识学习和技能掌握过程中，形成了更为广阔领域的教育经验。批判性思维、逻辑思考能力、领导力、团队合作精神，信息素养、必要的金融知识等在这个时代生存所必需的能力都可以通过专业教育和创业教育之间的融合而得以加强，这种贯穿大学四年的教育方式会使学生在未来的生活和职业发展中受益匪浅”。

作为一种“生成性教育”，创业教育与历史、社会、人文等其他学科的区别在于它在实践过程中创造了自身的教育目标、教育内容和教育方式，参与创业教育的主体在这一过程中进一步丰富和完善了创业教育。综观欧美各国高校的创业教育模式，我们很难找到放之四海而皆准的创业教育模式，每一所高校的创业教育的开展都是根据这所大学的历史、文化、教育理念、所在区域的社会经济发展水平等多种因素相适应的。

3.3.2 实施路径的维度

创业与管理之间具有较大的差异，甚至在某种程度上来讲，二者是一种分离的关系。对于创业来讲，更多的是基于驱动，是考验创业者追寻机遇和把握机遇的能力；而管理的

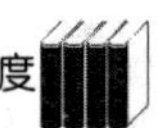

过程更多的是强调资源的整合与利用,是一种资源驱动的过程。二者本质上的差异决定了创业教育的哲学与传统商学院管理课程的哲学是迥然不同的。Rice 对美国的一些创业教育较为领先大学的研究表明,现存创业教育的课程首先需要将创业教育的哲学与创业的哲学相对应,创业教育需要的是培养大学生对各种潜在基于的敏感性和把握能力。因此,创业教育的一系列教学方式需要发生变革,对于大学生创业意识的培养应该高于具体的创业技术,从而成为高校创业教育的核心内容。Solomon 和 Duffy 在 2002。年的研究也证实了 Rice 的观点。创业教育的核心目标与传统的商业管理的教育是截然不同的。个体创业的行为与管理一个企业的行为之间存在着巨大的差异:创业教育必须包括协调、领导力、新产品开发、创造性思维、技术创新的扩散等多种技能,但更为重要的是具备以下品质:将创业作为职业生涯的首选、寻找风险资本的能力、时刻不停的新创意和新想法、成功的野心、富有个性的表达。显而易见的是,上述品质才是区分创业者与管理者最主要的指标,而创业教育的目标毫无疑问应当是通过各种手段激发每一名大学生的这些潜在品质。

从创业教育的教学方式来讲,它更注重多样性和实践性。创业计划书、在校期间的创业实践、与有经验的创业者之间的交流与咨询、模拟运营、案例讨论与分析、创业论坛等都是创业教育的教学方式所应该关注的。在辐射模式之下,创业教育的教学更加需要考虑跨学科项目的形式,利用教师和学生背景的多元性形成有效的教学,创业教育中的跨学科项目对于培养非商学院学生的创业意识和创业能力来讲,具有更加显著的作用。

从哲学来看,大部分学者认为目前高校所信奉的创业教育哲学是非确定性的。作为一门多学科的教育过程,高校创业教育面临的主要挑战是:(1)教学范式需要从提供指令转向提供学习,强调学生必须全程参与到教学过程中并激活学习的环境,将各种有效信息通过合作与建构的方式传递给学生;(2)创业教育的内容涉及到了经济学、社会学、管理学、心理学等多学科知识,如何在实施过程中将传统的社会科学的不同观点糅合在一起;(3)创业教育所需要弘扬的是富含冒险精神与探索精神的创业文化,这种文化如何与大学传统的思辨的、形而上的、偏重理论和规范性较强的文化相融合;(4)创业教育是基于每一个个体为中心的模式,结果是现有的战略目标是给个体传授一般的教育使其知道如何成为创业者而忽略了其他必要的知识与技能元素的培养。因此,变革的路径从哲学来看,首先应该加速创业教育从教学范式向学习范式转型,大学需要转变其角色,成为学生创业的孵化器,通过提供资源和建立起与产业部门之间的合作关系网络,为学生提供真实世界的经验;其次,大学的知识学习哲学需要继:续变革,从“生产”、“绩效”转向“停顿”和“反思”。大学需要为学生提供足够的空间和时间,使学生能够从自身获得的经验中对自己的专业和知识的身份进行反思,这种反思必须是持续的和有意义的;第三,大学需要引入“探索一所有权一问责”的轨道,从一开始,学生就需要被孤立探索属于他们自身的知识、兴趣来选择创业。

从政策的维度来看,许多高校从学科结构、课程设置和教师资源等方面考虑,往往将商学院看作是实施创业教育的理想基地。但实际上,传统商学院并不利于创业教育的开展，有学者的研究就发现，“不在少数的商学院所传授给学生的恰好是创业的反面。他们教你去华尔街工作、教你必要的知识和技能——但是所有的这些努力都是在将你从成为一名创业者的道路上向相反方向推动，他们所教给你的只是华尔街希望你做对的事情。实际上，商学院教你的是如何为某个人或某个组织工作，而不是为自己工作”。因此，高校创业教育应当是在全校范围内首先进行创业文化的培育和激励，利用不同的政策体系激励全校的创业活动，培育每个学生的金融素养、对商业的理解、进行人格养成，通过间接的政策而非直接的政策来培育这种文化。美国很多高校都设立了跨学科的创业中心，鼓励不同学科的学生参与进来，吸引工程专业、计算机专业、人文、艺术和其他社会学科的学生组成不同的创业小组。相应的评价方式也要发生变化，高校要适应跨学科领域的发展，要求持续性的和频繁的调整，大学要发展出建立学习型组织的政策。在管理方面，大学应该更加灵活，包括创业实践教席、客座教授、利益相关者群体的参与等多种形式。

从教学的维度来看，一直有人们怀疑创业是否能够被教育。创业教育的教学中有三个问题始终是需要处理的：第一，其他学科的教师如何教授创业？第二，传统商业形态的工作是否向学生展示了创业？第三，教师对于创业本质的理解和认知如何影响他们的教学范式？对于第一个问题来讲，传统的大学教育更加注重理论的教学，大部分创业教育主导的教学方式却是案例分析、模拟经营、项目参与，这些内容与传统教育是不一样的。教师应该以学习为中心传授创业，也就是发展学生问题解决和把握机遇的能力。更进一步来讲，传授创业知识的一条途径是通过非传统方式，让学生大量参与其中，学生可以在实践过程中通过反馈、冲突、差异、协调、合作学会创业。此外，学生与教师，学生与学生、学生与教学内容之间的三大互动也是支持创业教育的重要手段。

3.3.3 课程体系构建的维度

根据十年来高校开展创业教育的经验，创业教育课程受到大学生的普遍欢迎。但受诸多因素影响，创业教育课程体系在构建过程中存在许多问题。目前，我国多数高校的创业教育课程模块只是一些零散的公共选修课，创业教育的重点大多放在实践操作层面，忽视完整的创业课程建设。甚至一些高校把创业教育视为第二课堂实践活动。此外，国内高校也缺乏权威统一的创业教育教材，大部分教材由国外翻译而来。事实上，简单移植国外教材并不适合我国学生使用。有些本土教材也只是将零散的创业活动实践稍加整理而已，缺乏科学的理论分析，并不具备普遍性的指导意义。因此，面对良莠不齐的创业教育课程，有必要构建科学合理的创业教育课程体系。

课程体系积极作用的发挥离不开合理的课程目标、课程内容及课程结构的支撑。笔者认为，高校创业教育课程体系的构建必须解决好三个核心问题：课程体系的目标是什么？如何选择课程内容？如何整合这些课程资源？

（一）目标定位：共性目标与个性目标分层定位

课程体系的构建与实施，主要围绕培养什么样的人才、如何培养人才以及如何达到高校培养目标要求来展开。因此，课程体系的构建应以高校人才培养目标为基本依据和

最终目的。一般认为,创业教育的目标(培养规格、要求)是指创业教育最终成果的规格和要求,是创业教育课程及评价的基本依据和中心,是创业教育选择教育内容、确定教育方法、组合教育措施的出发点和归宿。结合对创业教育目标的理解,根据泰勒提出的"目标源"理论以及教育目标筛选原则,我们认为高校创业教育课程体系的目标应从共性目标和个性目标两个层面加以定位。

第一个层面应定位于提高学生整体素质,其核心是培养大学生的创业意识和创业心理品质,即创业教育课程体系的共性目标。具体来说是强化全体学生创业意识、丰富学生创业知识,提高学生创业能力和技能,培养学生创业心理品质为重点的创业基本素质教育。高校创业教育并非教育每个大学生都当创业者,而是注重创业意识的培养和创业精神的熏陶,满足学生对创业理论和创业技能的学习要求,以适应知识经济时代对人才规格的需求。据布鲁姆的教育目标分类学理论,又可将创业教育课程体系的共性目标分为认知目标、情感目标和操作技能目标三个层次。在认知目标方面,要求学生领会、理解、掌握、运用创业课程的核心知识点。在情感目标方面,培养学生对创业教育课程的兴趣以及成功创业者所需的各种品质和素养,如独立思考、诚实守信、团结合作等。在操作技能目标方面,能够综合运用规划、决策、生产、管理、评价、反馈等知识,独立完成创业设计,解决实际问题,包括识别和评估市场机会、制订创业计划书、获取资源、创新组织管理等能力。

第二个层面应定位于培养学生具有创业实践能力为核心的创业能力,即创业教育课程体系的个性目标。在创业实践中,创业能力是影响活动方式、效率和结果的直接因素。创业能力包括专业职业能力、经营能力和综合性能力。因此,对于不同类别的学生,创业教育课程体系的目标要求不应"一视同仁"。应该善于发现那些创业欲望强烈且具有创业才能或创业实力的学生,培养他们的创业技能,为他们提供资金支持和技术咨询,支持创业项目的后续发展。

(二)内容整合:三种课程形态有机整合

课程内容是实现课程目标的载体。按照现代课程论的思想,课程的形态有多种划分方法。结合创业教育的特点,我们把课程划分为理论课与实践课、基础课程与专业课程、隐性课程与显性课程三种形态。创业教育的课程内容设计必须注重三种形态的整合。

1.将理论课程和实践课程有机整合。创业教育理论课程是指在课堂上进行的有教学大纲、教学计划及学时要求,通过课堂教学为学生获得基本和必需的创业知识打下扎实基础的课程。创业教育实践课程则是指将创业知识和创业技能运用于实际操作的课程。一些高校忽视创业理论知识的传授,直接以举办创业计划大赛等第二课程的形式取代创业教育。还有高校的创业课程内容大多停留于理论讲解层面,缺少操作层面的训练。实质上,创业知识的理解、掌握和内化既要靠系统化的书本知识,也需要创业实践的体验。因此,创业教育课程体系既要强调理论课程的系统传授,也要学生感触和体验创业过程中复杂的环境,通过理论课程与实践课程的有机组合和合理配置,在培养学生创业知识结构的同时积累创业经验,提高创业能力。

2.将基础课程与专业课程有机结合。这里的基础课程特指创业教育课程,即激发学生的创业意识、拓宽学生的创业知识结构、培育学生的商业道德等普及类课程。专业课程是指各个学科根据培养目标所开设的专业知识和专业技能的课程。如果创业教育除了独立开设专业课程,还能把各门学科专业特点融入创业教育之中,能更好地促进大学生基于自身的专业知识背景去寻找创业途径和机会。国外高校很注重将创业教育课程与其他专业的结合,许多创业教育课程都是原有课程结合创业知识开发出来的。如美国北德州大学音乐学院就把创业教育课程与本专业课程进行融合,开设了“音乐创业与营销”课程、“音乐创业导引”,讲授关于音乐类企业的创新、管理和营销等内容。

3.将隐性课程与显性课程有机结合。隐性课程是指在学校教育中没有被列入课程计划,以间接的、内隐的方式呈现,影响学生身心发展的一切学校文化要素的统称。一般包括创业实践课程、活动课程、学科课程。显性课程是指学校情境中以直接的方式呈现的课程,主要指环境课程。一般而言,显性课程主要是向学生传授专业知识,隐性课程则是向学生传递社会价值观念,塑造学生的价值观。在实施创业教育过程中,校园文化环境的隐性教育功能越来越被教育界人士所重视。环境课程蕴含着教科书中难以体现的创业教育因子,对学生创业思维模式的构建有积极影响。显性课程与隐性课程的交叉融合能在培养学生创业能力的同时陶冶学生的品格和情感,帮助他们养成良好的创业行为习惯。

(三)结构优化:建设“平台+模块"课程结构模式

课程体系作为一个系统,除了拥有赖以存在的形式和条件外,必须拥有科学的结构,才能产生特定的功能。因此,采用“平台+模块”课程结构模式,将创业课程以必修和限定选修的方式纳入各专业培养计划,将使创业课程体系得到优化并发挥最大功效。具体做法如下:

1.从形式构成角度出发,设立创业教育模块,优化“两个平台”建设,即在公选通识教育平台的“自然科学模块”和“人文社科模块”基础上增设“创业课程模块”,在专业教育平台也设置“创业教育模块"。公选课的创业类课程模块定位的对象是全体学生,着眼于激发学生的创新精神和创业意识,培育学生的商业道德,拓宽学生的创业知识结构,使之具备创业所需的综合素质。专业课创业类课程模块是为了满足学生就业和创业的需要所提供的与创业活动直接相关的专业技能训练类课程,以创业活动为出发点,强化实践环节,要求全面深入地掌握专业技能。

2.从学生修习方式看·构建合理的必修课与选修课比例。从目前我国开设创业教育课程的高校来看,创业教育课程尚未被列入必修课程。然而,没有选修课或全是选修课都是行不通的,合理的比例才是关键。必修课程是创业教育的基础课程,旨在形成与创业密切相关的专业知识、专业技能。可以开设的必修科目包括创业意识课、创业实务、创业技能课、创业管理入门、商务沟通与交流、职业指导课等。选修课程旨在创业意识的培养、创业心理品质的培养,学生可根据自己的兴趣爱好有选择地学习。可以开设的选修科目包括创业精神和新企业、新技术创业、创业投资财务、市场营销、管理成长企业、企业

成长战略、社会创业管理、创业市场调查、创意的产生技术等。

(四)总体设计:遵循高校创业教育课程体系构建三大原则

创业教育课程体系构建时应遵循的原则是指在高校创业教育课程体系的构建过程中,以课程体系目标为指向,紧跟经济发展走向和行业发展趋势及时更新课程内容,注重体现创业教育课程体系的综合性与实践性。具体包括以下三个方面:

1.目标性原则。高校创业教育课程体系目标的设定是实施创业教育课程之前要解决的基本定位问题。创业教育课程体系的目标定位具有层次性特征,主要定位于培养具有创业基本素质和开创型个性的人。高校创业教育必须始终围绕该目标进行课程内容的组织,增设有助于实现培养目标的课程,取消与课程目标关系不大的课程,从而使创业教育在规定的时间内达到预期的结果。此外,创业教育是一种带有强烈时代印记的教育模式,高校应根据经济、社会发展的客观要求,适时调整创业教育课程体系的培养目标和培养内容。

2.综合性原则。创业教育对创业者综合素质的要求较高,不仅要求具备创业意识和创业能力,还要求具备良好的心理素质、优秀的道德品质和牢固的法制观念等。因此,创业教育课程体系应体现综合性,注重培养学生的综合索质。高校创业教育应以课程内容综合化为突破口,以素质教育为主线,推进课程内容的融合。一是可以对内容重叠的创业教育课程进行合并重组,形成新的创业教育课程科目;二是开设跨学科课程,将多学科知识融合组成新的知识,帮助学生形成独特的跨学科创业视野。

3.实践性原则。创业教育强调对受教育者实践能力的培养,强调受教育者在实践中增强创业能力,促进创业成功。因此,在高校创业教育课程体系构建过程中,必须突出实践性特征。高校创业教育课程体系必须设置实践教学课程,一般包括模拟课程和创业实践两种课程形式。模拟课程指的是通过运用创业理论和组织各种创业模拟活动进行创业模拟训练,如开展创业计划竞赛、组织学生创业小组活动等。创业实践指的是在校企合作背景下的创业实践课程,即通过学校校企合作项目或创业园区开展创业实践。相对模拟课程而言,创业实践是一种更接近于市场运作的创业活动,不仅有助于创业者接受系统的培训和指导,也有助于获得推广项目,技术支持及风险投资。在创业教育课程体系中,创业实践教学课程是一种最能体现创业教育特点和性质的课程模块,能为学生创造模拟锻炼的机会,体验创业教育。

(五)实施策略:从教材、专业、师资和校企合作平台着手

为使创业教育课程体系能够发挥积极效用,真正实现培养具备创业素质的自主创业者,可实施以下四方面策略:

1.推进创业教育教材建设。教材是课程的载体,创业教育教材的选择非常重要。引进国外先进创业教育教材对我国创业教育固然有重要的借鉴作用,但建设中国特色的创业教育教材体系更具有现实意义。为此,有必要在吸取国外课程教材建设经验的基础上。尽快编写出一系列适应我国经济形势与学生特点的创业教育教材。教材的参编人员除学校教师外，也可以吸纳创业成功人士或企业人员。教材案例的选择要适应社会发展的需要和当地经济结构对人才的需求，尽量贴近现实生活，从而形成比较完善的具有理论和实践指导意义的教材体系。

2.促进专业教育与学科渗透的结合。专业教育是进行创业教育的基础，如果缺少专业依托.创业教育只能成为无源之水。纵览各国创业教育发展轨迹可以发现，开设创业教育专门课程乃至学系是大势所趋。国内由于各方面教育条件不成熟，很多高校无法设置创业教育专业，这类高校可以采用学科渗透的形式来进行创业教育，即在其他专业课程的讲授中安排创业教育内容，将创业理念向各专业扩散与渗透。学科渗透是创业教育应用面最广、最主要的方法。基于国内的教育条件，如果专业教育与学科渗透两种教育模式能够双管齐下，则可以极大地增强创业教育的实施效果。

3.构建专兼职结合的师资队伍。进行创业教育教学活动，师资水平是最重要的影响因素。为了满足对高层次研究型师资的需求，高校必须构建专兼职结合的创业教育师资队伍。专职创业教师是专门从事创业教育教学活动的教育者，是培养创业型人才的主力军。高校应鼓励和选派教师从事创业或创业实践培训，使教师在理论功底与实践经验上得到提高。如果条件允许，还应对从事创业教育的师资队伍进行定期考核，从而保证优良的师资供给。创业教育需要多种知识和能力，专职教师很难具备那么完备的知识结构，因此，高校需要从社会上聘请一些既有创业经验又有一定学术背景的人士从事兼职教学和研究。这些兼职教师不仅可以传授学生自身积累的知识，也能够提供企业持续性发展的咨询和帮助。

4.建立校企合作的实践平台。创业教育是实践性很强的学科，但我国高校的创业教育缺少真正的实践环节，大多局限于学校内部开展教学和竞赛，缺少与社会的联动。因此，高校应建立与社会各界的联动机制，增强学校与企业之间的紧密联系，与企业形成制度性的联系，甚至形成创业教育联盟，以推动创业教育的开展。通过校企合作的平台，一方面有利于为学生争取更多的社会资源和寻求创业机会，形成一种创业教育资源与创业教育效果的良性循环；另一方面也有利于推广宣传创业教育，提高社会对创业教育的认知度和支持度。

课程体系作为学科建设的重要部分，有力地促进了高校创业教育专业学科建设的全面发展，目标定位一内容整合一结构优化是高校创业教育课程体系构建的主线，只有三者相互协调和配合，遵循目标性、综合性和实践性三个创业教育课程构建原则，并采用适当的实施策略，才能真正促进高校创业人才培养质量和水平的提高。

3.3.4 保障机制的维度

高校创业教育的实施走过了二十余年的历程，未来的转型除了在发展理念和实施路径上寻求突破外，还需要高校从组织、制度、资金、服务等不同方面建立创业教育的保障机制，推动创业教育的转型发展。

(一)组织保障

与欧美等发达国家的创业教育有所不同,中国高校创业教育的发展始终离不开学校内部“自上而下”的支持和推动,这种学校领导层对于创业教育的认同和支持以及由此带来的在资源分配、政策倾斜等方面的差异在很大程度上造成了我国创业教育发展不均衡的现状。经过多年的探索,创业教育早已从高校工作的幕后走到台前,成为高等教育创新人才培养的重要途径,从未来的发展趋势来看,高校创业教育亟须建立起覆盖宏观层面的规划机制、中观层面的协调机制以及微观层面的执行机制,这一整套的组织保障对于创业教育的发展具有极大的推动作用。

首先,宏观层面的创业教育领导机构将负责对高校创业教育的整体工作进行统一领导与顶层设计,制定全校层面的创业教育改革与发展规划。这一领导机构的成员将由学校领导者,主管教学工作的教务长、各学院的负责人以及相关职能部门的负责人构成。它将发挥统筹规划、总体布局的功能,对高校创业教育在一定时期内的发展战略与发展目标进行厘定。同时,为了有效成立创业教育专家指导委员会,成员由学校主要领导、各学院主要负责人、创业学院、教务处、团委、就业处组成,该委员会作为常设机构主要负责全校创业教育融入专业教育的一系列问题。进一步完善各学院在创业人才培养过程中的主导职能,发挥学院和系在深化创业教育教学改革与大学生自主创业互动中的作用;增强创业教育工作中的组织实施与沟通协调职能;设立“创业教育发展论坛”、“创业教育院长圆桌会议”,为学校各学院之间创业教育改革思路、改革举措的交流提供平台,增强各个学院在创业教育发展过程中的协同创新意识。

在创业教育改革与发展的微观层面上,鼓励专业教师利用课题研究和企业合作研究进行相关创业活动,吸收学生参与到教师的创业活动中;转变专业教师对创业教育的认知,鼓励和引导教师开展创业教育的相关研究,探索新理论研讨新方法,不断提高教师在各类课程中重视创业意识和创业能力的培养。同时鼓励教师到企业参加实践,定期组织教师培训、实训和交流,鼓励教师之间组建创业教育学习共同体,促进创业教育教师教育国际合作,不断提高教师教学研究与指导学生创新创业实践的水平。健全创业实习导师制度,进一步明确创业实习导师的工作目标和工作任务,理顺创业实习导师的组成和聘任工作,建立一套操作性强的创业导师考核制度及奖励制度,并积极引荐校外师资充实队伍。围绕创业教育的转型发展,高校可以出台完善一系列相关配套政策、管理办法和实施细则,确保创业教育教学改革、师资队伍建设、课外拓展平台建设、孵化平台建设、实验区建设等改革举措健康可持续推进,确保创业教育与专业教育深度有机融合,确保创业教育办学特色不断得以凸显,创业型人才培养质量不断提高,大学生自主创业能力不断提升,为学校教学改革和内涵式发展注入新的活力与动力。

(二)法律保障

1.当前高校创业教育法律体系中存在的问题

近年来,随着大学生就业难、创新难等问题的凸显和建设创新型社会的需要,创业教育逐步受到各高校重视，并得到快速发展。但是相对于高校创业教育的快速发展，目前我国的创业法律教育仍显薄弱，在人才培养定位、课程教学、社会合作等方面皆不能满足大学生创业的现实需要。

(1)人才培养目标定位不准确，创业法律教育理念基本缺失。党的十七大明确提出“提高自主创新能力，建设创新型国家”、“以创业带动就业”的发展战略，这是适应国家经济社会发展、加快经济发展方式转变的必然要求，也是高等教育改革和发展的迫切需要。作为新世纪国家人才培养的重要战略之一，创业教育应以培养紧随时代发展、符合社会需要、多学科支撑、具备较强综合素质的创业型人才为目标，其中很重要的一点就包括创业法律意识和创业法律技能的培养。

现阶段我国的创业教育仍处于发展初期：，尚未形成完整的理论支撑和学科体系，人才培养目标定位不准确，这已经成为制约高校创业教育深入发展的瓶颈。《国家中长期教育改革和发展纲要(2010－2020年)》指出，学生适应社会和就业创业能力不强，创新型、实用型，复合型人才紧缺。高校创业教育的功利性和工具主义倾向导致对创业教育内涵的理解偏颇，往往只注重单纯创业意识和创业能力的培养，并没有注意其外延的扩展，创业法律教育理念基本缺失，导致大学生创业法律意识淡漠、法律知识技能不足，不能很好地规范创业行为、预防和解决法律纠纷、降低法律风险，严重影响大学生创业的竞争力和成功率。

(2)课程教学薄弱，创业法律教育功能基本缺失。目前，创业法律教育并未得到足够的重视，在课程教学方面尤显薄弱。

课程设置系统性不足。目前，大多数高校创业法律教育课程设置系统性不足，除了在《思想道德与法律基础》、《大学生KAB创业基础》、《创业学》等课程中对创业相关法律略有涉及外，或依托商学院和法学院开设的经济法、商法、民法等课程或者举办创业法律讲座和咨询等，没有统一的基础性课程和教学培养目标，没有形成专业性、有针对性的创业法律课程体系。

师资结构专业化不足。由于创业法律教育的专业性、实践性要求，必须形成一支稳定的专业性、双师型的师资队伍。但是，目前我国高校创业法律课程的教师专业化不足，大多是普通的创业指导教师，创业法律理论知识与实践经验不足，而专业的法学教师往往只是兼职讲授，并未形成课程教学的专业支撑。

教学内容体系性不足。合理的教学内容是创业法律课程顺利展开的基础。创业相关法律非常繁杂，涉及刑法、民商法、行政法、诉讼法等多个法律部门，必须合理确定教学内容，保证教学内容的基础性、实用性和前沿性，才能取得良好的教学效果。目前，各高校创业法律课程的教学内容体系性不足，内容散乱且过于简单化，有的甚至仅仅介绍了企业法律形式，不能从根本上满足大学生创业的现实需要。

教学方法多样化不足，目前，创业法律课程教学方法多样化不足，偏于单纯的理论讲授，不能充分调动学生的学习积极性，难以培养学生的法律意识和法律能力。

(3)社会合作不足，创业法律教育联动性基本缺失。创业法律教育因其特殊的专业

性、实践性要求,更需要进行合作教育,利用政府和社会各界的人才、资金、政策等优质资源与高校的教育资源形成优势互补和良性互动,从而全面推进创业法律教育的深入发展。目前,部分地方政府和社会组织在推进大学生创业法律支持体系建设方面已经做出了有益的探索,并取得了一定的成效。但是现阶段我国的创业法律教育的合作理念仍不够深入,社会合作不足,创业法律教育联动性基本缺失。一方面,高校创业法律教育资源匮乏,在师资、资金、政策上无法满足创业法律教育的专业性、实践性需求;另一方面,大学生创业法律援助等形式因为没有高校的协同管理与合作而在具体运行过程中面临宣传力度不够、资源与需求间供需矛盾、管理主体不明确、审批程序混乱等诸多问题。

2.高校创业教育法律保障的作用

(1)规范创业行为,提高创业竞争力

在社会主义市场经济法律体系下,国家通过制定相关法律法规来调整所有市场主体的民商事法律权利义务关系,并通过相应的制度设计来强化企业组织机构、降低交易成本、维护交易公平、保障交易安全。市场经济的法制性要求市场主体在参与市场竞争时必须严格遵守相关法律法规的规定和自由平等、诚实信用等法律原则,否则就可能引起不利法律后果。如创业之初选择何种企业法律形式,创建个人独资企业、合伙企业或有限责任公司在法律地位、责任形式、注册资本、事务决策执行、利益分配等方面都有很大差异。因此,大学生在选择创业组织形式时,就需要了解不同组织形式的特点,综合考虑自身创业条件做出最合适的选择,否则就有可能影响企业的组织结构稳定和长远发展·因此,大学生在创业过程中只有深入了解和遵循市场经济运行规则,规范创业行为,才能够提高自身竞争力,保障企业的有序运营和健康发展,保持创业的可持续性。

(2)降低法律风险,提高创业成功率

大学生在创业过程中会遇到各种各样的法律风险,包括违法经营、合同纠纷、侵权纠纷、知识产权纠纷、劳动关系纠纷、票据纠纷、不正当竞争、产品质量问题等,可以说是举不胜举。有时法律风险甚至会大于市场本身带来的风险。不少大学生在创业过程中因为缺乏法律意识和足够的法律知识技能,导致法律纠纷频仍甚至违法犯罪,损害了商业信誉,导致企业资金链断裂,企业组织结构涣散或者陷入旷日持久的诉讼,严重影响企业经营甚至直接导致创业失败。如较为常见的合同法律风险,部分大学生因为缺乏《合同法》相关知识,签订了无效合同或者合同被撤销从而导致合同纠纷,造成经济和商业信誉的损失。因此,大学生在创业过程中只有全面了解创业相关法律知识,远离违法陷阱,增强维权意识,提高预防和解决纠纷的能力,才能降低法律风险,提高创业成功率。

3.高校创业教育法律保障的建议

为促进创业教育的长远发展,培养优秀的创新创业人才,应进一步加强创业法律教育在创业教育中的重要作用,从加强大学生创业法律理念教育、加强创业法律课程教学体系建设、加强创业法律合作教育等方面人手来推进创业法律教育的进一步发展。

(1)加强大学生创业法律理念教育。各高校应拓宽对创业教育内涵的理解和认识,更新人才培养理念,明确创业人才培养定位,加强大学生创业法律理念的培养,树立全面发展观念，从单纯创业意识和创业能力的培养转变到包括法律能力在内的综合能力的培养，努力造就高素质的创新型、复合型创业人才。加强创业法律宣传、推广工作，普及创业法律理念，提高大学生法律素质，逐步树立大学生依法行使权利、履行义务、维护合法权益的意识，提高大学生运用法律处理问题的能力，通过法治讲座、法治竞赛、考试考核、培训等活动形式，全面推进创业法律教育的发展，使创业法律教育真正成为创业教育的应有之义和核心内涵之一。

(2)加强创业法律课程教学体系建设。创业法律教育课程教学体系的构建应纳入创业教育课程体系基本框架，通过加强课程改革与建设，深化教育教学改革，创新教育教学方法，探索多种培养方式，全面提升创业法律课程建设水平。具体措施包括：①建立多层次、系统化的课程体系。包括开设专门的创业法律选修课，增加《大学生 KAB 创业基础》、《创业学》等已开设创业课程中的创业法律的比重，进行创业法律专题讲座、培训等。②建设专业化师资队伍。以校内法学教师和外聘专业律师为主体，兼顾师资队伍的理论性与实践性，加强普通创业教师的法律意识与法律知识技能培养。③加强教学内容的体系性建设口根据学生创业的现实需要，从创业主体、创业运行、创业规制、创业救济等方面合理确定教学内容，安出专业性、针对性、实效性，形成教学内容更新机制。同时加强专业教材建设，建立健全教材质量监管制度。④加强教学方法改革。课程教学应注重学思结合，积极实行启发式、讨论式、开放式、探究式、参与式教学以及案例教学、法律诊所教育等方式促进学生学习的自主性，提高课程教学的实践性，提高学生的创业法律技能。

(3)加强创业法律教育长效机制建设。各高校应加强与政府及社会各界的合作，树立系统培养观念，利用政府和社会各界的人才、资金、政策等优质资源与高校教育资源形成优势互补和良性互动，从而全面推进创业法律教育的深入发展，形成相互协调的创业法律教育推进机制。具体措施包括：①建立立体化的创业法律教育合作组织体系，以高校为中心，司法局、律师协会、法学会以及其他相关组织机构有机衔接，密切配合，加强联合培养机制建设。②建立创业法律合作常规机制。包括设立专门的大学生创业法律援助机构，在大学生创业园设立创业法律指导站，组织资深律师与大学生创办的企业进行对接，聘请律师、法学家为学生讲课，开展法律服务进校园活动，进行有针对性的法律咨询和法律培训等。③建立创业法律教育互动平台，加强各合作教育主体之间的资源整合和信息共享，为大学生创业提供更加全面、高效、便捷的服务。④建立高校间合作机制。促进高校之间常规性合作，包括开展多元化试点，以示范院校为建设重点辐射其他高校，促进优质教学资源共享。

(三)资金保障

将创业教育改革所需经费列为专项预算，确保改革有稳定的财力支撑。拓宽创业教育基金的来源渠道，通过学校投入、企业投资和社会捐助等多种渠道募集资金；优化和提升创业教育基金利用效率，进一步建立完善的创业教育基金管理机制，为创业教育教学改革和大学生创业实践活动提供充足的经费保障。

第4章　地方高校创业教育的发展模式与转型趋势

4.1　我国高校创业教育的演进

4.1.1　创业教育发展的萌芽期(1997—2002)

1997年高校创业教育在清华大学首开先河,为推动全国高校开展创业教育、激活大学生的创新创业潜力提供一个良好的平台。此后,国内众多知名高校纷纷开始效仿挑战杯创业大赛的做法,如复旦大学管理学院就在1999年派学生参加了亚洲创业计划竞赛并荣获冠军。国内第一家大学生创办的高科技创业企业——“视美乐”公司就是诞生于此次创业大赛。许多大学由此开始创办大学生科技创业园,并且提供了一定金额的创业基金;复旦大学财专门拨出100万元人民币实施学生创新行动计划,并为大学生设立了1000万元的创业基金。

其他高校也开始自主设计创业教育项目。从1997年开始,国内不少高校在经济管理类专业中引入了创业教育。如浙江大学在本科生阶段选拔一批具有较强工程背景、商科背景的高年级学生,对其进行技术创业和创新方面的培训,将创业教育融入教学之中。南开大学创业教育的开展则覆盖了学生四年学习的全过程,学校按照每个学生的兴趣和个人能力,将学生分为不同类型,然后允许其自由地选择创业类课程,学校也开设创业选修课和“模拟公司训练营”,对开始尝试创业实践阶段的学生通过“师带徒”结对活动为他们提供后续跟踪服务等。西北工业大学则成为中国最早为本科生开设创业教育课程的高校。2000年,西北工业大学就为全校本科生开设了“创业学”选修课,并编写了省内创业教育的统编教材,也是国内最早的具有很强科学性、系统性、理论性的“创业学”教材之一。

教育主管部门也对这一时期高校创业教育的初始发展给予了充分的肯定。2002年教育部高教司在北京召开的创业教育试点院校工作座谈会上,将当时中国创业教育大致归纳为三种形式:首先是以学生整体能力、素质提高为侧重点的创业教育:即将创业教育融入素质教育之中。较有代表性的是中国人民大学,其创业教育的发展“重在培养学生创业意识、构建创业所需的知识结构、完善学生综合素质”,强调将第一课堂与第二课堂相结合开展创业教育。在具体做法上,则是一方面增加创业类选修课程,如新增“风险投资”、“企业家精神”、“创业管理”等课程,为学生提供最基本的创业知识与创业技能;另一方面则是倡导大学生积极参与各类创业计划大赛和各种社会实践活动,在社会生活中培养创业意识、提升创业能力。该模式注重教学，不太鼓励大学生功利性的创业实践。其次则是以提高大学生的创业知识、创业技能为侧重点的创业教育。这一类的创业教育特点是引入商业世界的理念和方法来运行创业教育，增强创业教育课程的实践性和教学方式的灵活性，与此同时，部分高校也开始了设置专门的机构用于创业教育的教学、科研、管理与社会合作。如北京航空航天大学就充分利用校企合作的优势，建立北航大学生科技园、北航孵化器，从而成为大学生创业教育的实践基地和新创企业的摇篮。北航的创业培训学员专门负责与创业有关的各项科研、教育、管理、考试服务、国际合作与交流等工作。如其中的创业教育中心就负责全校性的创业教育课程开发与设计、创业基本知识和基本技能的培训、创业导师的遴选与创业团队的匹配。第三则是综合模式的创业教育。如上海交通大学所提倡的素质教育、终身教育和创新教育为支撑的三个基点的指导思想，就确立了创业教育的基本框架和内容。该校根据其所在的区位优势与学校所具有的科研实力，将创业教育的核心目标定位于培养大学生的科技创新能力和创业素养。除了增选和改革创业教育课程之外，还依托不同院系建立了实验中心和创新创业基地，为全校所有学生提供一站式的创业服务。

这一时期，部分高校也在尝试多元化的创业教育发展路径，采取不同方式对创业教育的理论和实践进行探索。但是从总体的发展状况来看，各个高校对于创业教育的理解还处于一个浅显的层面口最为显著的特征就是对于理论素养和知识传授重要性的极端认可。很多高校开设了大量理论性强的创业课程，希望通过课堂教学的形式培养学生的创业能力，此做法的薄弱之处就在于忽略了大学生创业素质的培养，尤其是创业精神和创业实践能力的培养。课程的单一与教学方式的陈旧无法适应学生的多样化需求。在创业教育的实践过程中，一些高校开始尝试由创业知识的传授转变为注重学生创业精神和综合创业能力的培养。包括清华大学、北京航空航天大学，黑龙江大学、上海交通大学在内的部分高校开始建设大学生创业园或科技园、设立大学生创新创业发展基金或者提供创业平台等多种方式，培养大学生的创业能力。

总体来看，这一阶段中国高校创业教育还处在初创期，除了开展创业教育的高校数量较少、所覆盖的学生群体规模较小之外，高校创业教育的做法也仅仅是对发达国家，特别是美国高校创业教育开展情况的简单模仿。无论是在创业教育的指导理念、创业教育的一般性发展模式等较为宏观的领域，还是创业教育的课程设计与开发、创业实践实务等具体问题上，这一阶段创业教育的发展都带着明显的“复制”印记。对于全国绝大多数的高校而言，创业教育几乎还没有成为学校工作的一个组成部分，更遑论将之与人才培养相提并论。在这样一种从无到有、初步草创的阶段，部分试点院校对于创业教育概念与内涵方面的认识偏差也就在所难免了。

4.1.2 创业教育的发展期(2002—2010)

2003 年是我国高校扩招之后本科生毕业的第一年，当年大中专院校毕业学生数量达到了 212 万，比 2002 年净增 67 万人，增幅达到了 46.2%。也就是从这一年开始，大学毕

业生的就业问题开始成为全社会每年都要关注的热点话题，随着高校毕业人数的持续增加，大学生的就业状况持续恶化。特别是伴随着过去十年来的房价猛涨，通货膨胀、经济危机等一系列外部大环境的变化，政府、社会、高校、家庭对于大学生的就业关注达到了前所未有的程度。一方面是中小企业和制造型企业中的技术类岗位长期招不到合适的毕业生，另一方面则是全国各高校一路下滑的毕业生初次就业率。面对这样的一种危机，政府部门和高校第一次开始将大学生自主创业视为解决毕业生就业问题的一种有效手段，而创业教育在高校中的地位和重要性则日益凸显。也正是从这个阶段开始，人们对于创业教育的关注点开始发生转变，"要不要开展创业教育"已经成为一个无须探讨的话题，关注的焦点内容逐渐转向"如何更好地开展创业教育"。

这一时期我国创业教育发展的一大特征就是政府主导的作用明显增强。最具代表性的就 2002 年教育部正式发文确定清华大学、北京大学、中国人民大学、北京航空航天大学、上海交通大学、南京财经大学等九所高校为创业教育试点院校。从此，创业教育进入到了政府引导、高校统一组织实施的多元化发展阶段。在此期间，教育部先后召开了有关创业教育的各项座谈会和研讨会，如"2004 年全国创业教育理论与实践研讨会"就提出了"合作、共享、发展"的精神推动国内创业教育。在这次会议上，创业教育在全国高校开展的情况有了一次全面的摸底，参会的众多专家学者、创业教育工作者围绕着创业教育的基础理论，创业教育人才培养模式的探讨、大学生创业实践案例的经验介绍，高校开展创业教育的经验总结等议题展开讨论，为创业教育工作更加多元化发展提供了思路与理论支持。为了更好地指导高校创业教育的开展，教育部还成立了全国创业教育委员会。2010 年教育部下发了《关于大力推进高等学校创新创业教育和大学生自主创业工作的意见》，要求各地大力推动创业教育，加强创业基地建设，为学生打造全方位的创业支撑平台，进一步推进创业带动就业的发展策略。

创业教育开始在全国各层次的高校中开展，武汉大学、西北工业大学、黑龙江大学、深圳大学、温州大学等一大批高校纷纷举办大学生创业大赛，推行创业教育。全国高校已经成立了 1600 多个创业中心，66 家国家大学科技园建立了"高校学生科技创业实习基地"。清华大学、上海交通大学、北京理工大学、中南大学、温州大学等很多高校成立了创业学院、创业中心或创业研究机构。仅 2012 年各地高校就举办了两万多场创业大赛、创业论坛等活动，参加的大学生超过了 300 万人次。高校已将创新创业教育纳入职业生涯发展课程和专业课程，面向全体大学生，融入人才培养的全过程。

除了高校自身的创业教育探索之外，共青团中央 2005 年引进的 KAB 创业教育项目也为创业教育的普及营造了良好的氛围。KAB 的课程设置更加重视传授给学生模拟真实情境之下的创业行为，重点在于传授学生创业的基础知识和基本技能，在功能上强调对大学生进行"企业家精神"的教育而非单纯地鼓励大学生创业。可以说，创业教育能够在短短几年之内就赢得社会和高校的广泛重视，大学生就业难的问题固然是一个主要因素，而 KAB 创业教育项目的成功推广和良好效果无疑是一个直接的推动因素。

KAB 创业教育项目是国际劳工组织为培养大学生的创业意识和创业能力而专门开

发的课程体系，目前已经在全球四十多个国家开展。该项目主要是通过向学生传授有关企业组织、企业运行、创业计划书等一系列有关创业的基本知识和基本技能，从而培养学生关于企业和创业的基本概念，发现具有创业意识的青年大学生。KAB 项目的总体目标是在一个国家或社会群体中建立一种创业文化，使年轻人认识到创业及自我雇佣的机会和挑战，并且认识到自己的未来及国家经济社会发展的未来都掌握在他们自己手中。具体来讲，KAB 的目标体现在四个方面：在全社会形成一种敢于冒险、勇于接受挑战的企业家精神；使高等教育阶段的在校学生认识到创业的意义和价值，将自主创业和岗位创业作为人生的职业选择；帮助大学生掌握创业所必须的基本技能，通过实践性的教学环节提高创业教育课程的绩效；帮助学生了解企业的性质、架构与运行机制。

2005 年 KAB 创业教育（中国）项目第一阶段专家会议在中国青年政治学院召开，2006 年召开的首期教师培训研讨会吸引了 7 所高校的 16 名教师。随后清华大学、中国青年政治学院、北京航空航天大学、黑龙江大学、天津工业学院、北京青年政治学院等六所高校成为首批“大学生 KAB 创业教育基地”。在接下来的几年中，KAB 创业教育在中国的知名度和影响力越来越广，KAB 创业教育体系也逐步建立起来。由 KAB 创业教育项目所拓展出来的青年创业大讲堂、青年创业培训、青年创业计划大赛、青年创业基金扶持等项目为创业教育理念在全国的传播打下了非常深厚的基础。

截 2012 年 3 月，KAB 创业教育（中国）项目已培训来自 1008 所高校的 4045 名师资，在 153 所高校创设大学生 KAB 创业俱乐部，在 185 所高校成立大学生 KAB 创业教育基地，30 万多名大学生参加了学习实践。越来越多的高校开始在学校的课程之中增设创业类的内容，在人才培养的理念和实施过程中也引入了创业教育的核心思想，赋予了创业教育更加重要的地位，从而实现了创业教育由创业师资的简单培训向全面创业教育的重心转变。除了 KAB 项目之外，国际劳工组织还与人力资源和社会保障部于 2003 年启动了“SYB，创办你的企业”项目，这一项目于 2003 年在大连、深圳等城市展开，为年轻人提供创业示范和扶持指导，但是此项目面向在校大学生的创业教育与培训则较少。目前，我国有 22 个省的 42 个城市成为项目的实施地区，有近 76 万人参加 SYB 创业培训，为全社会新创造就业岗位近 200 万个。

4.1.3 创业教育发展的转型期（2010—）

2008 年，教育部联合财政部在全国设立了 30 个国家级人才培养模式创新实验区，这标志着高校创业教育的重心从关注大学生的创业实践转向了以系统推进的模式培养创新创业人才。创业教育的理念与内涵也发生了巨大的变化，主要体现在：首先，创业教育不仅仅是解决大学生就业问题的有效途径，更是创新人才培养的有效途径，因此创业教育应该与人才培养方案相融合，创业教育应当在高校中发挥越来越重要的作用；其次则是单纯依靠模仿、借鉴他国创业教育的经验已经无法满足我国不同地区、不同层次高校的创业教育开展的需求。作为一个区域发展尚存在着巨大差距的国家，中国各地方的高校在创业教育的发展模式上不可能采取整齐划一的方式，也不可能单纯地以科技创业、

知识创业、理论教学等形式作为创业教育的唯一路径。30 个创新实验区的设立就表明了国家希望各地高校充分因地制宜，结合区域经济社会发展的状况、人才需求与自身的办学优势，探索出不同路径的创业教育发展模式。值得关注的就是 30 个创新人才实验区中包含了一定数量的地方本科院校，其中不仅有早已开展创业教育的黑龙江大学，也包括了温州大学、上海对外贸易大学等近几年来在创业教育方面取得卓也成绩的地方高校。地方高校创业教育的发展模式也进一步分化，取得了良好的成效。

在国家政策方面，随着 2008 年金融危机的爆发，转变经济发展方式、调整优化经济结构成为我国各级政府工作的重中之重。2010 年 5 月教育部高等学校创业教育指导委员会的成立，就标志着政府对创业教育的重视到了一个新的阶段。该教学指导委员会将创业教育的教学首次面向全体在校生，将创业教育的课程改革、教学改革、评价体系改革等作为一段时间内高校创业教育工作的重心，有力地促进了全国高校创业教育的开展，创业教育由面向少部分学生转向面向全体学生，全校性创业教育的开展以及根据不同类型、层次、特点的高校探索创业教育的模式也就是从这一年开始的。

近几年，上海、浙江等省市相继推出了政策鼓励大学生的创业活动。针对大学生的创业基金也不断涌现。2005 年，上海在全国设立了第一个面向大学生创业的基金，每年投入的资金总量约为 1 个亿，并在复旦大学、上海交通大学、上海理工大学等九所大学设立了分基金会。七年来，该基金会已经支持了近 300 个大学生创业项目。浙江省提出的"创业富民、创新强省"的战略，也设立了总额为 1 亿元的浙江青年创业创新基金，鼓励大学生的创业创新活动。如创业计划大赛的参赛高校由 1999 年的 98 所增加到 2012 年的 300 所，参赛作品从 114 件增加到近千件。中国社会经济的转型发展迫切需要创业教育的深化与转型。党的十七大报告明确提出"实施扩大就业的发展战略，促进以创业带动就业"。2012 年，中国大学毕业生直接自主创业者占全部毕业生的 2%。"大学生创业调查及创业指数研究报告"通过对来自复旦大学、上海交通大学、同济大学、华东理工大学、上海理工大学、上海大学六所高校 1274 名在校大学生(包括本科生、研究生、MBA 等)调查，得出大学生的创业热情指标为 6112 分，创业准备分值仅为 4812 分。而美国的大学生创业的比例约占毕业生人数的 20%～30%，创业型就业成为美国大学生就业的重要组成部分。

从最近两三年来中国高校创业教育转型发展的趋势来看，创新创业教育理念的融合与突破、全校性创业教育理念的兴起、知识创业理念与实践的发展、地方高校创业教育模式的探索等议题，业已成为我国创业教育多元化发展模式的一个缩影，中国高校创业教育的发展从最初的简单模仿到之后的本土探索，现在已经进入到了深化改革与转型发展的新阶段。

创新创业教育理念的融合与突破。2010 年至今，教育部 2010 年颁布了《关于大力推进高等学校创新创业教育和大学生自主创业工作的意见》。该意见首次将创新的概念融入创业教育中，明确指出了要在高校开展创新创业教育，是深化高等教育教学改革，培养学生创新精神和实践能力的重要途径；是落实以创业带动就业，促进高校毕业生充分就业的重要措施。2012年4月，教育部《关于全面提高高等教育质量的若干意见》中更加明确地提出"把创新创业教育贯穿人才培养全过程"、"制定高校创新创业教育教学基本要求，开发创新创业类课程"、"大力开展创新创业师资培养培训"、"支持学生开展创新创业训练"等要求。2012年8月，教育部颁布《普通本科学校创业教育教学基本要求（试行）》，该文件对进一步推进高校创业教育工作具有标志性的意义。《教学基本要求》提出要将创业教育的教学工作纳入高等院校的改革发展规划中，成为各级高校人才培养体系的一个重要组成部分，建立起对于创业教育教学工作的评估指标体系，建立健全推进创业教育工作的领导体制和机制，制订专门的教学计划，为创业教育的有效开展和深入探索提供强有力的制度保障和资源支持。《教学基本要求》首次系统提出了我国高等学校创业教育的教学目标、教学原则、教学内容、教学方法和教学组织形式，鼓励各高等学校积极创造条件，面向全体学生单独开设不少于32学时、不低于2学分的"创业基础"必修课，同时还发布了标准化的《"创业基础"教学大纲（试行）》，并出版统一的校本教材。

全校性创业教育理念的兴起。经过二十年的发展，创业教育逐步突破了"创业就是开办自己的企业"这一狭隘理解，众多高校已经开始将创业教育理解为一种精神或能力，甚至是一种生活方式。全校性创业教育是面向全校学生，依托全校资源，以培养学生创业精神和创业能力为目标的教育，其发展具有阶段性特征。一般来讲，从提出开展全校性创业教育的口号，到真正建立起覆盖全体学生的创业教育体系，绝非一蹴而就的事情。这不仅需要学校领导层面的观念转变与政策支持，还需要大量的外部环境与内部制度性转型的契合，如专业教师对于创业教育的认同、学生参与创业教育的积极性、创业文化的培育、创业实践平台的建设等一系列问题。经过数量增长、组织转型、理念渗透三阶段韵发展，全校性创业教育必然会成为未来创业教育转型的趋势之一，最终形成利益相关者积极参与、政府一高校一企业一社会一个人互动合作的创业教育生态系统。

知识创业理念与实践的发展。最新数据显示，在参与全球创业观察的160多个国家和地区中，我国的创业排名已从2002年的第11名提升到2012年的第2名。目前的高校创业教育重在探索创业教育的内涵、创业技能能否培养等基本问题，但是在创业技能的关键指标、如何将创业技能培养与各个学科的特点相结合、如何促进学生从创业意愿到创业行动转变等问题上还缺乏研究与实践。因此，针对有着专业知识和技能的大学生的创业教育，其目的应该有别于以单纯的生存目标为考量的创业教育。"知识创业"（intelI-ectual entrepreneurship）应该成为大学生创业技能培养的主要目标。

面对我国创新驱动战略的实施和区域社会经济的转型发展要求，国内高校创业教育的长期发展目标应该是在提升大学生知识创业技能方面的经验，高等学校应该摆脱传统的"学徒一证书一资格一就业"培养模式，采用新的"发现一自主一责任一合作一行动"模式，培养大学生的创业技能，使大学生成为冒险者、变革者以及利用知识和技能使世界发生改变的人。

4.1.4 中国高校创业教育的发展现状：以浙江省为例

创业型经济已成为新世纪重要的经济形态，鼓励创新与创业，也已成为各国竞相实

施的国家战略。在我国高校，创业型经济已成为讨论的热点领域，越来越多的人意识到，“创业能力”是大学生面向 21 世纪继学术能力，职业能力之后的第三种能力(又称“第三本教育护照”)。特别是在当前就业形势严峻的情况下，大学生不仅要成为就业岗位的应聘者，还应成为就业岗位的创造者。近年来，浙江省高校高度重视创业教育工作，普遍加强对大学生创业意识、创业精神和创业能力的培养，许多高校建立了大学生创业园，为学生提供创业平台、制度保障和资金支持，组织开展各种不同形式的创业教育和实践活动，积极探索培养高素质、高技能型创业人才的新模式与新途径。浙江省高校的创业教育正在形成良好的发展态势，为全国大学生创业教育工作做出了有益的探索。

(一)与时俱进，创业教育和创业实践取得不俗成绩

浙江是中国民营经济最发达、民间创业最活跃的省份，已经形成了创业环境不断优化、民众创业意愿强烈、新生代创业者涌现等趋势。浙江高校的大学生以浙江籍为主，长期耳濡目染了这种创业氛围，许多学生家庭本身就有自强不息的创业精神和艰苦奋斗的创业经历，社会、家庭的影响对学生创业意愿的形成和创业能力的培养大有裨益。浙江省高校积极响应国家“以创业带动就业”的号召，顺应发展创业教育和大学生自主创业的大趋势，结合自身特点开展创业教育，重视通过发掘、培养学生的创新创业能力来提高学生的综合素质和创业竞争力，坚持用浙商特有的“四千”精神来引导学生艰苦创业、承担社会责任，鼓励教师探索创业教育新途径、新方法，鼓励学生积极参加创业实践活动，提升将专业技能和科研成果转化为现实生产力的能力。据统计，浙江省高校 2005、2006、2007 三年间，参加创业教育和创业实践的学生总数分别为 17128、32516、39489 人；其中，毕业后从事自主创业实践的学生总数分别为 159、607、2896 人。“创业”正逐步成为浙江高校大学毕业生的崭新选择，也成为高校就业工作的一大特色和亮点。

(二)观念先行，全面探索创业教育在新形势下的发展

在高校工作中，“创业”与“就业"密切相关，前者一般也被看作是衡量后者质量的标准之一，但是“创业”又不能将目的仅仅局限于帮助学生就业。为了了解当前浙江高校大学生创业教育的发展现状，浙江省教育厅 2008 年进行了《关于开展大学生创业教育推进高等教育改革的调研》，对浙江省开展创业教育和创业实践效果较为明显的 20 所高校 600 名创业大学生进行了问卷调查和实地调研。调查发现，有 85%的高校认为创业教育的目的主要是为了提高学生创业能力，包括勇于探索的精神、吃苦耐劳的品质、对市场的把握、对团队的整合等。一些高校还提出“发展型的人才培养模式”，如浙江万里学院坚持从人才培养的宏观角度出发，使创业教育既体现素质教育的内涵，又凸显教育创新和对学生实际能力的培养；以创业教育是否提高了学生的创业意识、是否激发了学生的创业激情、是否帮助他们找到了适合自身的创业方向、是否提高了他们适应社会竞争的能力作为创业教育开展得成功与否的衡量标准。

(三)多管齐下,构建各具特色的创业教育工作体系

1.管理规范化

(1)建组织:为了全面规划创业教育工作,浙江高校根据自身实际,本着统一指导的原则,努力建设运转高效、机构精简、反应迅速的组织架构。例如,温州大学成立创业人才培养学院,肩负着全校大学生的创业教育教学管理、创业实践与创业研究等三大功能。浙江万里学院由学校层面出台创业教育的基本思路和整体目标,并监督和考核此项工作;以学生事务与发展中心作为校级执行机构,负责将学校总体要求细化,统一指导各学院工作。各二级学院则根据学校整体思路,结合自身学科特色、学生特点因地制宜地开展工作。浙江工贸职业技术学院专门成立创业教育研究所,配备专职研究人员,从事创业教育理论和实践研究,撰写了《关于加快大学生科技创业园发展的若干建议》、《关于学院创业教育体系构建的设想》等研究报告,定期编写并向全院学生发放《创业教育简报》,定期开展创业教育咨询等产学研服务活动。湖州职业技术学院成立校级创业教育领导小组,具体统筹、规划和落实全校创业教育有关工作,整合学校各部门资源,形成整体优势;成立创业园业务指导工作小组,对各创业公司业务的开展进行指导,培训和考核;成立大学生创业管理委员会,负责创业园区的日常管理工作以及组织策划开展各项创业活动,实现学生自我管理。

(2)订制度:许多开展创业教育的浙江高校先后出台并逐步完善一系列创业教育相关制度。

(3)抓考核:大学生开展创业活动不是放任自流,而需要定期回顾总结,及时肯定成绩、指出不足,帮助他们在较短时间内获得最大收获,这就需要高校设立考核机制对学生创业活动进行科学的考核与评价。例如,浙江商业职业技术学院创业管理中心每月对所有学生创业企业从经营业绩、规范管理,遵章守纪,学习成绩等方面进行考核排名,对不能妥善处理好学习与创业关系,违反管理规定者及时提出警示;对经营业绩良好、各方面表现突出的创业者则及时给予表彰和荣誉奖励;对创业孵化期内考核合格的企业管理团队成员,颁发创业证书并给予创业学分口湖州职业技术学院则从机构设置,制度完善、财务管理、经营业绩等 19 个方面对学生所创企业进行考核,每年进行一次“星级公司”和“精品公司”的评选;每学期考察创业者的学习成绩,一旦发现有两门课以上不合格,则撤销公司经理职务。高校的这些考核措施对创业学生起到了良好的激励和制约作用,收效较为明显。

(4)设基金:对于有志于创业且有项目规划的学生来说,缺乏资金是最大的障碍。据浙江省的大学生创业调研显示,有 46%的大学生认为创业最常见的困难是缺乏资金。为此,一些高校纷纷设立大学生创新创业基金用于支持学生在自然科学、工程技术、医药科学、农业科学、人文社科等诸多学科领域进行研究、发明,帮助他们完成项目,实现创业。

2.课程体系化

课程是创业教育的核心,建立一套合理可行的创业教育课程体系是开展高校创业教育的前提和基础。目前,不少高校根据本校实际开设了创业教育选修课或必修课,并纳

入了教学计划。目前，有90%以上的浙江高校对全校学生开设创业教育课程，其中70%左右的高校是以选修课的形式进行教学。在课程设置上，一些高校按年级、学科分别开设对应课程。例如，浙江大学开展了三类创业教育课程：一是面向全校成绩优异的工科本科生开办竺可桢学院创新与创业管理强化班，借鉴斯坦福大学创新创业教育的经验，以管理学和MBA基础知识为主，培养高科技产业经营管理创业型人才；二是由管理学院面向本科、研究生、MBA三个层次开办创业管理精英班，以创业精神培养为主线，培养管理学高层次专门人才；三是面向全校有志于创业的研究生开设"大学生KAB创业基础"选修课，以培养学生的企业家精神为主线，帮助学生了解创业者基本特征和素质以及一个企业由组建到运营的基本过程。

浙江万里学院将"创业教育"置于整个人才培养的框架中，对不同年级的学生实行不同的创业教育方案：对一年级学生进行职业规划测评，帮助学生了解社会职业的基本知识、所学专业以及相应的职业适应范围，引导学生进行职业生涯设计；对二、三年级学生，课内开设"大学生发明创造"选修课，引进"创办你的企业"(SYB)培训项目、设计"专业素质拓展课程教学方案"(包括"大学生研究训练计划"、"创业实践"和"经理人拓展训练")，课外则组织开展"企业家万里论'见'，引领职业经理人"系列报告会等。

3.实践多样化

为让创业教育收到更好的效果，浙江高校通过多种方式鼓励大学生进行创业实践。

浙江工商职业技术学院对创业基地进行多层次分类，针对不同类型学生分别孵化：一是开设项目基地，鼓励学生写项目书承办，鼓励学生走入企业行业进行融资；二是利用学校设立的GG购物网和淘宝网等网络平台，鼓励学生网上创业；三是对有创业资本和潜力的学生，鼓励其直接进入市场创业；四是设立校园创业园，扶植学生创业。

湖州职业技术学院为整合创业团队，改革传统方法，要求学生通过项目申报的办法来组织实施创业实践；先由创业园业务指导小组对创业者提交的创业项目进行可行性论证，再综合考察决定是否通过并组织实施。

浙江工贸职业技术学院与温州团市委共同创办温州市大学生科技创业园，作为一个面向所有在温高校、服务于大学生创业的公共服务平台；成立"创业学子俱乐部"，做好创业者梯队建设，促进创业园与广大在校学生的沟通与交流。

浙江万里学院为创业学生全额补助公司成立前的一些手续证件费用，并对每家学生公司奖励1000元。另外，该学院还对学生创办的企业招聘应届毕业生，无论其是否为万里学院的毕业生，一律按照每人200元的标准给予补贴。

中国计量学院、浙江科技学院等高校也都出台了奖励政策，对成功创业的学生进行专项奖励和基金奖励。

4.平台基地化

为满足广大学生的创业热情，许多高校在场地资源有限的情况下，划出一定范围建设大学生创业基地，为学生创业实践提供了必要的平台。例如，湖州职业技术学院投资100万元将原有创业园的经营面积扩展到了2000平方米，学生创业公司已发展到36家。

杭州电子科技大学总投入100万，建设占地面积1600余平方米的大学生科技创新基地，可同时容纳每组2～6人的项目组近50个。浙江商业职业技术学院免费提供沿街1000多平方米作为学生创业孵化场地，并配备有企业实际工作经验的教师专门负责此项工作，已有3批次51个学生创业项目在创业园进行了创业实践。浙江万里学院、浙江海洋学院等高校也专门设置了大学生创业办公场所。

(四)政府扶持，大学生创业环境逐步改善

为鼓励大学生创业，浙江省出台了有关大学生创业的一系列优惠政策，包括对高校毕业生从事个体经营且工商部门注册登记日期在毕业后两年内的，自工商部门登记注册之日起三年内都可免交有关登记类、证照类和管理类的收费；对自愿到欠发达地区及县级以下基层创业的高校毕业生，从事个体经营、自主创业或合伙经营与组织起来就业的，其自筹资金不足时，可向当地经办银行申请小额担保贷款；高校毕业生毕业后六个月内未就业的，经失业登记后，免费获得职业介绍、职业指导、创业指导等就业服务，等等。杭州市于2007年出台了《杭州市高校毕业生创业资助资金实施办法(试行)》，市财政每年从人才专项资金中安排一定数额的资金专项用于资助符合条件的普通高校应届毕业生在市区创业，对于符合条件的自主创业毕业生，提供不高于一万元的政府贴息补助，或分两万元、五万元、八万元、十万元四个等级提供项目无偿资助等等。这些政策的出台使浙江高校大学生创业环境得以进一步改善，创业学生拥有了更实际的政策保障。

2008年7月杭州市大学生创业园在杭州高新开发区(滨江区)挂牌成立，该创业园共有3.1万平方米的标准厂房和1.2万平方米的研发写字楼。滨江区政府专门出台《杭州高新开发区(滨江)高校毕业生创业资助资金实施办法(试行)》，对进驻毕业生，政府可提供两万元、五万元、八万元、十万元四个等级的项目无偿资助；给予高校毕业生创办企业两年50平方米以内全额房租补贴等等。此外，院内大学生企业还将享受工商登记注册收费补贴、税收优惠等多项优惠。目前，入园的企业中，已有首批15个项目获得了政府79万元的无偿资助。当地政府还将于近日成立专门管理大学生创业园的机构，以便更好地引导帮助大学生创业，并计划建立一套完善的大学生创业服务体系，为高校毕业生提供创业辅导、人才推荐、财税咨询、法律咨询、市场开发和物业服务等全方位的配套服务。

4.2 地方高校创业教育的主要维度与总体特征

4.2.1 关于高校创业教育模式分类的反思

中国的创业教育从初创到探索，再到如今的全面深化，创业教育的分层分类发展已经成为一种现象，而未来的发展趋势也必然是根据各个大学所处区域经济社会发展阶段、大学办学层次、大学办学理念、资源获取多寡、创业文化繁荣程度等方面的因素综合考虑最适宜的创业教育发展路径。多年来，我国部分高校已积累了一些独特的创业教育发展路径，如实践型课堂教育模式、创业型企业实习模式、体验型创业实战模式；有的高校以大学科技园为基地，借助园校联动方式将创业教育嵌入人才培养环节；有的高校则以“大学生创业设计大赛”为平台，在校园文化中着力营造浓郁的创业氛围；有的高校与本地企业联系搭建大学生创业实践基地，为大学生开启创业之门。一些高校也积极组织学生参与国内、国际相关活动，如通过中国青少年发展服务中心、全国青年彩虹工程实施指导办公室主办的“彩虹工程”——大学生创业实践试点工作，为在校大学生提供创业实践机会和相关专业培训；通过参与国际组织主导的创业教育模式，打造“大学生 KAB 创业教育基地”。这些实践经验为高校推进创业教育提供了有效的范本。但在追求特色化、分层化办学的高等教育改革和发展的背景下，高校应对接自身人才培养定位，学校办学特色和地方社会经济发展需求，确定相应的创业教育发展思路，设计相应的创业教育课程和训练体系，从而全方位推进创业教育。

大学的创新创业教育一般也被分为了三种模式：第一种是将创业教育纳入高校现有的教学计划之中，以教学和课程的改革，促成创业教育与专业教育的融合。第二种模式则是依托大学生创业园或科技园，以各种实践性的创业活动提升大学生的创业能力。此种做法在我国理工类高校较为普遍。这些高校充分利用了自身在科学研究、专业设置和科研成果转化方面的优势，鼓励教师和学生进行各种创业类活动，通过真实的创业提升大学生的创业能力。第三种模式则是由政府的相关政策文件加以推动和引导。如部分省市出台了多项鼓励大学毕业生创业的政策文件，对大学生创业提供资金支持、税收减免、程序简化、创业指导等多项扶持政策，位于这些省市的高校则在政府的重视和推动之下，鼓励大学生争取政府资源的支持从事自主创业活动。如辽宁省政府、教育行政主管部门在全省给予了 18 所高校“创业教育示范校”的冠名，杭州市政府出台一系列鼓励和扶持大学生自主创业的政策、建立大学生创业园组建创业导师队伍、设立扶持基金、举办全国性创业大赛等，有组织地推动高校创业教育的规范发展。

但是，笔者对创业教育发展模式的讨论和分类依然持保留态度。我国创业教育虽然取得了不小的进步，但是在诸多方面依旧远远落后于欧美各国的创业教育。这其中不仅有创业文化与创业环境方面的缺失，从中国高等教育自身发展的维度与动力来看，即使是已经实施了创业教育的诸多高校，其推进创业教育的发展也绝对不是内生性的动力，而只是来源于政府政策文件和推动大学生就业率提升的外部推动力。单独从创业教育发展的整体状况来讲，很多高校创业教育的指导理念、理论体系构建、实施路径、协调与合作机制方面都存在着极大的模糊性与交叉性，不同高校创业教育的发展模式之间并没有明显的边界，也无法明确自身的特色与独特的创业文化。从这个意义上考虑，目前就来总结并分类我国高校创业教育的模式还为时过早。

高校的创业教育首先应该具有自身的特色，当我们学习他国教育的经验时，我们会发现高等教育的发展并没有一种放之四海而皆准的模式，比如美国高校的创业教育从非常宏观的角度来看，可以分为“聚焦模式”、“辐射模式”，“综合模式”，但是从微观角度深入细致地去观察每一所大学创业教育的发展状况时，可以看出不同学校之间的差异是非常大的，斯坦福大学与加州大学圣地亚哥分校之间、百森商学院与麻省理工学院之间创业教育的具体实施路径就有极大不同。鉴于我国高等教育发展的独特特征，高校之间在资源、文化等方面的禀赋不仅有着明显的差异，同时也存在着巨大的发展差距。东部经济发达地区的高校与中西部高校之间、“985”和“211”工程建设大学与普通地方本科院校之间、综合性大学与专科类大学之间，其创业教育的各个面向都应该是截然不同的。即使是本论文中所特别关注的地方本科院校，其创业教育的实施也具有多样性。从创业教育的实施效果来看，我国各大高校的表现差强人意。过去十余年中国的创业环境发生了巨大的变化，社会更加开放、人们创业的热情也与日俱增。根据2012年7月“全球创业观察中国报告”发布的数据，中国在全球创业活动中最具潜力，中国的创业活动十分活跃，创业指数也由2002年的12.3上升到2009年的18.8。但是，与人们的创业激情和创业活动行程鲜明对照的，却是我国的知识型创业与机会型创业活动非常滞后，在参加全球创业观察的国家中排在第41位。

创业教育的主要目标就在于培养大学生的创业精神、创业意识与创业技能，从而为推动全社会创业活动的繁荣奠定基础。我国创业教育起步较晚，但是政府主导的一个优势就在于可以集中政策、资金、资源的优势力量推进某种理念的实践。但很可惜的是，我国高校却并没有诞生大批的、具有一定社会影响力的创业者和企业家，在校生通过接受创业教育在毕业后选择创业的比例也偏低。特别是占据了很强优势的重点大学，比如重视创业教育的“211”工程建设院校，在2007、2008、2009三年中毕业生创业的比例分别为0.5％、0.54％、0.4％，竟然还不到普通高校平均数的一半。

从地方高校内部来讲，不同学历层次的受教育者对创业类型的理解也不相同。越高学历层次的学生越适合机会型创业，越低学历层次的学生越适合生存型创业，这也和不同学历学生的就业目标、个人素质、专业能力等因素相关。地方高校创业教育的理念、目标、价值取向、实施重点都完全不同于重点大学。地方院校更加注重服务于地方经济社会发展，因此人才培养的主要目标是动手能力强、具有较强的实践操作能力的应用型人才。如黑龙江大学所倡导的面向全体学生的“融入式”创业教育模式，重在以构建大学生实体性的创业实践基地为依托，在创业教育的推行过程中将理论与实践相结合，特别是重视大学生创业实践能力的锻炼口温州大学利用区域优势践行以岗位创业为导向的创业教育体系，创业教育面向全体学生，培养大学生的岗位创业能力，在校内构筑了具有转化、提升、孵化功能的专业创业工作室、学院创业中心、学校创业园三级联动的创业教育实践载体等。

4.2.2 地方高校创业教育体系构建的维度

地方高校创业教育的发展基本上都是围绕着或者无法回避以下几个大的主要维度而展开，即地方高校开展创业教育的目的是什么？创业教育与高校专业教育之间的关系？创业教育如何得以实现？创业教育拓展网络如何形成？总体来看，地方高校创业教育体系的形成遵循了以地方需求为导向、以教学为主渠道，实施校企合作的创业教育教学模式、构建校内创业实践平台、培育校园创业文化、培养专业类创业师资等六大维度。

首先，地方高校的创业教育必须是以满足地方需求为导向，建立多元化的创业教育目标体系，目前我国高校创业教育的主要理念是以鼓励大学生的自主创业为主，很多高校创业教育的主要内容就是培养在校大学生的自主创业能力，促使更多的毕业生开办企业。“成为一名创业者，或者一名企业家”，往往是这些高校创业教育的主要目标。但是地方高校开展创业教育的目标却是完全不同的，它们更加注重建立分层级的创业教育目标体系，以满足地方经济社会发展和地方需求为导向。因此，地方高校创业教育的目标是由“主动就业＋岗位创业＋个人创业”组成的多元化的体系。全体大学生在校期间通过创业教育的一系列教学与课程活动，培养了最基本的创业意识和创业精神，但是创业教育并不是要求每位大学生都实现个人自主创业，不同的学生有不同的培养目标和个人发展路径。因此，主动就业意味着大学生接受一种普及式的创业教育，成为具有创业意识的人才；岗位创业则是指部分学生通过在校期间的各种创业活动，毕业之后在工作岗位中以创业的激情和技能来发展自己；个人自主创业则.是面对那些极少部分愿意在毕业之后创业的大学生。因此，地方高校创业教育的目标体系是多元的，是按照每个学生的实际需求和发展路径而定的。

其次，地方高校创业教育的开展重视以教学为主渠道，将创业教育融入专业教育之中，构建嵌入式的创业教育课程体系，与其他层次的高等教育机构相比，地方高校创业教育更加重视教学渠道的推进以及创业教育和通识教育、专业教育之间的融合。这种以专业教学为主，有机融入创业教育的做法重在培养大学生的创新精神、创业意识和基本的创业技能，这与其他大学重在培养大学生创业实践能力的做法有所区别。地方高校创业教育与专业教育之间的融合并不在于增加多少课程或者新增学分，而是在于如何将创业的元素融入人才培养的全过程之中。因此，许多地方高校都构建了通识课程－专业课程－课外学分为主体的课程体系。在面向全体学生的通识课程领域，地方高校开展了内容不同的尝试。比如将创业教育的元素与“大学生职业生涯发展指导”这样的公共必修课紧密结合，使大学生在学习生涯发展规划的同时也了解了创业的基本理念。还有一些地方高校则尝试着将创业教育与高校“两课”教学相融合，在“邓小平理论”、“马克思主义原理”等传统的思想政治理论课教学过程中融入创业教育的内容，采取引发联想、历史分析、关联性假设、案例研究等各种创新的教学方式对上述课程进行改革，将创业这个更具时代感的事物与社会主义建设的历史进程进行有机结合。对于各个学院的学生来讲，面向专业学生开设创业类课程或者融入创业元素也是地方高校的一大尝试。比如在美术与设计类、机电工程类专业中开设创业财务、企业管理、市场营销等课程，使学生既具备了专业知识，又掌握了必要的商业技能。这种尝试有效地改善了学生的知识结构，帮助他们在未来的工作或者可能的创业过程中拥有更大的优势。

第三，地方高校服务于经济发展的需求这一使命决定了它们在创业教育的推进过程中更加重视与校外的部门进行合作，特别是与企业界之间建立广泛而有效的合作机制显得尤为重要，世界合作教育协会对校企合作定义为，利用学校和企业不同的环境和资源，将课堂学习与工作中的学习结合，使学生将理论知识应用于实践，将工作中的问题和挑战带回学校，以促进学校的教学。高校与企业之间的合作有效地将彼此在知识、技术、资源等方面的优势进行了整合，一方面促进了高校自身的变革与发展，另一方面则为企业的技术研发与员工培训提供了必要的智力支持。发达国家创业教育繁荣发展的一个重要维度就在于企业的深入参与。美国各个大学的创业计划大赛之中都少不了企业界的投入，许多学生的创业项目往往直接受到了企业部门的资助，从而成长为新创企业。从我国地方高校创业教育开展的现状来看，校企合作俨然已是推动其发展的一个重要动力。许多地方高校依托区域的资源优势，与当地商会、行业协会、知名企业之间建立起了长期的合作机制。结合学科专业的人才培养方向，以培养大学生创业素质为目标，邀请企业家和创业成功人士为大学生进行创业类的讲座，或者受聘为高校的创业导师，对大学生创业团队进行更为专业的指导。此外，很多地方高校与企业之间的实训合作基地也吸引了大批学生参与到企业的生产运营等实践过程之中，帮助大学生了解了企业的构成、运营等一系列内容。部分地方高校的创业园则直接与企业合作，通过建立依托学科专业的_创业项目组、工作室等形式，获取企业的资金支持和技术支持，创业团队的成果也可以为企业所用，解决了企业发展过程中所存在的许多问题。

第四，地方高校更加重视在校大学生创业能力的培养，普遍建立了以创业园，创业中心等为代表的创业实践平台。与“985”大学、“211”大学通过建立高科技园区、大学技术园区而开展的大学生创业实践不同，地方高校因为其区域产业集中程度不足、地方企业科技创新能力普遍较弱、地方高校科研实力薄弱等客观因素的制约，不可能也没有必要照搬那些一流大学创业教育的做法。从学生的角度来讲，地方高校的大学生虽然具有更强的创业意愿，但是由于综合能力的限制，他们也无法进行更为成功的高科技创业。因此，地方高校一般而言会在校内建立不同层级的创业实践平台。比如在校内以专业为依托建立专业创业工作室，这些工作室附属于各个学院，由学院的专门人员负责管理。这些专业类的创业工作室向所在学院的每一名学生开放，地理位置上的接近、专业领域上的相同以及学院小环境的支持都为大学生的创业初始阶段提供了一个良好的平台。这种专业创业工作室依托于学院，无需大额资金，也不需要大量的成本投入，强调的是在实践过程中培养学生的创业意识，将其在专业教育中所学到的知识转化为可以操作的实践项目，为他们未来的创业成功奠定基础。在学校层面，地方高校的大学生创业园以各个学院的创业工作室为创业团队的遴选基础，为那些已经在创业园中进行了尝试并且具备了一定创业意愿和创业能力的大学生提供更为宽广的实践平台。地方高校的创业实践平台建设非常注重从大学生创业的实际情况出发，这种“草根”所具备的内生性特征与地方高校所在的环境和区域发展阶段形成了高度的匹配。

第五，创业教育能否真正地成为推动创新人才培养的重要途径和高等教育改革与发展的重要推动力，最为本质的一个维度就在于大学内部是否有一种创业的文化。当我们对美国高校创业教育的繁荣赞不绝口之时，我们不仅要关注美国创业教育开展的“术”，更要深入考察创业教育发展的“道”——也就是创业文化的基因是如何渗透到美国高校的每一个空间并与高校的办学理念相融合。当我们提起硅谷、北卡研究三角、奥斯丁研

究区等世界闻名的创新创业区域时，我们不能忽略了斯坦福大学、北卡罗来纳三所大学、德克萨斯大学－奥斯丁分校浓郁的创业文化对上述区域兴起所起到的巨大作用。地方高校在创业文化的培育方面也进行了大量的尝试。比较普遍的做法是以企业家精神为主线，突出弘扬地域文化精神，从校园创业精神，创业文化环境、创业文化活动等多个方面齐举并进培育高校的创业文化。很多地方高校大一新生入学之时就以创业文化导入为主开展系列活动，如在新生始业教育增加创业教育专题、安排参观创业园、创业类社团招新、举办大型创业讲座、创业校友论坛等；在随后的几年中，通过以创业成果展示为主开展系列活动，如举办优秀创业工作室巡展、创业之星评选，优秀创业导师评选、创业沙龙，创业教育优秀论文征文等活动。很多地方高校还定期举办"创业文化周"、"创业主题论坛"活动，围绕特定创业主题，通过创业项目对接、创业专题培训、企业家论坛、创业之星表彰、创业计划大赛，创业政策宣讲、创业伙伴互动等活动形式，帮助广大学生在参与的过程中树立正确的创业理念，培养健康向上的创业精神。

第六，综观欧美各国创业教育的发展历程以及我国创业教育开展的现状，我们可以看到高校创业教育发展过程中始终面对的一大挑战就是专业师资队伍的缺失以及如何确立其他学科领域教师对创业教育的认同感和支持感。如果说课程的设计与开发决定了创业教育与专业教育之间互相融合、彼此渗透的范围和方式，那么来自教师的认同和支持则决定了二者相互融合的程度。地方在这些方面高校已经做出了有益的探索与尝试，并取得了良好的实践效果。

温州大学就将创业教育作为学校办学特色，十多年来坚持开展创业教育的课程建设和教学改革，以各种手段加强创业教育与专业教育的融合。为了鼓励专业教师参与创业教育的课程建设与教学改革，温州大学通过创业教改研究、创业课程改革、创业实验区建设、教师奖励等方式积极鼓励专业师资参与创业教育融入专业教育的改革，创设了一系列专业教师参与创业教育的激励机制。同时出台了推进创业教育融入专业教育的专项支持文件和配套资助奖励办法，从政策、制度、资金等多个方面为专业教师支持创业教育提供保障，逐步建立起了创业师资发展的长效机制，保证了创业教育与专业教育融合的质量。

黑龙江大学也在创业教育的改革实践过程中探索出了一条符合自身办学特色的专业教育与创业教育融合之路。建立"学业导师、科研导师、创业导师"导师制等多项保障机制，对提高学生社会责任感、创新精神、创业意识与实践能力发挥了重要作用。

部分地方高校还鼓励专业教师和从事科研的教师积极承担创业类课程的教学工作，采取课程教学组的形式，以团队合作的方式提升专业师资对创业教育的认同和支持力度。教师可以根据自己的研究和教学特长，承担创业教育专业选修课程的部分内容，发挥自身优势，同时通过与团队中其他教师成员的合作，开展研究性教学，共同解决创业教育融入专业教育过程中所出现的各种教学难点和问题。

第5章　转型中的地方高校教学改革研究

5.1　地方高校教学质量现状及问题

进入21世纪中国高等教育跨越式发展，中国高等教育正由大国向强国大踏步迈进。截至2015年，全国各类高等教育在学总规模达到3647万人，高等教育毛入学率达到40.0%。全国共有普通高等学校2560所（含独立学院275所），其中，本科院校1219所。2000年至2015年，在短短的16年时间里，我国新建本科院校（不含独立学院）扩展到403所，接近全国普通本科高校的一半，我国还有近，300所独立学院，新建本科院校的发展从根本上改变了我国高等教育格局。自2009年开始，教育部要求高校每年编制并发布《本科教学质量年度报告》，详细阐述学校的办学定位、办学特点及教学质量有关内容，增强高校社会责任意识，主动回应社会关切。2011年，根据《教育部关于普通高等学校本科教学评估工作的意见》（教高[2011]9号），实行中央和省级政府两级分工、各负其责的本科教学评估工作制度，地方所属院校的审核评估由省级教育行政部门负责。2012年起，教育部高等教育教学评估中心启动中国高等教育质量报告研制工作，以促进高等教育质量水平的提升。

5.1.1　地方高校教学质量现状

2016年4月7日，教育部发布《中国高等教育质量报告》，这是我国首次发布高等教育质量报告，同时也是“世界上首次发布高等教育质量的‘国家报告’”。质量报告由4本报告组成，即总报告《中国高等教育质量报告》和3本专题报告《中国工程教育质量报告》《全国新建本科院校教学质量监测报告》《新型大学新成就——百所新建院校合格评估绩效报告》。这些报告充分体现用数据和事实说话的特点，强调“注重质量是高等教育时代命题，谁轻视质量谁将会被淘汰出局”。教育部在发布的“国家报告”中明确指出，地方高校教学质量呈现出良好的态势，“单纯从教学质量的认可度而言，‘211高校’和‘985高校’不如一般院校”。

（一）地方高校教学质量赢得普遍认可

地方高校是承担偏远地区人民群众接受高等教育的重要力量。在我国高等教育大众化进程中的贡献功不可没，在促进区域经济发展、落实高等教育公平、提高国民素质等方面的作用不可替代。新建本科院校的质量关系到我国高等教育的整体质量，新建本科院校的发展关系到我国高等教育的整体发展，归根到底关系到高等教育强国梦的实现。全国现有339个地级及以上城市（包括4个直辖市），新建本科院校分布于其中的196个城市，布点率达57.82%。在非省会城市布点的新建本科院校有208所，占全部新建本科院校的51.61%。目前，中国高等教育取得了历史性成就，在以提高质量为核心的内涵式发展新阶段，地方高校“学生、用人单位、社会满意度高，教学质量赢得普遍认可”。调查显示，新建本科院校毕业率为98.0%，学位授予率96.7%。在2014年就业形势严峻的背景下，新建本科院校就业率达到90.2%，略高于前一年的89.6%。基于上述内容，86.6%的学生对新建本科院校的总体教育教学质量感到“满意”或“非常满意”，81.0%的学生表示“为学校感到骄傲，并会把本校推荐给他人报考”。对73所新建本科院校进行的用人单位满意度调查结果显示，用人单位整体满意度为91.8%。用人单位普遍认为新建本科院校的毕业生具有良好的思想政治素质和较强的事业心与责任感，专业知识扎实，具有较强的动手操作能力和解决实际问题的能力，能吃苦，作风踏实，认为学校毕业生“留得住、下得去、用得上”。

(二)地方高校教学条件持续改善

2004年，为了全面提高高等学校教育教学质量，推进高等教育评估的改革和发展，教育部高等教育教学评估中心成立。为了充分考虑高等学校的办学特色差异、发展阶段差异和教学水平差异，实现对高等学校的分类指导，教育部实施了分类的院校评估。对2000年以来未参加过院校评估的新建本科学校进行合格评估。合格评估在评估指标设计上突出新建本科学校“地方性、应用型”的办学特色，重点考察学校基本办学条件、基本教学管理和基本教学质量、学校服务地方经济社会发展的能力和应用型人才培养的能力，考察学校教学改革和内部质量保障体系建设和运行的情况，旨在促进新建本科学校厘清办学思路、改善基本办学条件、规范基本教学管理，保证基本教学质量。截至2016年，教育部已完成168所新建本科学校的合格评估工作，在推动新建本科高校转型发展，引导新建本科高校转变发展方式，明确新建本科高校发展道路等方面起到了重要作用。合格评估为新建本科院校量身打造了“四、三、二、一”的顶层设计，即四个促进(促进办学经费投入、促进办学条件改善、促进教学管理规范、促进教学质量提高)，三个基本(办学条件基本达到国家标准、教学管理基本规范、教学质量基本保证)，两个突出[学校的办学定位要突出为区域(行业)经济与社会发展服务，突出应用型人才的培养]，一个引导(引导新建本科院校建立和完善教学质量保障体系，形成不断提高教学质量的长效机制)，引领新建本科院校走地方性、应用型的新道路。在合格评估政策引导下，新建本科院校教学经费投入呈现积极增长态势，经费年度增长机制日趋成熟。2014年生均教学日常运行支出增加到1996.4元，生均教学科研仪器设备值提高到6976.8元，生均藏书升至80.9册，生均教学行政用房面积增长至14.1平方米。按照合格评估的要求，教学日常运行经费支出占经常性预算内教育事业费拨款与学费收入之和的比例，达到合格要求的院校占总体比例从40.0%上升至62.7%，生均教学日常运行支出达到合格要求的院校比例从54.7%增加至84.3%。

(三)地方高校不断推进教学方法及教学评价改革

地方高校从“服务地方经济社会发展”，“培养行业地区应用人才”的办学定位出发，明确“以教学为中心、以学生为本、以质量为基”的办学理念，依托地市政府、产业龙头、研究型大学、科研机构，全面开展政策决策咨询研究、行业人才实践培养、科研项目联合攻关、专利技术转化应用、优秀文化发掘保护等政产学研合作。为改变“满堂灌”的局面，实施基于问题的学习(PBL)、团队式学习、项目伴随教学等教学方法的改革，地方高校开展大量实验、实习、实训，组织职业资质培训、毕业综合训练、讲座社团等活动，有效地促进产学研结合之路，构建融知识、能力、素质三位一体的多层次、个性化、有特色的应用型本科人才培养模式。通过校企合作，构建“教学、生产、技术、社会、科研等实践内容有机结合、相互渗透”的实践教学体系，把实践教学内容延伸到课堂，把现代工程现场搬进校园，为提高学生的实践动手能力提供更大的空间。校内基础实验室承担年实验教学校均约14.8万人次，专业实验室校均约16.0万人次，实习场所校均约1.4万人次，实训场所校均约8.7万人次。校外实习实训基地达到3万个，年接纳学生109万人；素质教育基地6514个，校均24个。为提高实践教学学分比例，2014年新建本科院校各专业实践教学学分占总学分的比例达到27.49%，较2010年提高了近11个百分点。强调毕业论文真题真做。新建本科院校毕业论文(设计)在社会实践中完成(即真题真做)的比例，2014年达到76.20%，较2010年提高了约9个百分点。校均本科生课外科技、文化活动项目数从2011年的校均55.43个增长到2014年的215.83个，增长比例达到289.37%，翻了两番多。

5.1.2 地方高校教学中存在的主要问题

2014年11月，习近平总书记在亚太经合组织(APEC)工商领导人峰会的主旨演讲中明确提及中国经济“新常态”的三个特点：“一是从高速增长转为中高速增长。二是经济结构不断优化升级，第三产业消费需求逐步成为主体，城乡区域差距逐步缩小，居民收入占比上升，发展成果惠及更广大民众。三是从要素驱动、投资驱动转向创新驱动。”在新常态背景下，地方政府对地方高校的利益诉求即表现在“使地方高校培养产业转型升级急需人才，融入地方经济社会发展，提高高等教育对产业发展的支撑能力(发展支撑)”，同时也“解决本地区大学生就业难问题(就业)”等。虽然地方高校在快速发展过程中一直注重教学改革，教育质量也在不断提升，但“目前行业企业部门对地方高校人才培养质量总体满意度不高”。面对中国经济社会发展新常态对创新创业人才的多元需求，地方高校需要明确教学中存在的主要问题。

(一)教学强调基础性学力，对发展性学力重视不够

教学本是人类有目的的行为，近年来，同际教育界普遍抛弃注重文凭“学历”的陋习，转向注重真正的“学力”(academic achievement)。学力是指通过学习而获得的能力。现代学力观认为，综合学力包括基础性学力和发展性学力两个方面。基础性学力是以基础知识和技能为中心的显性学力，表现为知识与技能的记忆、再现。发展性学力则是以问题解决与创造性相结合的、有个性思考力为轴心的隐性学力。不可否认，在以智力为核心的知识经济时代，基础性学力是学生自主发展的前提，然而在此基础上的探究与创新能力，则对个体的自主发展意义更大，所以发展性学力愈益受到高等教育教学改革的重

视。“人们对付当今世界性问题和挑战的能力,归根到底取决于人们能够激发和调动创造力的潜力。”地方高校教学强调以专业知识和专业技能为主的基础性学力培养,对发展性学力重视不够,主要表现为两个方面:一是忽略问题的积极引领。问题不仅是有效学习的开始,也是引领课堂教学深入展开的不可或缺的关键要素。“学生是否常问,是否爱问、是否会问,极大地影响他们的学习效果;而教师的教学对此负直接的责任。教师常教问,是否爱教问,是否善教问,又极大地影响学生的问题意识、问题习惯、问题技巧。”问题引领教学的方向与空间,在一个又一个的问题的思考与解答中,教学才是鲜活的,更重要的是,他们将因此而能更有效地学会思考、学会批判、学会创新。地方高校一些教师常常过多地因循于文本而忽略问题的引领,难以提高学习者发现、吸收新信息和提出新问题的能力,由此导致学生因循于常规思维且容易形成路径依赖,这样使得部分学生自然而然地倾向于将学习锁定在一个已知的状态而徘徊不前,难以在新情境中理出思维方向并灵活解决问题。二是没有积极追逐前沿。虽然大多数地方高校学生毕业后并不从事专职研究工作,但科学的创造精神、求实精神、革新精神、自由精神和审美精神,以及利用科学造福人类的精神,却是每一个高级专门人才应当具备的品质。因此即使是地方高校课堂的基础知识教学,也应站在学科发展的前沿反观基础、改造基础、重建基础,这就要求教学要积极追逐前沿动态。由于地方高校学生毕业后大多数直接进入社会各领域就业,因此教学就有必要引导学生把学习人类已知知识和探索人类未知知识结合起来,教学要接触最新的科学成果,问津人类共同关注的科学难题,把认识世界和改造世界统一起来。目前,地方高校教学在前沿性教与学的问题上,大多数不是能不能的问题,而是敢不敢的问题,即师生在追逐学科前沿问题上的心理障碍比科学上的障碍更难跨越,表现为不善追寻“事实”、反思“现状”、质疑“真理”、挑战“权威”,而是承认“事实”、赞美“现状”、接受“真理”、维护“权威”。这极大地影响着学生的批判意欲和创构激情,有时甚至会导致学生陷入自我阻抑、自我剥夺的状态,极大地影响学生创新能力的培养。

(二)教学注重学科体系完整,理论与实践疏离

目前我同地方高校的课程沿袭一种学科中心的设计模式,教学内容主要是依靠学科来支持,以学科知识的内在逻辑系统组织。囿于这种学科中心倾向,地方高校教学传授的专业知识较为系统,忽略了知识的综合与应用,存在理论与实践疏离的倾向,具体表现为两个方面:一是教学内容缺乏动态整合。20世纪之后,人类社会剧烈变动,各领域面临的问题日益复杂,单一学科已难以解决与应付,学术界开始重新思考学科的界限问题.并积极进行跨学科的统整.知识的综合化趋势明显。地方高校受“课程即学科”的课程观的影响,课程设置与教学内容的组织片面强调“学科体系”的完整性与系统性,课堂教学呈现给学生的是一整套线性结构的学科知识体系。特别是随着地方高校专业的设置越来越多,课程的知识范围也就越来越窄,课堂教学在割裂知识的同时,还割裂了知识与个人、社会之间的内在联系,从而影响了学生认识世界的整体水平。美国著名的高等教育实践家和理论家赫钦斯(R.M.Hutchins)指出:“如果没有通才教育.我们就不能办好一所大学。如果学生和教授(特别是教授)缺乏共同的理智训练,一所大学必定仍旧是一系列不相关联的学院和系科。”目前我国地方高校虽然不断加强课程的融合与选课，然而学科之间的藩篱已经建立得太稳同，打破它需要勇气和时间。地方高校主要是培养大量的应用型高级复合人才，这些人才将要走向不同的工作岗位，因此他们不仅要学到高深的专业知识，还要具备对人类、民族命运的责任意识和健康和谐的个性品质，他们的职业道德感、团结协作能力、勇于创新意识、人文视野等都是非常重要的，缺乏综合性的知识就难以担负起培养这些素质和能力的责任。二是教学内容陈旧且与实践疏离。知识的陈旧主要表现在两个方面：一方面是具体知识的陈旧；另一方面是知识范式的陈旧。后者指对知识进行整理、研究和发展所遵循的一整套思路、方法和规范等。由于地方高校课程内容的知识序列单一、知识口径偏窄，课堂教学内容注重学科理论知识的系统传授，热衷于传授结论性的或事实性的知识，而对程序性知识也就是那些引导学生如何去做的知识涉及甚少，以至于学生对不少知识处于“不知其所去”的状态，不了解知识在社会生产生活中的实际应用，理论脱离实践。特别是由于许多反映现实状况的新理论、新观点不能及时地呈现在课堂教学中，导致学生对新兴、交叉、边缘、横断等学科的知识不能合理、充分运用。这种状况直接导致了作为地方社会发展的“灯塔”的地方高校，一定程度上失去了对知识的前瞻性把握，因而削弱了其科学研究和社会服务的两大功能，同时，他们所拥有的理论的先进性远远低于国际同类水平，而且其综合实践能力和处理事务的能力较差，缺乏对社会发展动态敏锐的感知能力和适应能力。

(三)教学模式化运作，互动与开放不足

大学课堂教学是鲜活的，课堂教学重在由何开始、如何推进、如何转折等全程关联式实施，至于终点、何时戛然而止，并不是绝对的，重要的是水到渠成，不是硬性规定步子大小与全班齐步进行。目前，以学科理论知识为主的地方高校课堂教学多为“传递—接受”教学模式，教师以教材为中心，通常采用讲授灌输式的教学方式，以传授系统知识、培养基本技能为目标，师生之间的双向交流不多，具体表现为两个方面：一是忽视知识的个体意义生成。知识是“客观事物的属性与联系的反映，是客观事物在人脑中的主观映像”。心理学认为，知识客观意义的理解过程是一个开放的过程，它要求人能够自由地与知识进行互动，从中获得属于自己的意义；教可以看作为学生的学习提供机会的活动，它是一个有目的有意识的交互作用的活动过程。在教学中，知识不是一种客观的“事实存在”，不能作为“展品”直接展示，而是存在一个再生产过程。课堂教学一个重要的任务就是将公共知识(public knowledge)转化为个人知识(individual knowledge)。“教育学的知识立场不是一种知识的本体论立场，而是一种主体论立场；不是一种共识性立场，而是一种个性化立场；不是一种事实性立场，而是一种价值性立场；不是一种纯粹的科学立场，而是一种生命立场。”由于学生各自的认知结构不同，学习过程中的进展具有形成性(旧结构无法预测的新结构自发地、自我生成地形成)，所以教师在引导学生进行知识建构的过程中，必须关注知识的个体意义是否形成。二是教学过程交往与互动不足。教学归根到底是一种交往行为，课堂教学中师生最愉快的就是双方展开思想上的交锋和交流，在这个过程中学生学到很多，教师本身也获得了很多的东西，对自己的思维也有很多新的启

发。然而在现实的地方高校课堂中，这种情形却很难发生，当前的师生交往存在形式性、造作性、垄断性、独裁性等问题，这使得师生关系在某种程度上已经蜕变为一种教学所必需的条件和进行教学所必需的工具，并且这种关系“由于一方在年龄、知识和无上权威等方面的有利条件和另一方的低下与顺从的地位而变得根深蒂固了”。由于课堂模式化运作，课堂教学中师生双方难以积极互动，碰撞出创造的火花，涌现新的问题和答案。

(四)教学评价实效性低，缺少发展与比较视角

教学评价为教育评价的一种基本形式，具有促进学生发展和教师提高教学水平的双重功能。通过课堂教学评价信息的及时反馈，促使教师按照评价标准不断地自我评价和反省自己的教学活动，不断转变教育观念和教学行为，不断完善和提高专业素质和教学能力，形成个性化的教学风格。目前，地方高校课堂教学评价实效性低，没有起到评价促发展的作用，表现为两个方面：一是以统一性的评价为主，注重结果。一些地方高校对于不同性质的课堂教学都按一个标准、一把尺度进行测评，看似公平实则不然。地方高校普遍把课堂教学测评结果与行政性奖惩联系得太直接、太紧密，在这种评价环境和心理状态下教师很难从容深入地检查、反思和改进课堂教学工作。有的教师片面地认为如果严格要求学生，学生就会不客观、不公正、不真实地评价自己的教学工作，同时不相信学生能够判断教学质量的优劣高下，担心自己的利益受到某种损失而不能做到忠于职守，甚至出现极个别教师泄露考题给学生或者千方百计“取悦学生”的状况，背离了课堂教学评价的初衷。二是以静态的量化评价为主，忽略变化。科学的评价必须建立在充分可靠的事实基础上，目前许多地方高校对于课堂教学评价都围绕教学目标、教学内容、教学设计、教学过程、教学语言等基本的维度展开各种量化评价，缺少对教学任务的准备、实施、效果等作为动态过程评价。多数地方高校没有建立完善的课堂教学动态数据库，也没有充分利用日常的信息资源，课堂教学评价缺乏比较严谨的、系统的审核和验证程序，导致评价材料和数据的真实性和准确性影响了评价的可靠性和客观性。此外，地方高校也没有与国内同类高校和国外同类大学的课堂教学进行横向比较，致使其难以全面、客观地评价课堂教学存在的差距、发展趋势和发展潜力。

5.2　地方高校教学改革的基本思路

地方高校多属于教学型大学或教学研究型大学，其显著特征是以本专科教学为工作重心，同时承担一定的研究生教学，也承担一定的科研任务。就人才培养职能来看，大众化教育背景下地方高校主要培养应用型高级专门人才，注重学生以专业知识服务生产实践、推动行业发展的综合能力，其核心素质是创造性地运用专业知识与技能解决现实问题的能力。这种要求既不同于学科理论深厚的学术型人才，也不同于强调知识运用的技能型人才，而是要求学生具备在复杂的现实问题场域中灵活运用专业知识并进行创新的能力。

5.2.1 立足人才培养质量，明确教学的意义指向与价值规范

随着科技的发展和社会的进步，越来越多的事实表明，人才是促进社会不断向前发展的根本推动力。质量，是人才培养工程的核心，一直以来被称为“高等学校的生命线”。地方高校教学质量关乎人才的培养，关乎国家的未来。调查结果也显示，“用人单位对于新建本科院校的人才培养质量还有着更高的期待。他们希望学校的教育教学不仅要注重培养学生的实际业务能力，也要重视学生的理论水平；不仅要重视学生对专业知识的学习，更要重视学生综合素质的养成。希望学校能在拓宽学生的知识面，加强基本理论、基础知识的学习与训练，以及培养创新意识与开拓精神的同时，提高他们的应变能力、公关能力、交际能力、协调能力、口头表达能力、写作能力和服务意识等，使毕业生不仅有较强的专业知识和业务能力，同时也具备较高的综合素质，成为一个‘多面手’，能不断适应新环境和新形势的挑战”。

（一）教学关注与尊重生命的存在与价值

人类文明发展史充满了对“人是什么”这一问题的探究和询问。人总是立足于现实对未来社会和人生产生一种向往，并期望通过个人和社会对眼前状态的超越而达到所期望的目标。梁漱溟曾经指出，人生问题有三：人对自身生命的问题、人对人的问题和人对物的问题。正是这种对人生意义的不断追寻，现代社会的人们来到高校、来到大学，他们希望获得智慧的启迪，最终提升生命的意义。大学教学必须把生命的快乐、幸福、自尊、纯真和活泼作为其基本的要义加以关怀，必须以生命为逻辑起点。这是涉及教学是否“人道”的根本性问题。地方高校教学常常将知识作为课堂教学的起点，而忽视生命发自天性自然的那种主动权，没有谋求相对独立的问题意识，以激发与唤醒个体的潜能。特别是社会生活中的价值冲突和学生内心的价值冲突在其成长发展中的作用没有进入课堂教学的视野，教学自然成为一种外在化的装饰，这样的教学几乎演变为一种“授人谋生技艺的作坊”，关注学生未来的需要而唯独不关心他们现在的需要。这种教学依然未能跳出社会中心论的窠臼，而呈现出“目中无人”的价值取向。这种价值取向使得地方高校教学远离学生生活，学生参与教学的主体性较低，在教学中就难以体会到一种乐趣，其学习行为的产生大多数都是迫于压力和无奈。对于学生来讲，大学阶段是他们一生中可塑性最强、最有发展潜能的黄金时期，如果教学使得他们的兴趣和特长得不到满足，使他们远离了“生活世界”，就不利于其健全人格的培养。

（二）教学通过人与知识的相遇阐发无限意义

在教学中，人与知识相遇后便形成了意义，这是一个与“人的命运和幸福相关”的问题。“教学的过程不是合理技术的应用过程，就教师而言，是在复杂的语境中展开的实践性问题的解决过程，是要求高层次的思考、判断、选择的决策过程。”所以，以知识为载体，以思想的交流、意义的生成作为课堂教学的基本追求，明确生命的存在，知识问题从来就不是纯粹的认知，而是事实与价值的复合体。这样，学生才能理解、把握、解决知识问题，

知识才能发挥对人的生成的价值和意义。教学必须通过人与知识的相遇使心灵舒展,彰显解释学意义上的召唤性,从而建构出一个意味世界。课堂教学鼓励研究学问、探索创新,不能消极地顺应或适应环境和变化,更不能满足于对前人已有知识的继承和理解,而是需要不停地探索、发现、创造知识的意义,感知现象、思考问题、理解意义。

(三)教学追求文化人格的共生与化育

教学是师生直接参与、直接体验的,它与师生的内在精神、人格、情感、态度和价值观发生直接的关联,因此教学是师生的一段共同生活,是他们一段共同的生命历程,直接影响着他们的生活信念和人生取向。如今人类面临着种种困境,在置身于开放的世界体系中的中国社会里,以历史形态依次更替的不同文明时代的价值观念共时性地存在着,并表现出价值观念上的巨大冲突。有争议的价值问题必须南学生在课堂上处理,通过教学令学生正确认识价值冲突的社会意义,科学地对待社会中客观存在的价值冲突,为此教师应在教学中进行有效的价值引导。蔡元培先生曾说"教育是帮助被教育的人,给他能发展自己的能力,完成他的人格,于人类文化上能尽一份子的责任"(《教育独立议》)。文化人格是通过主体的文化生存活动在与周围环境相互作用过程中形成的价值取向、性格结构、思维方式等。文化人格通过现实的个体得以承传,个体通过对特定文化品格的认同,而成为具有特定文化人格的主体。文化人格着眼于人之本体,它强调人的精神与责任,是人的行为的内在依据。"一切文化,最后都沉淀为人格。"地方高校教学要让学生在掌握优秀文化的同时,获得智慧的启迪、心灵的润泽、精神的熏陶和人性的升华,感受到一己自立之责任、家庭生计之责任、国家存亡之责任、民族复兴之责任、为天下人之安危担当之责任。从某种意义上讲,只有在丰富的教学中形成健康的文化人格,才能显示高等教育最本质的力量。

5.2.2 合理优化课程结构体系,教学内容向丰富性开放

"课程"指"教育内容的系统组织"(英国教育家斯宾塞在1859年《什么知识最有价值?》一文中提出),是教学活动的载体和主要依托。美国课程论专家古德莱德(J.I.Goodlad)把课程区分为五个层次:观念层次的课程、社会层次的课程、学校层次的课程、教学层次的课程、体验层次的课程。目前我国高等教育课程体系模式落点于四对课程要素之间的比例关系:一是"实质构成"即基础与专业课程,理论与实践课程;二是"形式构成",即必修与选修课程,课内与课外课程(另一说法是显性与隐性课程)。由于地方高校课程体系比较强调专业化、系统化,强调学科自身的知识体系,注重学科纵向联系,是一种学科知识型、理论深化型的课程体系,其教学时数较多,课程与学分量也比较大。如此一来,同一院校内部的系科之间,校与校之间,乃至国与国之间的横向联系便被忽略。传统的以学科为中心的地方高校课程是一个个封闭的理论体系,各学科之间彼此独立,互相分离。2015年在《关于引导部分地方普通本科高校向应用型转变的指导意见》中明确提出"以社会经济发展和产业技术进步驱动课程改革,整合相关的专业基础课、主干课、核心课、专业技能应用和实验实践课,更加专注培养学习者的技术技能和创新创业能力。"目

前地方高校亟待合理优化课程结构体系，以便使得教学内容更具综合性与丰富性。

（一）加强课程“模块化”再造，加大实践课程比重

西方许多发达国家的高校课程建设都非常重视课程设置的基础性、综合性、学生自主性等。我国高校课程以多门课程组合的形式进行建设，至今已有20余年的历史。1990年，北京理工大学基于“在课程建设中应当以教学计划的整体优化为目标”，从满足未来社会发展需求的高度，努力反映当前学科发展的交叉、渗透与综合的特征目标为出发点，通过摒弃过细、过专、过旧的内容，重新整合教学内容，先后建立了政治理论课、制图与机械设计等多个基础“课群”（课程群的早期称谓，是以现代教育思想为指导，对教学计划中具有相互影响、互动、有序、相互间可构成完整的教学内容体系的相关课程进行重新规划、设计、构建的整合性课程的有机集成）。之后，一些高校陆续开展了虽名称相同或相似但差异较大的课程群的实践。如南通大学和宁波大学先后开展了“平台模块”的课程体系建设，其实质就是根据学科需要和社会需求变化等因素，科学、严谨地对所有课程进行关联分类与整合，建立通用功能的课程平台和特定功能的课程模块，从而拓宽学科专业口径，实现特色人才培养。2012年9月，教育部颁布了新修订的《普通高等学校本科专业目录》，新专业目录分设哲学、经济学、法学、教育学、文学、历史学、理学、工学、农学、医学、管理学、艺术学12个学科门类，此为一级学科。专业类92个，即二级学科。506种专业，是为三级学科。这些专业体现在高校课程上分为纵向和横向两个维度，从纵向上可分为通识教育课程、学科基础课程、专业基础课程、专业课程，从横向上可分为必修课程和选修课程。为了提升地方高校的人才培养质量水平，需要充分考虑各种知识形态之间的内在逻辑联系，发展旨在展示多元文化的普通教育核心课程群，同时建构开放的探究性专门化课程群。学科基础选修课进行模块化再造。构建“精英人才”“通用人才”和“创新创业”三个课程模块，在专业课程学习中，融入职业资格证考试相关知识，将专业教育与职业资格教育有机融合。约瑟夫・施瓦布（Joseph Schwab）强调课程应具有实践性价值，主张课程建立一个追求实践的模式，走“实践一准实践一择宜之路”。地方高校转型时期的课程“模块化”必须克服以往课程体系的弱点.按照“强化基础、提高能力、综合培养”的思路，面对地方社会多元化的需求，应本着“夯实基础、注重综合、加强实践、鼓励创新”的原则，在基础课程、主干课程和素质通识课程的建设具有一定稳定性的基础上，合理地吸纳跨学科相关知识，增加利于培养学生实践能力、应用能力与创新能力的实践课程比重，以满足“理论结合实践、教学结合科研、课内结合课外、校内结合校外”等多个维度的要求。

（二）建设创新创业教育专门课程群与平台

为满足创新创业人才培养需求，地方高校在本科生培养中，专门开设研究方法论、学科前沿、创业基础、就业创业指导等方面的课程，组织编写创新创业教育重点教材，强化他们对创新过程的理解。通过调整课程设置模式，根据各学科专业特点，提高实践教学学分，探索“课堂学习＋创新创业训练”相结合的“2＋1”或“1.5＋0.5”的学习模式，即3学

分(或 2 学分)的课程可以分为 2 学分(1.5 学分)的课堂学习和 1 学分(0.5 学分)的课外实验、实践活动,将学生参与课题研究、项目实验、校外实践等活动认定为课堂学习的一部分,促进专业教育与创新创业教育有机融合。同时,地方高校继续推动由大学生创新创业科研训练平台、校园创新创业实践训练平台和校外创新创业训练平台构成的大学生创新创业训练计划。不断整合资源,开发"创新创业＋"系列讲座。

(三)建立课程更新机制,注重教学内容的开放性

课程内容是指各门学科中特定的事实、观点、原理和问题,以及处理方式。大部分地方高校课程内容,尤其是专业课内容几十年基本没有什么太大的变动,教材更新不够,未能较及时、较充分地反映专业相关的新思想、新方法、新技术、新成果、新动向等,课程内容滞后于科学技术的进步和社会的发展。学生到工作岗位后感受到所学知识较陈旧,未能较及时地跟上技术的进步和发展。随着现代科学技术的快速发展,知识更新速度加快,地方高校要建立课程更新机制,将学科发展的最新动态和发展趋势引入课堂,激发学生了解、认识、探讨学科发展的趋向,培养学生的创新精神,以适应社会的变化和经济发展需要。同时,在我国地方高校国际化进程中,为培养一批能够适应区域经济社会发展需要,能在国内外各类企业、工商行政部门及其他社会机构从事管理、教学和研究等工作的,具有国际视野、全球意识以及适应国际化能力的,了解中西文化传统,具有处理相关领域事务和能力的应用型专门人才,要求地方高校在做好本土化教育的同时,放眼全球,运用国际先进知识、技能及相应教育资源,培养在全球化市场上具有竞争优势的地方应用型人才。这是我国地方高校顺应时代发展和增强自身竞争力的客观要求。近几年随着我国高校课程改革的推进,虽然高校的课程设置中增加了许多诸如国际政治、经济、文化等内容,开设了介绍外国历史、地理、风俗等方面的课程,但缺乏与国际、国内学校课程之间的广泛交流与互相合作。

(四)利用现代教育技术,搭建课程资源共享平台

近年来,风靡全球的大规模开放在线课程(Massive Open Online Courses,MOOCs,以下简称慕课)给世界高等教育领域带来了前所未有的冲击和影响,促使高等教育机构在一夜之间解禁了它们的知识储备库,改变了高等教育资源数十年甚至上百年以来被特定机构垄断的局面,使得这些宝贵的资源得以在全球范同内被平等分享。对于这一态势,我国政府给予高度重视,2015 年 4 月,教育部发布《关于加强高等学校在线开放课程建设应用与管理的意见》,文件明确指出高校应切实承担在线开放课程建设应用与管理的主体责任,将建设和使用在线开放课程作为推进教育教学改革的重要举措。大规模开放在线课程给地方高校课程建设带来了前所未有的挑战与机遇。地方高校在课程建设过程中,应充分利用信息网络技术,根据不同类型、不同层次的院校特点,根据受众的认知能力、实际需求,分层分类推出各具特色、各具水平的在线开放课程。在我们对"中国大学 MOOCs"平台开课情况的一项调查中显示,截止到 2016 年 4 月 25 日,共计开出课程 1161 门,其中大部分是"985"工程、"211"工程等重点高校推出的课程,地方本科院校的课程仅为12门，所占比重约为1%。③地方高校在课程资源建设方面存在诸多的困境，一方面要“选择性引进”，即地方本科院校根据学校发展的需求，针对需求量大、涉及面广的通识类课程、基础类课程以及学校开不出来而又必须要开出的课程，从正在运行的知名慕课平台中择优选用。对于学校已经开出，但专业水平不够高、不太受本校学生欢迎的专业课程，可以选择与开设同类专业课程的名校名师合作，并以其开出的慕课为课程资源。同时也要“选择性输出”。另一方面，地方高校还要“选择性输出”课程，即地方本科院校根据地方经济和产业结构的特征、自身学校的类型、层次及行业特点，筛选有特色的、行业化明显的优质课程，按照慕课的要求和标准精心打造、应用与推广。最好是由校内有实力的课程教学团队负责慕课的研发工作，以满足地方应用型人才培养、行业领域内的专业技术人员及社会学习者的学习需求。

5.2.3 运用多样教学组织与方法，教学过程彰显活力

地方高校教学要注重教学方法的使用，要以学生为本，注重师生之间“双向互动”，从“传授知识”转变为“传授学习方法”，让学生逐渐养成自我学习与不断更新知识的习惯和能力。只有这样，学生才能学会学习，具备获取知识的能力，才能适应经济、科技、社会、文化快速化、多样化和信息化发展的需要。

(一)注重案例教学与专题讨论的结合

案例教学起源于美国哈佛大学商学院，最先运用于法学界和医学界，后被运用于管理学界，到20世纪70年代以后，案例教学法在教育学界得到运用。案例教学是一套系统的方法和手段，其目的在于分析和讨论教师在教学中所使用的案例，以帮助学生达到特定的教学目的。案例可以是一个教学片断、一节课，也可以是一个成功的教学活动或者具有教育意义的事件。案例教学是一种以学生为中心，对现实问题和某一特定事实进行交互式探索的过程，它改变了传统教学内容的空洞枯燥，有利于激发学生学习的主动性，同时还可以填补理论课程学习中与实践的联系。由于案例教学的特征在于它的真实性和时代性，所以教学案例必须从实际中来，是真实生动的。通过案例分析，可以训练学生观察资料、反思问题的能力。案例教学主要是通过实例的讨论和练习来提高学生临场解决实际问题的能力。课堂专题讨论是针对教学重点内容和难点内容开设的参与式教学环节，一般是在每节课授课时，老师以教学内容，尤其是以与教学内容密切相关的载体，提出问题，引导学生针对问题思考，通过分析和探索来学习，鼓励学生敢于质疑和独立思考，培养学生创新能力和实践技能的形成。课堂讨论可以活跃课堂气氛、拓宽视野，总结概括，获得经验，激发学生的创造性思维，促进其自主学习和研究性学习。

(二)注重个性化学习与翻转课堂的结合

在信息技术高速发展的时代里，传统的教学模式不能满足现今社会对人才发展的需求。1991年，哈佛大学的物理教授埃里克·马祖尔创立的同伴教学(peer instruction)，被认为是最早开始翻转课堂的实验。他在教授哈佛大学基础物理学时发现学生对于基

本概念带有错误性的理解，而且只是通过记忆运算法则来解题，并没有弄清楚基本概念。他认为，教育目标应该是建构一个学生能够自我学习的环境，于是他改变传统的教学模式，在课前把知识的传递放在课外，课堂上通过说服同伴讨论系统帮助学生真正掌握基本概念。1996年，在美国教授“经济学入门”的莫林·拉赫、格伦·普拉特开始实施翻转课堂实验，并于2000年发表论文《颠倒的课堂：建立一个包容性学习环境的途径》，首次提出翻转课堂（或者颠倒课堂）的概念。他们实施翻转课堂的做法是将教材上的具体章节做成不同主题的教学视频、PowerPoint文件等学习材料，供学生课前阅读以完成知识的学习，课堂上学生针对相关的材料展开讨论。如果学生有关于课前学习材料的疑点处，教师在上课开始时给予学生针对性的讲解。学生的提问环节一般是一个大约10分钟的小型讨论课。若学生没有问题，教师则不再讲解。但是学生被告知：如果学生没有在材料中发现足够的问题，则明确地说明学生并没有理解教师分发给学生的学习材料。2011年，美国的林地公园高中化学教师乔纳森·伯尔曼和亚伦·萨姆斯在多年实施翻转课堂基础上出版的专著《翻转你的课堂：时刻惠及课堂上的每一位学生》，受到了国际教育技术协会和美国督导与课程开发协会的强力推荐。2015年在《关于引导部分地方普通本科高校向应用型转变的指导意见》中明确提出“将现代信息技术全面融入教学改革”。翻转课堂是一种混合了直接讲解与建构主义学习的教学模式。翻转课堂相比于传统课堂明显不同的地方在于教师通过使用网络工具和课程管理工具呈现教学内容并以家庭作业的形式分发给学生，课堂上的时间则被用来进行深入到学生的主动学习活动中。翻转有两层含义，首先翻转意味着教师成为引导者而不是知识的施予者，学生成为主动的学习者而不是信息的装载容器。其次，翻转意味着翻转了教学过程并用技术改变直接讲授的时间，让直接讲授的内容在适时的地方呈现。“翻转教学与其他教学实践的不同之处在于，在翻转教学中技术本身只是一种提供给教师的针对不同学生个体需要进行灵活沟通的工具，而且这种工具使得课堂上的时间更多地用于集中合作讨论，发展高级思维。”翻转课堂只是通过优化和改变教学内容呈现的方式与地点来帮助学生达成学习目标。教师活动部分由概念探索和实验性参与组成，学生活动部分由意义建构和展示与应用组成。在某些情况下，直接讲授对教师来讲仍然是一种有价值的方式。在翻转课堂教学模式下，课堂被用来实现学生个性化的学习，在课堂上学生通过个性化的项目展现自己学习的成果，在此过程中学生最重要的收获就是可以实现对知识的深度理解，完成知识的建构。

5.2.4　倡导过程与结果并重。以评价促发展

教学评价是依据一定的教学目标对教学效果做出价值判断的过程。通过教学评价反馈的信息，我们可以调控教学活动、激励学生的学习和教师的教学，帮助教师改进自己的教学。为提高教学质量，教学评价不仅要关注课堂教学结果，也要重视教师从准备到实施的过程中的连续性与个体差异性，突出人本化，以评价促进发展。

(一)从定量评价过渡到定性评价

教学作为一种复杂的智力劳动,在本质上是难以量化评价的。目前,地方高校的教学多用一级指标、二级指标等进行量化评价,进行课堂教学评价,这些看似科学的做法实质上是违背科学的。为了充分尊重课堂教学的特殊性,学校管理部门宜给出一个指导性的意见,各学科进行粗线条设计,大致给出一个评价框架,具体的评价方案和评价指标可由教师与学生协商后,再与同类课程的教师群体共同制定。而且,发展性评价不是以教师最后得分和分类排队为基准和目的,而是以提高教学效果为目的,所以要改变以定量评价为主的做法,过渡到以定性评价为主。评价的结果不是一些分数和等级,而是一些质性的、探讨性的、鼓励性的意见和建议。

(二)从单一主体到评价主体多元化

为保证地方高校教学评价的公正、全面、准确,促进教学质量的提升,当前地方高校应着力改变过去评价主体较为单一的现象,广泛采用为学生自评、教师自评、用人单位评价等相结合的多元化评价模式。同时,还要积极引入第三方评价机构,逐步建立第三方教学质量评价机制,不断提高教学评价的科学性、针对性和实效性。地方高校教学评价主体的多元化,有利于促进教学评价由封闭走向开放、充满活力。同时,特别要使教师对自己的教学有充分的发言权,教师可以把自认为最得意的教学成果集中起来,展现出来,还可以通过搜集、筛选和整理资料,看到自己发展和变化的连续过程,从而树立自信心。这样做能够有利于教师把教学和评价有机地融为一体,有利于教师及时、准确地获得学生学习和发展的信息,从而提出或调整教学预期,改进教学策略。

5.3 加强地方高校实践性教学改革

地方高校立足区域发展,其培养目标定位是“围绕区域经济社会发展的需求,为地方经济建设与社会发展需求培养大批下得去、留得住、用得上的高层次应用型人才”。地方高校在转型发展过程中,必须把教学的着力点放在实践性教学这一重要环节上,注重使学生具备一定的解决生产、解决社会实际问题的技能。

5.3.1 实践性教学的含义及形式

“实践”一词在古希腊文献中意指最广义的一般的有生命的东西的行为方式。亚里士多德把实践划入哲学范畴,认为实践是人在生命活动中“进行选择”的活动,也即“有关人生意义和价值”的活动。康德继承了亚里士多德的观念,认为实践就是“人的意志对于对象起作用的行动”,并强调实践表征了人类存在的本质。而黑格尔的实践概念超越了亚里士多德的传统,认为实践是一种“合目的性的活动”,是“目的通过手段的活动之对外在客体的关系”。他明确提出实践是认识的一个重要环节,是通向客观真理的必由之路,认为真理是理论和实践的统一。马克思认为实践活动是实现人全面发展的根本途径,实践作为人特有的存在方式，构成了人的实在生成的基础，构成了人的认识的基础。“人的实践不是与理论活动相对立的实践活动，它是人作为构造实在的过程的存在的决定因素。”

19 世纪后半叶，席卷世界的科学革命使人们从对真理的盲目崇拜中清醒过来，哲学家们开始挣脱传统思想的束缚，“不再把真理看成是绝对的东西，转而强调知识可以通过实践获得，并开始重视事物发展的‘实用的’‘有实效的’结果”。杜威强调实践对理论学习的重要性，他认为“人是从经验和实际工作中学习的”，强调“做中学”。1903 年，美国俄亥俄州辛辛那提大学教授赫尔曼·施奈德首次提出“合作教育”的概念，他认为某些专业领域的知识不可能在教室里学会，只有在工作中才能真正学到，主张学校与企业合作，用“工学交替”的方式培养工程技术人才。“合作教育”的本意旨在强调实践对理论学习的重要性，这种“校企合作”下的教育活动实质上是“实践性教学”的一种形式。20 世纪下半叶以来，一些发达国家比较成功的职业教育课程教学模式在全球得到推广，这些教学模式均十分重视学生实践能力的培养。

实践性教学主要是以教学实验、社会实践的形式让学生体验理论与实践相结合的教学过程，是实现实践创新能力的有效途径。地方高校在转型发展中，明确要“建立以提高实践能力为引领的人才培养流程，率先应用‘卓越计划’的改革成果，建立产教融合、协同育人的人才培养模式，实现专业链与产业链、课程内容与职业标准、教学过程与生产过程的对接。加强实验、实训、实习环节，实训实习的课时占专业教学总课时的比例达到 30％以上，建立实训、实习质量保障机制”。实践性教学是大学生实践能力和创新能力培养不可或缺的重要环节，实践性教学体系一般由课程实验、专业实践和社会实践三种形式构成。

(一)课程实验

这是围绕具体课程设立的系列实验项目，通常是在教师的具体指导下进行。根据实验的具体内容，一般将其分为三个层次，即验证性实验、研究性实验和创新性实验。这三个层次在某种意义上可以对应于模仿练习、命题作业和自南创作三个模块，只是对应不同专业，哪种表达更恰当的问题。

(二)专业实践

专业实践是指利用相对集中的时间来进行实践性教学活动。设置这一实践性教学环节是为了能让学生相对系统地综合应用已经掌握的理论知识，并在实践过程中进一步加深对理论的理解与掌握，同时形成较为独立的处理专业实际问题的能力。专业实践既可在校内完成，也可在校外社会工作岗位或实践基地中完成。

(三)社会实践

社会实践是一种常见的实践性教学形式，它是指学生根据专业及课程教学要求，进入社会生产和生活中直接去体验和感受的实际活动。如社会调查、义务劳动和社会兼职劳动、见习或实习以及参加志愿者活动等。设置社会实践的主要目的在于培养学生的非操作性技能。许多时候，这一实践活动可能与学生的专业并无直接联系，然而，这并不代表这一活动对学生的专业学习毫无作用，因为学生丰富的社会经历往往能增强其对知识的理解和运用。

5.3.2 实践性教学对应用型人才培养的重要性

实践性教学在地方高校教育中发挥着不可替代的作用，是地方高校实现人才培养目标的重要途径。通过加强实践性教学，引导学生的体验、探究、操作、交往等活动，促进学生的知识学习、能力发展、自我认识的提升，对于培养应用型、复合型、创新型人才有着重要的意义。

(一)实践性教学有助于学以致用，提升专业技能水平

实践性教学是从培养学生合理的智能结构出发，按照学生素质与能力形成的一般规律，通过“知识的掌握与深化—基本实践能力的形成—创新精神的培养”三个阶段来逐步实现由理论到实践的过渡，促进其知识、能力与素质的协调发展。实践性教学内容常常以工作任务的形式呈现出来，需要学生在学习过程中综合运用自身的理论知识和实践技能才能完成。这样，一方面可以使学生提前接触到与自己专业生产领域相关的真实案例，另一方面使学生可以用自己所学到的理论知识分析和解决工作中的实际问题，在学以致用的同时，提升专业技能水平。

(二)实践性教学有助于主动学习，提高综合创新能力

实践具有丰富的意义向度，在实践性教学中学生能够在认知性实践、关系性实践和伦理性实践中找到自己、认知自己、发现自己并反思自己，形成自我感和意义感。特别是社会实践让学生走出校门，在面对一些新的问题时需自己拿主意想办法、以自己的方式去解决问题，在这一过程中学生有一个可充分发挥自主性的空间，有利于其萌发和产生新的观点。可见，实践性教学不仅仅体现在个体通过实践认识外部世界，更表现于个体对自我世界的认识与改造，以及对意义的追寻与创造，学生在实践过程中体验、感悟，形成问题意识，能激发学生的创新意识。

(三)实践性教学有助于加强职业认知，初步形成职业品质

现代社会分工越来越细，工作内容也在不断变化，职业本身的结构形式也在不断调整，作为行业从业人员应该具备适应变化，调整自己的能力。通过实践性教学，学生可以对自身职业目标和专业发展有更加清晰的认识，对自己的职业生涯做出规划，提前了解行业特点以及自己的优势和不足，取长补短，找准职业目标。此外，学生在一个真实或模拟的社会岗位环境中，能够更加真实地感受到职业生活中的各种关系，可以强化学生的职业意识和职业认同感，激发他们作为一个职业人所应该有的责任感、规则意识以及人际交往技巧等职业品质。

5.3.3 地方高校加强实践性教学改革的基本思路

长期以来，地方高校课堂教学注重学生认知发展，强调学生对知识的记忆与理解，忽视学生在学习过程中的体验、探究、操作、交往、运用。实践性教学主要是通过实践活动，将所学到的理论知识转化为实际应用操作和解决问题的能力。在实践性教学中，“实践”不仅仅是指“动手做”“操作”“干”，而是指有着理性参与和价值关怀的实践，通过引导学生在实践体验的基础上令其对客观世界、自我世界进行理性反思，形成“物我”关系、“我你”关系和自我关系，丰富经验，改造经验，并通过反思觉醒自我，提升自我。实践性教学的发展价值是多维的，不仅仅表现为提升学生的实践能力，更重要的是，学生通过实践性教学既改造了外部世界，也改造了自身内部世界，并不断地扬弃外部世界和主观世界的自在性，实现对客观世界和自身的超越，所以实践性教学具有主体性、反思性、综合性、现场性、开放性等特征，正是这些特征使得其在人才培养过程中发挥着不可替代的作用。

(一)优化设计，明确实践性教学目标

2015年，《关于引导部分地方普通本科高校向应用型转变的指导意见》明确提出：“把企业技术革新项目作为人才培养的重要载体，把行业企业的一线需要作为毕业设计选题来源，全面推行案例教学、项目教学。将现代信息技术全面融入教学改革，推动信息化教学、虚拟现实技术、数字仿真实验、在线知识支持、在线教学监测等广泛应用，通过校校合作、校企合作联合开发在线开放课程。”教学目标是教学工作的出发点和落脚点，选择什么样的教学目标决定着选择什么样的教学内容和教学组织形式，也决定着教学的方向和结果。实践性教学如何做到人尽其力，物尽其才，使培养的人才满足企业的需求，是一个非常值得关注的问题。地方高校实践性教学的教学目标应该与职业岗位对人才的培养要求一致，既要有现实的针对性，又要有未来的适应性。随着经济结构和产业结构的调整，劳动力市场对人才的需求已呈现多元化的趋势，在传统劳动分工中，单一工种逐渐向复合工种过渡，岗位和职业的综合性越来越强。企业对员工的要求一改往日只看重学历和文凭的状况，更加关注员工的学习能力，创新能力，可持续发展能力等个人综合职业能力。地方高校首先应该适应时代需要，明确综合职业能力培养的目标，为实践性教学的课程设置和教学方法的选取提供依据。同时，地方高校在实践性教学的目标制定过程中应密切与行业企业进行联系，邀请企业专业技术人员、行业专家真正参与进来，与专业课教师合作制定实践性教学目标。地方高校实践性教学还应及时把握人才市场的需求动态，明确培养目标，其实践性教学目标的设定必须以学生未来所从事的职业岗位所要求的技术技能、基础理论知识和个性能力为基础，同时，地方本科院校应进行职业调查和岗位分析，得出不同岗位对人才规格的不同要求，制定分层分类的实践性教学目标。

(二)科学整合，形成实践性教学内容

知识经济时代，科学技术迅猛发展，生产工艺不断更新，地方高校的实践性教学要想跟上时代发展的步伐，既能反映生产的发展、技术和工艺的更新，又要有较强的岗位针对性和实用性，实践性教学的内容就必须体现知识的综合性和实践性特征。实践性教学内容是在实践性教学大纲引领下展开的。实践性教学大纲一般对各实践性教学环节的目的要求、内容、时间安排、教学形式和手段、教学所需设施条件、考核办法等做出明确规

定。实验教学大纲一般要考虑各课程实验内容的优化配合，避免重复或脱节。目前，实践性教学并非从工作内容中简单抽取一部分技能和知识，而是经过认真选择，科学整合后形成的综合性工作任务，它需要学生在学习过程中综合运用自身的理论知识和实践技能才能完成。因此，实践性教学内容必须由课程专家、企业专家技术人员以及一线教师共同合作，从企业的实际生产中精选，然后科学整合而来，其呈现方式可以不再是由事实性知识到程序性知识的顺序，而是考虑到学生的参与性和体验性，以程序性知识为背景，把事实性知识置于其中来呈现，培养学生的实践操作能力和创新能力。

（三）资源共享，加强实验实训实习基地建设

实践性教学不是一蹴而就的。实践性教学条件是实践性教学最基本的物质保障，在实践性教学中起着非常重要的作用，是实践性教学最基本的物质保障。2015 年，《关于引导部分地方普通本科高校向应用型转变的指导意见》明确提出："加强实验实训实习基地建设。按照工学结合、知行合一的要求，根据生产、服务的真实技术和流程构建知识教育体系、技术技能训练体系和实验实训实习环境。按照所服务行业先进技术水平，采取企业投资或捐赠、政府购买、学校自筹、融资租赁等多种方式加快实验实训实习基地建设。引进企业科研、生产基地，建立校企一体、产学研一体的大型实验实训实习中心。统筹各类实践教学资源，构建功能集约、资源共享、开放充分、运作高效的专业类或跨专业类实验教学平台。"为了提升以应用为驱动的创新能力，实践性教学"积极融入以企业为主体的区域、行业技术创新体系，以解决生产生活的实际问题为导向，广泛开展科技服务和应用性创新活动，努力成为区域和行业的科技服务基地、技术创新基地。通过校企合作、校地合作等协同创新方式加强产业技术技能积累，促进先进技术转移、应用和创新。打通先进技术转移、应用、扩散路径，既与高水平大学和科研院所联动，又与中职、专科层次高职联动，广泛开展面向中小微企业的技术服务"。针对当前部分地方高校受到自身因素的种种限制，不能满足培育高层次应用创新型人才培养这一现实问题，必须依靠企业等社会力量建立实践教学基地，改善实践性教学条件。一方面，地方高校应不断加大资金投入，保障校内的实践性教学，如加强实验室建设等。另一方面，高校应加大与企业的全面合作，获得更多的支持。此外，对需使用大型装备的实践性教学，可以采用软件系统或者仿真系统进行教学，再让学生进行实物操作，这样既可以避免设备的损坏，又能有效地保护学生的人身安全。而且，采用软件进行实践性教学既可以拓宽学生的思路，又能较快地验证不同构想的正确性。

（四）有机融合，突出开展创新创业训练活动

为满足创新创业人才培养需求，地方高校在实践性教学中，要有机地融入创新创业知识及其训练。一方面要专门开设研究方法论、学科前沿、创业基础、就业创业指导等方面的课程，组织编写创新创业教育重点教材，强化他们对创新过程的理解；另一方面要根据各学科专业特点，提高实践教学学分，将学生参与的课题研究、项目实验、校外实践等活动认定为课堂学习的一部分，促进专业教育与创新创业教育有机融合。例如，宁波大

学专门开设“平台＋模块”的创业课程，平台主要指通识教育平台、学科大类平台及专业教育平台，平台课程设置主要包括KAB创业课程、中小企业管理学、创业心理学、市场营销学和企业法律法规等课程，模块课程包括创业实践课程、创业活动课程和创业环境课程。地方高校需要全面推动大学生创新创业训练计划，并有效开展各项创新创业活动。

（五）多样实施，促进实践性教学管理与评价

由于实践性教学是一种开放性质的教学，在教学内容、教学方式、培养目标的制定等各个方面都有行业、企业等社会力量的参与，所以实践性教学的管理是实践性教学展开的重要保障。为了保障实践性教学的有序展开，地方高校需要加强实践性教学的管理，成立各个专业的实践教学领导小组以及相应的行政管理机构负责校内的实践性教学工作，具体负责本专业实践教学计划的制订、组织实施、质量管理和评估等。地方高校还可与企业合作设立校外实践教学管理机构，负责学生企业实习教学的管理、教师的培训，以及到企业锻炼的工作。此外，实践性教学的管理需要处理大量的数据和信息，这就要求实践性教学的管理必须采用现代化的手段，要充分利用互联网等先进技术，以实现实践教学管理的科学化和有效性。实践教学考评在实践性教学体系中发挥了越来越重要的作用，它是实践性教学体系不可或缺的一环。实践性教学考评是根据实践性教学的特点设计的考察方式，如为了强化实践教学，实验、实习单独设课，单独评定成绩，还可以推广应用模块化操作技能命题技术、智能化专业理论考试技术、仿真平台模拟技能考试技术等行之有效的技能考评方法，确保实践性教学中的技能评价质量。

第6章　地方高校创业教育发展模式的探索:以三所大学为例

创业教育在我国经过十余年的发展,从参与高校的数量和层次上看,创业教育已成为高校教学的重要内容。然而,创业教育发展到现阶段,不少地方高校都遇到了发展的瓶颈。如何在未来的创业教育之路上实现进一步发展,还需要在实践中探索。从现实操作层面看,影响当前地方高校创业教育发展的瓶颈主要表现为以下三个方面。

在创业教育教学方面,一是引进国外课程多,本土化程度少。二是当前许多高校的创业教育教学工作是依托商学院展开的,而非自成教育体系。但是,传统的工商管理专业教育侧重于"守业",而创业教育重在培养受教育者的"创新能力和企业家精神",两者是有根本区别的。三是创业实践与专业发展衔接度不高。创业实践是理论教学的重要延伸,但现行的各类创业竞赛、参观走访企业、创业素质拓展等环节多呈现主题不明确、任务不清晰的问题,容易导致实践活动浮于表面,走马观花。

在师资建设方面,各高校都面临着巨大的需求缺口。因此,创业教育"因人设课"的现象普遍存在,不能根据创业人才培养的实际需要,设置与其相适应的新课程。另外,各高校创业教育师资结构不合理。美国高校的创业教育师资往往既拥有创业方面的学术背景,又拥有实际的创业经历,同时,学校还设立创业中心、捐赠席位,聘请企业家担任课程的兼职教师。而国内的高校创业教育师资中缺少双师型教师,在吸引校内外优秀教师加入教学团队的机制上也不够灵活。

在管理平台方面,多数高校创业教育的管理是依托于学校的某个学院、部门或多个学院、部门的合作,不利于形成一套行之有效的管理运行机制。比如,校内师资与校外师资的教学或辅导呈现"两张皮",相互协调互动不够;创业教育教学质量监控未能及时跟进等。

虽然我国地方高校创业教育的发展面临着以上诸多问题与挑战,但过去十多年来,仍然有部分地方高校结合社会历史传统、区域经济发展需求和人才培养目标的定位,持续性地实施创业教育并探索出了符合自身实际情况的创业教育模式。与其他地方高校相比,本章所选取的三所地方高校分别地处浙江、黑龙江、上海,这三所高校在创业教育的实施过程中,注重从全校发展战略的高度,从创业人才培养的角度设计创业教育的实施路径,在教学、课程、师资、管理等多个环节注重全校性创业教育体系的设计,由此而发展出了与其他高校截然不同的创业教育模式。

温州的区域文化中具有深厚的创业文化积淀,开展大学生创业教育,在温州大学具有先天的优势。学校自2001年起开展创业教育,并将其作为学校的办学特色。2004年开始,学校开设了36个学时的"大学生职业生涯设计导航",设立创业教育学分,进行创

业教育课程教学体系的改革。2008 年学校被教育部评为国家级创业教育类人才培养模式创新实验区。温州大学以独特地域文化为基础，在人才培养目标的定位上·强调创新精神、创业能力和社会责任感三者的有机统一，形成了创业教育与通识教育，专业教育的融合，让学生在校园文化中感受浓厚的创业氛围，根据创业教育的不同定位和目标·面向不同类型学生需求，分层进行创业培养的办学特色。

作为黑龙江省的一所重点综合性大学，黑龙江大学很早就提出了要在全校范围内实施以提升大学生创新能力、专业能力为主要内容的素质教育，在学分制和学院制的平台上逐步构建起了黑龙江大学素质教育和创新教育的运行体系，并且将培养具有创新精神和扎实专业基础的复合型人才作为学校的培养目标。早在 1998 年黑龙江大学就提出了要在全校范围内开展以提升大学生就业能力为主要目标的创业教育口号。2001 年入选教育部创业教育的九所试点院校之后，黑龙江大学的创业教育蓬勃发展，特别是形成了能够满足区域经济社会发展需求、具有独特地域特点和地域优势的创业教育理念。

归纳来看，黑龙江大学对创业教育的发展理念主要是以人才培养模式的改革作为动力，以入选教育部九所创业教育试点院校为机遇，将创业教育作为高校大学生素质教育和创新教育的深化和具体化。因此，黑龙江大学在创业教育发展方面，形成了“围绕一个中心，坚持两个基点”的发展思路，强调的是围绕以培养学生综合素质为中心，坚持创业教育的任务和对象是面向全体在校大学生，通过各种手段和措施培养出能够适应未来知识经济社会发展所需要的各类开创性的创业人才，同时在创业教育的开展过程中，坚持分类指导的原则，培养出引领未来经济社会发展的创业者或企业家。

作为上海市首批试点创业教育的改革院校之一，上海理工大学早在 2002 年就开始启动创业教育工作，成为上海市推进创业教育体系建设的两所试点高校之一。经过十多年的发展，上海理工大学依托学校在机械、航天与制造、电子电器工程、会计与金融、国际会展管理等专业领域的优势，秉持“创新为魂、实践为根、育人为本”的教育理念，重在培养学生的创新意识和创业能力，营造浓郁的校园创业文化，积极发展和利用校内外各类创业资源，形成了融知识创造与技术创新为一体的创新性创业教育体系。

6.1　温州大学：创业教育转型发展的改革与探索

温州的区域文化中具有深厚的创业文化积淀，开展大学生创业教育，在温州大学具有先天的优势。学校自 2001 年开始开展创业教育，并将其作为学校两个办学特色之一。2004 年开始，学校开设了 36 个学时的“大学生职业生涯设计导航”，设立创业教育学分，进行创业教育课程教学体系的改革。2008 年学校被教育部评为国家级创业教育类人才培养模式创新实验区。温州大学以独特地域文化为基础，在人才培养目标的定位上，强调创新精神、创业能力和社会责任感三者的有机统一，形成了创业教育与通识教育，专业教育的融合，让学生在校园文化中感受浓厚的创业氛围，根据创业教育的不同定位和目标，面向不同类型学生需求，分层进行创业培养的办学特色。

5.1.1 理念转型：以岗位创业为导向的创业教育新体系

从传统的理解和最直观的感觉来讲，人们一提到创业教育就必然会将其与如何“教会学生创办企业”联系在一起，而这也正是当下中国实施创业教育的绝大多数高校所秉持的理念。创业教育不仅被赋予了促进人的全面发展的功能，同时也被寄予了提升大学生的研究能力和勇于创新、乐于创业的人才培养使命。各个高校的创业教育指导理念几乎都是以培养“自主创业者”为主，即创业教育的目的、内容、形式等都在于鼓励大部分学生在掌握扎实的专业基础知识的同时，具备强烈的创业意愿和一定的创业能力。关于这一点，我们可以从许多高校所提出的培养“科技创业型人才”、“创新创业人才”、“工程类创业人才”等诸多口号中窥见一斑。那么高校创业教育的使命是否一定就是要培养各类“创业人才”呢？这恰恰是我国高校在推动创业教育工作时应当首先思考的问题。美籍经济学家熊彼特首次将创业与创新联系在一起，创业也被定义为资源的重新组合，包括开始一种新的生产性经营和以一种新方式维持生产性经营。毫无疑问，创业过程存在着巨大的不确定性和高风险性。即使是在创业文化繁荣、创业促进制度完善的美国，根据相关调查，高校中愿意创业的大学生人数也不会超过学生总数的20%，而创业平均成功率也不足10%，我国大学毕业生的创业成功率则仅为2%～3%。

在这样一种残酷的现实状态之下，我国高校创业教育的指导理念必须进行转型，创业教育的重心应该从培养具有强烈创业意愿和一定创业能力的自主创业者为主转向培养具有一定创业意识和创业精神。能够利用创新思维解决问题，具备了初步创业技能的岗位创业者。在这种理念指导下的创业教育，将更加接近我国经济社会发展和大学生创业的现状，也更能够充分发挥不同类型高校在开展创业教育中所拥有的独特优势。

构建科学合理的高校创业教育体系，对解决创业教育过程中存在的诸如创业教育的受益面过窄、创业教育与专业教育之间融合明显不足，创业教育师资专业化队伍建设滞后、创业教育管理平台不完善等问题有重要的意义，在实践中积极探索，形成了以培养岗位创业者为导向的创业教育新体系。

岗位创业是指在岗位工作的同时，利用自身专业技能知识以及所掌握的资源进行创新创业活动。以培养岗位创业者为导向的创业教育新体系的本质是将创业教育理念与内容融入人才培养全过程，提升全体在校生的创新意识、创业精神和创业能力；核心是培养区域经济社会发展需要的既懂专业又善创业管理的高素质复合型应用人才。在创业教育理论研究与实践探索过程中，温州大学开展了“点一线一面”逐层递进、“创业教育＋专业教育”的创业教育实践，从创业教育通识课程体系、创业人才培养模式构建，创业教育与专业教育融合，岗位创业实践基地建设、岗位创业运行机制、创业教育专业化师资建设等六个方面进行改革探索，注重顶层设计与整体推进的结合，成功地构建了以岗位创业为导向的人才培养新体系。

（一）创业教育通识课程体系

我们分别从公共选修课和公共必修课两个维度切入，构建创业教育通识课程体系，

实现了以全体在校生为受益面的大学生岗位创业意识的培养与提升。公共选修课以全校学生为对象增设创业教育模块,开设“创业学”、“企业管理”等创业类基础课程,开设“温州模式与温州企业家精神”、“中小企业创业实务”等具有温州区域特色的创业类课程和“商业音乐管理”、“动漫设计与大学生创业”等专业创业类课程,并要求所有学生在校期间必须修满2个创业教育学分,目前,该模块已经开设30多门相关创业课程。在公共必修课中融入创业教育元素。如思想政治理论课在本科人才培养方案中有16个学分,积极寻找思想政治理论课与创业教育在内容、方法上的契合点,在“毛泽东思想与中国特色社会主义概论”、“马克思主义基本原理概论”、“思想道德修养与法律基础”等课程的教学内容处理、教学方法设计、教学基地建设等方面与创业教育有效对接。

(二)创业班试点培养新模式

通过创业教育试点班的改革,在实践过程中逐步形成了以培养岗位创业能力为主的创业人才培养薪模式。创业教育改革试点班的定位非常明确,不是以培养自主创业者为目标的“尖子班”或“强化班”,而是为了全校范围内的基于专业的以岗位创业为导向的人才培养模式改革进行的试点。我们从五个方面进行改革,突出岗位创业能力的培养。课程体系分理论、实务、实践三大模块,实务、实践模块占总课时的65%以上;教学方法以实践主导型为主,课程设计上突出实践环节,鼓励学生在课堂中发挥创造性,要求学生组建创业团队模拟创业实践;师资队伍多元化,重企业一线精英,校内师资实行学院推荐、学生评教、学生选定三重遴选标准;考核形式重过程,以答辩形式的考查为主;建立创业教育评价体系,跟踪调研延伸到学生毕业后。同时,以岗位创业能力培养进程为主线,由“岗位创业认知、岗位创业训练、创业岗位实习”三个阶段构成的连续性创业实践教学形式贯穿始终。岗位创业认知以理论模块的课堂教学为主,岗位创业训练依托培养方案课程体系中的实务模块,以温州大学大学生创业园和8个二级学院创业中心的现有工作室(公司)以及面向在校大学生招租的生活区店铺为实践平台展开,与红蜻蜓、新湖、奥康等知名集团公司和温州经济技术开发区企业等共45家企业建立了合作办学关系,学生以总经理助理、销售主管助理、财务主管助理、人事管理助理等形式在相关企业进行为期两个月的岗位创业实习。

(三)搭建专业师资成长平台

专业教师对创业教育的支持并不是内源性的,在学校的支持下,通过创业教改研究、创业课程改革、创业实验区建设、教师奖励政策等项目形式,积极鼓励专业师资参与创业教育融入专业教育的改革,创设了一系列支持专业教师参与创业教育的激励机制。创业教育与专业教改项目相融合,助推创业教育教学改革,已累计立项建设专业类创业课程项目50余门,创业人才培养模式创新实验区8个。这些项目涉及15个学院,吸引了400多名专业教师的参与。出台了《温州大学关于深化创业教育,推进“创业教育融入专业教育”改革的实施意见》、《温州大学创业教育项目组织管理及配套资助奖励实施办法》等文件,明确了学校对创业专业师资成长的政策支持和制度保障。

温州大学是一所具有独特地域优势、办学理念和办学特色的地方高校。过去十年来，温州大学对于创业教育进行了卓有成效的探索，将创业教育的理念和内容贯穿到学校人才培养的总体战略中，逐步实现了创业教育在三个方向上的转型：从以提高学生就业率向提升就业层次和就业质量转型；从创业实践活动为主向创业教育与专业教育的深度融合为主；从培养自主创业者为主向培养岗位创业人才为主。

首先，随着创业教育的蓬勃开展，温州大学在总结过去经验的基础上，重新审视了创业教育的价值及其意义口创业教育是创新教育的一个组成部分，是促成人的创新能力从理论走向实践的重要推进器。与人的创新能力培养所强调的内容不同，高校创业教育更加重视学生“知行合一，以知促行”。创业教育的价值就在于唤醒每一个个体勇于接受挑战、把握机遇、在实践中检验所知与所学，用个体每一个微小的行动去推动社会的整体变革。从这个意义上来讲，创业教育的价值绝不仅限于是解决高校毕业生就业问题的权宜之计，它更应该是创新人才培养的主要方式口因此，高校创业教育不仅要强调学生就业辜的提升，更要以优化大学生的知识结构，培育大学生的创新创业能力，转变大学生的思维方式，提升大学生核心竞争力为主。

其次，高校创业教育应该从偏向创业实践教育为主转向创业教育与专业教育的融合口当前我国创业教育的一个特点就是各个高校纷纷建设以鼓励大学生创业实践为主的各种创业园区或创业实践基地。现有的创业教育狭义地理解了创业教育的内涵，没有将创业教育与创业进行适当的区分，在操作层面的表现就是强调创业实践的开展.认为鼓励大学生开办企业、在创业过程中进行锻炼就是创业教育的全部内容了。诚然，创业教育的实践性特征决定了高校必须要为大学生的创业提供一定的物质和环境基础。但是创业教育与创业不同，后者强调新企业的创办和在高度竞争的市场体系中存活下去，而前者毕竟是在学校这种教育机构中展开，参与主体的不同和生存环境的差异决定了创业教育必须有着自身的逻辑。如果说创业的本质在于风险和不确定性的承担，那么创业教育的本质则在于精神和意识的培育、发掘与唤醒。创业教育除了是大学生个人知识向实践转化的动力，更重要的是可以帮助大学生形成各种创新性的思维方式和方法。

第三，从培养自主创业者为主向培养岗位创业者为主转变。温州大学经过多年的创业教育实践与探索，逐步形成了独具特色的以培养岗位创业为导向的创业教育新体系，相比较于国内其他高校，温州大学第一次从指导理念的层面明确了创业教育必须要面向全体学生并以培养岗位创业者为主，即绝大多数大学生通过四年的大学教育之后，都能够对创业有一定的了解，具备了基本的创业意识和创业能力，从而使自己在未来的工作岗位中也能够保持着积极的创业精神，用创业态度来发展自己的事业，并在时机成熟时由岗位创业者转变为自主创业者。因此，温州大学从创业教育与专业教育融合、面向全体学生的创业教育课程体系等诸多方面进行改革，逐步实现创业教育的理念转型，将创业教育的理论教学与实践教学高度统一，实现了创业教育的完整性。

5.1.2 实践推进：创业教育融入专业教育的改革与探索

创业教育如何有效地与专业教育相融合，创业教育的各个要素如何被整台进入才培

养及学科专业体系之中,向来是高校创业教育在实践过程中的一大难点。温州大学从课程与教学领域的改革出发,加强了创业教育课程体系的建设,形成了较为完整的创业类通识课程和专业创业课程为主的课程群;教学内容和教学方式的革新则倡导教师采用案例教学、情景模拟、团队小组学习等新的学习方式,加强学生之间、学生与教师之间在课堂教学中的互动;开发专门的校本创业教材,将本土的创业文化与课程内容有机结合起来;构建动态的创业教育教学评价指标体系,将创业教育教学绩效的形成性评价与终结性评价相结合,更加重视学生在学习过程中所掌握的显性与隐性知识,有效地实现了融创新创业与应用型人才培养为一体的创业教育实践体系。温州大学将创业教育有机融入现有的人才培养体系之中,不仅重视大学生创业实践方面的锻炼,更加强调创业教育的课程教学在大学生创业意识、创业精神、创业能力培养等诸多方面所起到的作用。

首先,创业教育教学工作的核心是课程。温州大学已经明确了创业教育要面向全体学生且融入人才培养全过程的理念。因此,课程的改革首先从公共选修课和公共必修课这两个覆盖面最广的领域展开,构建起了创业教育的通识课程体系,使创业教育的课程教学面向了全体学生,从而引导大学生关注创业的基本知识和基本技能,培养他们最初的创业意识。如在公共选修课层面,温州大学就以全校大学生为对象,增设了“创业学”、“企业管理”、“温州模式与温州企业家精神”、“中小企业创业实务”等创业类基础课程,极大地拓展了学生对于创业教育课程的选择范围。此外,温州大学还通过相关规定,要求所有的大学生在大学四年的学习过程中必须至少修满 2 个创业教育的学分,这也为创业教育面向全体学生奠定了制度基础。在公共必修课层面,温州大学通过各种途径将创业教育元素融入其中。以大学“两课”为例,思想政治理论课之中如何融入创业的元素,创业的一些理念和方法如何通过思想政治理论课的教学过程传递给大学生,这些领域的有益尝试都体现了温州大学对于创业教育面向全体学生这一理念的坚持。在“毛泽东思想与中国特色社会主义概论”、“马克思主义基本原理概论”、“思想道德修养”等公共必修课中,温州大学鼓励教师利用研究性学习小组、案例分析、小组讨论等多种教学方式培养大学生的创业意识和创业精神,从而实现创业教育与公共必修课之间的有效融合。

其次,创业教育通识课程体系虽然保证了所有学生都能够接触到创业的基本知识、培养基本的创业意识,但是在将创业教育的核心知识,技能与不同学科专业的知识体系、不同类型人才培养目标的融合方面,效果是并不明显的。如果说创业教育通识课程体系只是打下了创业教育这块地基的话,那么通过专业类创业课程体系的设计与开发,温州大学就为在专业教育过程中融入创业教育建筑起了更为坚实的框架。依据不同学科、不同专业、不同学生的需求,温州.大学开设了大量适合于专业教学过程,同时又能够传授学生以创业内容的专业类创业课程。如在广告学、鞋靴设计、服装设计与工程、汽车服务工程等体现学校特色的专业中分别开设了“媒介经营与管理”、“鞋类产品市场营销"、“服装企业管理”、“汽车服务经营与管理”等 18 门专业类创业选修课程。这些新的课程具有以下明显的特征:第一,课程的目标十分明确,就是培养出既有扎实的专业基础又具有一定的创业精神,同时拥有一定创业管理知识和能力的创新创业型应用人才;第二,从课程内容来看，上述课程有效整合了不同专业的核心知识与创业的基本内容，使学生在学习专业知识的过程中了解并熟悉如何实现将理论知识转化为实践创新活动，鼓励学生不仅要成为一名“专业人”，还要成长为一名“专业的创业人”；第三，从教学方式来看，上述课程更加强调发挥教师在教学过程中的引导性和学生在学习过程中的主动性。专业教师必须要在认同并支持创业教育理念的基础上进行有效的教学，通过探究性学习、小组合作学习、任务导向的学习等不同方式激发学生的学习兴趣，提升课程教学的绩效。第四，从课程设计的角度来看，专业类创业课程注重从应用的领域增选主干专业课程的教学内容，改革教学方法，增加现场教学环节和案例分析的比重，依托温州大学的省级重点实验室、重点学科、工程研发中心等多个机构加强专业教育与创业教育的融合。

第三，创业教育融入专业教育的目标是培养既懂专业又擅长创业的学生，因此它所面对的学生群体必然是分层分类的。除了满足大部分学生的需求之外，温州大学还特别为那些在校期间具有较强的专业知识、强烈的创业意愿、一定的创业能力的学生开设了创业教育的改革试点班，从而在全校范围内对基于专业的、以岗位创业为导向的人才培养模式改革进行试点。过去几年来，温州大学专门开设了企业接班人班、店经理成长班、村官创业班等辅修专业班以及创业管理双专业班等试点班级，在大一至大三的学生中筛选出少部分学生，组成跨专业、跨年级的学习团队，对这批学生进行有针对性的创业教育。

与创业通识类课程和专业类创业课程相比，创业教育试点班在课程体系方面更加强调实务实践模块，往重学生创业实践能力的培养，创业教育师资方面则以多元化的方式，聘请企业专业经理人和独立创业者进行教学，注重创业实践经验在教学过程中的作用；在教学方法上以实践主导型为主，课程设计上突出实践环节；在考核方式上，创业教育试点班结合了过程性评价与总结性评价的优点，从创业教育的全过程考察学生的参与程度以及课程内容的理解和掌握程度；在创业教育评价体系方面，建立了长效的跟踪机制，将学员课程结束之后的创业表现也作为评价的一个重要指标，关注创业教育结果的持久性、稳定性和有效性。

总体来看，温州大学在专业教育融入创业教育的实践探索方面，强调了满足不同类型、不同层次学生的需求，由点到线、由线到面地建立起了创业教育与专业教育融合的完整架构，将创业教育的各个要素融入到了各专业的教学内容、教材建设、教学方式革新、教学评价指标体系与方式的改革等多个方面，从而既能够在公共课教学和专业课教学过程中潜移默化地培养学生的创业意识和创业精神，也能够满足少数具有强烈创业意愿和创业能力的学生的需求，最终保证了创业教育在人才培养过程中的连续性、多样性、主动性。

6.2 黑龙江大学："融入式"创新创业教育模式的探索

6.2.1 "融入式"创业教育理念的形成与发展

作为黑龙江省的一所重点综合性大学，黑龙江大学很早就提出了要在全校范围内实施以提升大学生创新能力、专业能力为主要内容的素质教育，在学分制和学院制的平台上逐步构建起了黑龙江大学素质教育和创新教育的运行体系，并且将培养具有创新精神和扎实专业基础的复合型人才作为学校的培养目标。早在 1998 年黑龙江大学就提出了要在全校范围内开展以提升大学生就业能力为主要目标的创业教育口号。2001 年入选教育部创业教育的 9 所试点院校之后，黑龙江大学的创业教育蓬勃发展，特别是形成了能够满足区域经济社会发展需求、具有独特地域特点和地域优势的创业教育理念。

归纳来看，黑龙江大学对创业教育的发展理念主要是以人才培养模式的改革作为动力，以入选教育部九所创业教育试点院校为机遇，将创业教育作为高校大学生素质教育和创新教育的深化和具体化。因此，黑龙江大学在创业教育发展方面，形成了"围绕一个中心，坚持两个基点"的发展思路，强调的是围绕以培养学生综合素质为中心，坚持创业教育的任务和对象是面向全体在校大学生，通过各种手段和措施培养出能够适应未来知识经济社会发展所需要的各类开创性的创业人才，同时在创业教育的开展过程中，也应当坚持分类指导的原则，培养出引领未来经济社会发展的创业者或企业家。

首先，黑龙江大学在创业教育中所坚持的"一个中心"。其本质就是在教育实践之中体现"人的全面发展"这一教育的基本理念。高校创业教育的开展并不是仅仅增加一些课程、选聘一些教师，更重要的是将创业教育的理念和方法有机融入人的全面发展过程之中，使大学生的知识、能力、人格、情感等多个方面都得到发展。因此，大学生综合素质的提升应当是高校创业教育所必须围绕的核心，创业教育要素之间的关联以及创业教育体系的形成都必须以此为核心来构建。

其次，创业教育所面向的对象不应当是大学生群体中的少数，而应该是全体大学生。关于这一点的认识，也体现出了黑龙江大学创业教育的一个基本思路，就是将创业这颗种子通过创业教育埋藏在每一名学生的内心深处，待时机成熟之时，这些种子自然可以生根发芽，茁壮成长，帮助学生在未来的创业过程中取得成功。就我国高校创业教育的开展实效来看，绝大多数高校的创业教育都是关注于少部分具有极强创业意愿和创业能力的学生，大学科技园区和创业园内活跃的也是一些工程学院和商学院的学生，这些学生由于其专业性质的原因能够进行相关的技术创业活动，但是繁荣技术创业并不是中国每一所高校创业教育的主要任务。我们固然希望那些拥有雄厚研发实力和科研基础的大学以及相关院系的学生，通过科技创新来实现创业，但是对于绝大多数高校来讲，创业教育应该是以理念培育为主，以面向全体大学生为主。从这个意义上来看，黑龙江大学面向全体学生开展创业教育，使每一名学生都能够拥有未来创业的潜力，更加体现了素质教育的内涵。

第三,虽然黑龙江大学注重对全体学生创业意识和创业精神的培育,但同时也鼓励和扶持那些具有较强创业能力的大学生,在掌握了专业知识的基础之上,开展相关的创业活动口这也就是黑龙江大学创业教育理念中第二个坚持的意义之所在,即创业教育要符合不同层次,不同类型学生的需求,基于专业的差异,实施创业教育的分类培养,在最广泛地散播创业这颗种子的同时,不忘及时扶持那些在创业当中的“领导者”,从而发现并培养具有企业家精神和创新能力的大学生。

经过了十多年的不断改革和探索,黑龙江大学在围绕大学生综合素质的提升,坚持创业教育面向全体学生、坚持创业教育分类分层开展这一认识的体系之上,总结并归纳出了目前黑龙江大学创业教育的核心理念——“融入式”创业教育。所谓“融入式”创业教育,其本质和核心就在于将创业教育的理念、内容、方法有机地融入高校人才培养的全过程之中,强调专业之间的差异、大学生分类培养的必要以及对创业教育的实践特征。其中的关键就在于将创业教育与专业教育相融合,具体来看,黑龙江大学在修改人才培养方案,增加创业教育内容的基础上,主要从以下几个方面来进行改革:创业课程与专业课程融合的探索、教学内容和教学方式的革新、创业教育实践平台建设、创业教育长效支持机翻建设。

6.2.2 创业教育课程体系的建设:三创课程群模块

融入式创业教育的核心就在于将创业教育的内容与各专业人才培养方案有机融合,这就要求显性的创业教育课程设置能够吸引广大学生的热情和积极参与,隐性创业课程则要有那些具备较强实践髓力,甚至是来自企业界的师资进行讲授,创业课程与相关专业教育之间必须形成有机的联动体制,使创业教育的元素在专业课的教学过程中得到体现,将专业课程的教学作为实施创业教育最为自然的场所,使大学生在专业学习的过程中体会到创业的乐趣和价值。在人才培养方案改革中,黑龙江大学在总学分当中专门设立了八个创业教育的必修学分,并在具体的人才培养方案的教学计划中得到实施。学校层面针对基础类、应用类的不同专业规定了创业教育学分设计的一般性原则和基本的教学要求,为院系和专业实施创业教育教学改革明确了框架同,不同学院和系所则在符合专业人才培养方案的框架体系之内专门针对各自人才培养的独特领域,结合不同专业的特点和优势,根据实际情况专门设置“融入专业”的创业教育项目。截止到 2013 年,黑龙江大学在学校和学院两个层面已经成功地开设了 137 种和 326 种创业教育项目,极大地丰富了专业教育中的创业元素。

黑龙江大学创业教育课程体系的发展就充分体现了以培养学生综合素质和创新能力为核心,以创造、创新、创业为基础,逐步发展出了以创业教育、就业教育、证书教育为主要内容的“三创”课程群模块。

在创业教育模块中,黑龙江大学将创业教育的全校选修课与创业实践活动相结合,重点开设了体现创业实务和创业实践过程中所必需的知识和技能为主的课程,主要包括

了创业投资、创业实务、小企业经营、企业法律法规、金融与财务等非常具有针对性的课程，为全校不同层次和不同类型的学生提供自由选择的“课程套餐”，这些课程的重点在于培养大学生关于创业的基本概念和基本认知，教授他们在创业过程中所需的基本知识和基本技能，上述课程也被纳入学分制体系之中。此外，黑龙江大学还开设了相关的创业教育辅修专业，在创业管理专业中吸纳部分学生，鼓励少部分学生的创业活动。目前来看，黑龙江大学已经设计和开发的可用于创业教育的课程资源达到了 250 余门，基本上覆盖了全校各个学院和专业领域的学生，为创业教育在全体学生中的开展提供了非常好的课程基础。除了自身设计和开发的课程之外，黑龙江大学还充分利用外部的课程资源，通过引入国际知名的创业教育类课程，弥补校本课程在理论和前沿知识方面的欠缺。目前学校在创业技能培训领域已经引入了国际劳工组织的培训课程——“启动你的创业”。该课程的教学方式灵活多样，通常采用不超过二十人的小班授课制，通过小组讨论、案例分析、模拟运营、游戏互动等多种方式来激发学生对创业的兴趣和热情，在活动教学中培养和提升学生的创业技能。该课程的引入作为创业教育实践模块的有益补充，明显提升了学生对于创业教育;的热情和参与的积极性。

在就业教育模块，黑龙江大学充分引入社会资源，以各种培训和考试促进学生的就业。目前已经开设了人力资源管理、现代物流管理、办公软件等七门课程，在辅修专业教学的基础之上，通过开办双学位教育，为创业教育提供更多可选择的教学资源。

证书教育模块可以说是创业教育与就业教育相结合的一种尝试。针对大学生在毕业后可能从事的职业和必须具备的基本职业技能，黑龙江大学为学生提供融入了创业元素的教育教学资源，在帮助学生就业的同时将创业的理念融入进去。

总体来看，黑龙江大学“三创”课程群模块的主要目的是在优化和完善大学生知识技能结构的同时，将创业教育的元素有机融入不同专业课程之中，在涉及人才培养的各阶段，通过课程的形式开展创业教育。上述课程群模块十分注重培养大学生研究性学习与创新性实践之间的关联性问题，注重培养大学生的创新创业知识和技能。在具体的教学要求上，黑龙江大学对三种不同类型的课程模块分别提出了教学要求，根据课程的特点和性质以及大学生的需求来组织教学，通过校内外专业教师与企业职业经理人组成的创业教育教学团队，有效地整合了各类资源，建立了相对完整的创业教育课程体系。

6.3　上海理工大学：创新型创业教育体系的探索

作为上海市首批试点创业教育的改革院校之一，上海理工大学早在 2002 年就开始启动创业教育工作，成为上海市推进创业教育体系建设的两所试点高校之一。经过十多年的发展，上海理工大学依托学校在机械、航天与制造，电子电器工程、会计与金融、国际会展管理等专业领域的优势，秉持“创新为魂、实践为根，育人为本"的教育理念，重在培养学生的创新意识和创业能力，营造浓郁的校园创业文化，积极发展和利用校内外各类创业资源，形成了融知识创造与技术创新为一体的创新性创业教育体系。

6.3.1 创业教育人才培养过程中的"六个结合"

上海理工大学创业教育的指导理念中特别强调要培养全体学生的创业基本素质，积极倡导并推进机会型创业教育。因此，上海理工大学非常重视创业教育诸要素与不同专业、不同类型学生的多样化需求相结合，将知识的生产、应用、扩散与大学生的创新创业实践相结合，将创业教育的本土化路径与国际化发展战略相结合，将创业教育的实施与专业人才培养全过程相结合，将创业教育的实践过程与各类竞赛和基金运作相结合，将创业教育与创业试点班级的实践相结合。通过上述六个结合，上海理工大学逐步探索出了包含个性化、创新性、国际化、系统性、实践性、引领性在内的创业教育发展思路，从而探索出了地方科技类大学在以创新为基础上发展技术创业的人才培养道路。

第一，上海理工大学创业教育所坚持的首要理念就是在探索多元化人才培养的路径中，实现学生个性化的创新教育。通过打破整齐划一的课程结构，探索同一类课程分层设置的方式，使得每一名学生都能够在原有的知识基础之上获得与自身发展能力相匹配的知识。在学习的过程中，学生的分类培养也就由此产生：针对那些学有余力、对科研充满极大兴趣的学生，学校利用学术导师制进行培养；对那些动手实践能力较强、具备较大技术创业潜力和意愿的学生，学校则会提供各种平台和资源帮助其成长为创业型人才。这种个性化创业教育的理念在人才培养过程中的具体表现则涵盖了突出创业教育的专业性、增强创业教育的层次性和提高创业课程的选择性。首先，不同专业在创业教育乃至后续的创业实践过程中所需的课程设置、教学方式、资源平台都是不尽相同的，学校层面的创业类通识课程固然可以起到对大学生进行"创业启蒙"的作用，但是在创业教育与专业教育结合方面，则必须依托不同专业的具体特点和优势，以各专业学生的需求为主，有机地融入创业教育的元素；其次，不同年级、不同学历层次的大学生对于创业的理解和对创业教育的教学需求是不同的，本科生、硕士研究生和博士研究生对于创业的内涵、对于创业教育课程对于自身帮助的期许也是不同的。因此，个性化的创业教育还要充分考虑大学生的年龄和知识储备的差距，实行分层化的教育；再次，为了实现个性化的创业教育，创业课程的提供就必须丰富和多样，从而能够满足不同学生的需求。除了全校性的创业教育通识课程之外，创业课程体系还应该包括创业类专业课程，创业辅修课程、创业实践实训课程等，从而实现课程的分层次教学。

第二，创业教育应当与知识的应用和创新相结合，实施创新型的创业教育。作为一所以理工类人才培养为主的地方大学，上海理工大学非常重视对学校办学特色的发扬与培植，在人才培养体系中体现个性化，复合型和国际化的工程应用型人才。在创业教育中，学校就明确了要在先进制造，医疗器械、出版印刷等三大产业领域的前沿和机械制造、电子电器工程等传统优势专业中融入创业元素，发展学生利用专业知识进行技术创业的能力，推进高技术创业活动的涌现。创业教育的成功离不开专业教师的参与，上海理工大学也非常重视教师以科研项目和课题研究来支持学生的创业活动。对于一所理工类大学来讲，教师的科研工作往往带有极强的专业性、应用性、技术扩散等特征，大部

分课题研究的成果都可以转化为各种技术创新和原创发明。因此,学校通过一系列措施鼓励教师科研成果的转化,鼓励学生参与教师的科研工作,这不仅为学生提供了掌握和精进专业知识的机会,培养了学生的创新精神和知识运用能力,同时也为学生潜在的创业项目提供了最初的思想和技术源泉。实践证明,学校内部的许多学生创业项目往往都是在跟随导师的科研活动中衍生出来的,这种将知识的应用与创新产品的形成相结合的技术类创业,应当是我国理工类大学创业教育发展的一个典范。

上海理工大学还提供了创业教育开展的环境设施租物质支持,位于大学科技园的学生创新创业中心内就设立了六个创业项目服务平台,涵盖了虚拟制造技术、数控制造技术、电气自动化技术、医疗器械与食品安全技术、公共商务服务、女子职业训练营等不同领域。

第三,充分发挥上海建设国际化大都市的战略,将创业教育与学校国际化发展与国际化人才培养战略相结合,实施颇具特色的国际化创业教育口上海独特的区位优势和开放包容的海派文化,明显地形塑了上海理工大学创业教育的思路,与国内其他地域的大学相比,上海理工大学的创业教育更加重视引入国外优质的教育资源,促进创业教育体系的革新。在专业合作领域中,上海理工大学就与英国的九所大学在机械设计与制造、电子电气工程,会计与金融、国际会展管理等四个排名靠前的专业进行合作。此外,学校还引入了国外的专业评估体系,提高自身在创业人才培养方面的国际认可度。在人才的国家交流与合作方面,上海理工大学鼓励学生到国外一流大学和国际级企业进行实习,培养学生在多元文化背景下的创业,提升学生的国际竞争力。

第四,以系统化的思路发展创业教育,将创业教育有机融合到专业人才培养的全过程之中,形成系统的、可持续发展的创业教育模式。在构建分层分类创业教育实施的基础之上,上海理工大学也逐步探索出了具体的实施路径,即通过课堂教学一创新实验一创业项目训练一企业孵化这四个步骤组建系统化的创业教育体系。在通识教育课程、专业教育课程、专业前沿讲座等不同领域中融入创业教育的基本元素,为学生提供一种有梯度的、循序渐进的创业教育。在创业教育的管理平台、教学平台、组织机构、保障机制等不同方面,上海理工大学都形成了卓有成效的系统发展模式。

第五,创业教育与其他教育模式不同之处在于其自身具有极强的实践性和操作性。创业教育的完整实施除了课堂教学之外,还要求学生在真实的情境中去发展不同的创业项目,在充满挑战和不确定的环境中检验自己所掌握的知识和技能·如果脱离了创业教育实践性的一面,那么创业教育的最终目标也就不能得到实现。因此,上海理工大学通过开展多样性的创业实践活动,吸纳了不同的学生群体参与到实践过程中,创设了良好的创业实践环境,为大学生的创业实践提供各种扶持。在创业实践平台的建设方面,学校初步形成了以国家一上海一学校一学院为纵贯线的四级创新创业实践项目,每年都提供超过百余项的创新创业项目。作为上海市首批可以受理大学生科技创业基金的高校之一,上海理工大学充分发挥自身在基金申请和管理方面的优势,鼓励校内大学生以创业团队的形式申请政府的创业基金资助。目前上海理工大学已经通过大学生科技创业基金会为校内的超过 100 个学生创业团队提供了资助，资助金额达到了 1600 余万元。这些创业团队中集中了一大批对创业充满激情，掌握了扎实的专业基础知识和创业理论的学生，他们的创业精神和创业热情极大地鼓舞了校园内其他学生的创业意识，从而进一步繁荣了学校的创业文化。

第六，针对校内部分对创业具有极大热情但同时又缺乏必要的创业知识和技能的学生，上海理工大学采取了创业试点班的形式，为上述学生提供定制化的创业类课程和创业实践的机会，通过“以点带面”的形式引领全校创业教育的发展。上海理工大学本科专业创业班就是学校在这一方面所进行的改革尝试。该试点班依托工商管理专业，旨在培养已具有一定创业意识且具备了一定创业能力的大学生，通过体现企业创办、企业经营、创业计划、创业资源获取与配置，创业风险评估与规避等方面的教学内容，强化了学生创新创业的知识储备々创业试点班也为学生提供了模拟企业运营，甚至是真实的创业项目操作等实践性课程，提升了这些学生的创业实践能力。

6.3.2 专兼结合的创业教育师资队伍

对于国内许多高校来讲，如何利用有效的途径提升专业教师对创业教育的支持，如何培养出专职的创业教育教师队伍，就成为开展和深化创业教育的重要任务。上海理工大学对于创业教育师资队伍的建设长期以来保持了持续性地探索，在师资队伍的培养目标、发展策略、保障机制等多方面进行了有益的尝试，逐步形成以专兼结合为核心特征的创业教育师资队伍建设体系。

首先，在创业教育师资建设的理念层面，上海理工大学按照系统思路，从全校创业教育发展的整体思路出发，在全体系建构和理论一实践相融合的方面培养创业教育的专任教师。如果说课程是一门学科知识体系传授的主要载体，那么高水平的教师则是课程是否具有活力和学科知识扩散的关键。创业教育的教学方式与其他专业教育不同，它不仅需要教师系统性地传授课程知识，还要求教师利用各种革新的教学方式，吸引学生参与到教学过程中。因此，创业教育的课堂教学往往都是以案例研究、小组合作学习、探究性学习、任务导向的学习等强调教师一学生互动性的学习方式为主。从这个意义上来讲，高水平的创业教育师资不仅要求教师自身对创业充满热情，掌握创业教育的基本内容，还要求教师能够利用多种教学方式引导学生对于创业的热情，激发学生主动学习的动力，培养学生将理论学习与实践创新相结合的能力。

正是从高水平的创业教育师资队伍所应该具备的能力出发，上海理工大学围绕创业教育人才培养的基本目标，针对学校创业教育师资队伍建设过程中存在的数量偏低、知识结构不合理、创新创业实践经验匮乏等现实性问题，从“创业意识和创业知识”、“加强培养、有效激励、科学评价”两大领域出发，从目标上就着重培养创业教育师资队伍的教学素质和创业实践能力，由此构建了以专职与兼职相结合，校内指导教师与企业创业导师相结合的创业教育师资队伍。

其次，在加强创业教育专业师资队伍建设的同时，上海理工大学也意识到要培养出

优秀的创新创业型人才,单纯依靠少部分教师的教学,是难以形成集群效应的。对于学校中各个院系的专业教师来讲,学校还要提升他们对于创业教育的认识,转变教师队伍对于创业教育所存在的认识误区,发挥专业教师在专业教学过程中融入创业元素的作用,激发教师潜心创业教育融入专业教育的教学改革与研究。上海理工大学通过创业教育理念分析、创业教育政策解读、创业教育实践体验等多种方式,加强了教师对创业教育的认识和理解,使教师充分认识到创业教育是高校人才培养模式的新选择,对于提高人才培养质量具有重要意义。正是基于这种考虑,上海理工大学强调教师在创业教育教学和实践中应当发挥主导作用,教师应当成为创业教育课程体系的积极参与者,专业教师也应当在教学过程中将创业教育元素的融入作为教学方式变革的一个重要维度口在上海理工大学对于创业教育改革氛围的有力营造和相关鼓励教师进行创业教育教学改革的政策文件支持之下,广大教师对于创业教育的认识有了根本性的转变,创业教育的师资队伍也逐步发展壮大,大量的教学改革和课程建设项目得到发展,这种变革趋势在很大程度上又反作用于创业教育的发展,推动了更多的教师参与到创业教育的改革过程中。更加深化了教师对于创业教育内源性支持的组织和文化保障。

第三,利用制度建设、平台搭建、机制完善,上海理工大学合理利用现有教师资源,加强培养未来的创业教育专业师资,以校内培育和校外引进双向渠道建立起了一支高效率的创业教育师资队伍。

在制度建设方面,上海理工大学利用学校自身的地域优势和专业特点,鼓励教师的创新创业活动,以课题研究和与企业的合作项目等形式开展创业实践,学校还建立了教师企业实践制度,允许和鼓励教师到企业一线,尤其是科技类的创业企业中去进行合作研究和实践,通过产学研协同创新的方式提升广大教师的创业能力。学校的国际化发展战略也将教师的国际交流和进修培训作为一个重点,出台了专门的政策和资金支持教师到国外著名大学和知名企业进行培训学习,拓宽了教师的知识视野,学习到了先进的创业教育教学方式和创业实践技能。“送出去"的同时是“引进来”,上海理工大学也注重面向全社会招聘优秀的创业者、企业职业经理人、具有丰富实践经验的专家和工程师,参与学校的创业课程教学和考核,全过程指导学生的毕业设计、企业实习、创业项目申请和运行,弥补了高校教师在实践方面经验缺乏的不足。

在平台搭建方面,上海理工大学的主要措施分为四个方面:(1)改革人才培养模式,构建了以六大学科群为基础的学习平台,将创新创业型的学生培养贯穿到了大学教育的全过程;(2)以课程建设和专业教材建设为抓手,实施创业教育课程与教学的改革,构建创新性的课程体系,支持和鼓励创业教师参与创新创业类课程和教材建设。早在 2001 年上海理工大学就开始了从课程建设方面探索创业教育,次年就面向全校学生开设了“大学生创业学导论”作为公共选修课供学生选择,并编写了配套教材。经过了十多年的发展,目前学校已经开设了包括“创业管理”、“大学生创业学”、“创业心理学”,“创业财务”、“创业人力资源管理”等四十余门创业类公共选修课程,其中部分课程还被上海市教委批准立项为重点课程建设项目。(3)通过创业教育的科学研究和学术讨论等多种活动，提升全校整体的创业教育理论水平，鼓励教师就关键性和前沿性的问题申报国家和省部级的相关科研项目，为学校下一步的创业教育改革提供科学的理论指导。(4)鼓励教师以创业导师等身份参与到大学生的创新创业项目，创业大赛、创新创业实训、企业实习等活动中，通过对学生创业的指导提升自己的教育教学能力。

在机制完善方面，上海理工大学主要创设了创业师资评聘机制、创业教育激励机制、创业教育教学评价机制，通过引导、激励、考核等多种手段保证创业教育师资队伍的长效发展。

6.4 三所地方大学创业教育发展模式的比较

6.4.1 地方高校创业教育发展模式的多元化

自 2002 年 4 月教育部确定清华大学等九所高校为首批创业教育工作改革试点高校以来，我国高校创业教育已经走过了十余年的发展历程。我国高校创业教育的发展也经历了从基于创业实践的照搬模仿一基于创业课程的引进和改革一基于人才培养的创业模式探索一创新创业教育理念的突破这样四个发展阶段。创业教育的理念、内容、发展模式、保障机制等都发生了重大的转型。从宏观的国家层面来看，各级政府对于创业教育的理解也已经突破了单纯地将其作为解决大学生就业的辅助政策，而是将创业教育体系的构建作为整个社会创业文化塑造、创业活动繁荣的基础性工程，近年来的一系列相关政策措施和制度设计无不体现了这种对于创业教育理念的转变。

从微观层面来看，高校创业教育的发展模式呈现出了“立足校情、服务地方、特色鲜明、系统推进”的实践特征，不同地域、不同类型的高校立足于本地区经济社会转型发展的趋势和历史文化的积淀，创造性地发展出了适合于自身办学特色和人才培养理念的创业教育发展理念。如清华大学作为国内最早从事创业教育的高校，依托其强大的科技创新和综合优势，非常注重对学生职业素养、就业竞争力和创新创业能力的培养，从而使创业教育成为职业指导体系的重要组成部分。中央财经大学则依托创业先锋班的改革，在课程设置、教学方式等方面进行了卓有成效的探索，发展出了财经类高校创业教育开展的新思路。与这些综合实力雄厚的“985”大学、“211”大学相比，本文中所选取的三所地方高校则代表了我国高等教育领域中最为庞大的群体——地方高校，是如何根据自身的比较优势进行创业教育领域的改革与探索。与那些资金雄厚、资源丰富、区域优势明显、科技研发实力较强的重点大学相比，地方高校的劣势是明显的，但是地方高校在发展创业教育方面，则具有更加强烈的动力和更具有创新性的尝试，正因为这些地方高校并不在科学研究、论文发表、拔尖创新人才培养方面占据优势，因此它们更容易将资源集中利用在一些值得做的领域中，而创业教育就是这些高校发挥自身比较优势的一个领域，许多地方高校也逐渐探索出了不同的创业教育发展模式。如黑龙江大学的“融入式”创业教育模式就举全校之力构建了“面向全体、给予专业、分类指导、强化实践”的创业教育体

系，重视在专业教育过程中融入创业教育，重视对全体学生开展创业教育，提升其创业实践能力；温州大学则充分利用了地域文化中对创业活动的普遍认同，汲取区域创业文化中的优秀因子，在持续探索创业教育地方特色发展模式的同时，发展出了以岗位创业为导向的创业教育新体系；上海理工大学则充分发挥地处国际化大都市的区位优势，在其优势专业中尝试融入创业教育，探索出了一条以技术创新创业为主的创业教育发展模式。当然，本章中所列举的三所地方高校仅仅代表了我国地方高校在创业教育探索过程中的三种不同发展模式，随着中国以创新驱动为主的经济社会转型进程的加快，创业教育必然会更加紧密地与高校人才培养理念相结合，未来地方高校创业教育的发展模式将呈现更加多元化、本土化、综合化的特点，创业教育也将成为推动地方高校创新创业人才培养、促进区域经济社会发展的推动力。

6.4.2　地方高校融合创业教育的工程人才培养

(一)关于地方高校工程人才培养的定位

近年来，随着国家对工程教育的重视程度不断增强，工程教育人才培养质量有了较大的提升。然而，与当前社会对工程人才需求相比较，仍存在一定差距，突出表现为，工程人才培养的定位存在普遍趋同现象，如毕业生：的服务面向，都瞄准国家大型企业或跨国大公司，而忽略中小企业、民营小企业的人才需求，由此导致高校培养的工程人才专业结构失衡，层次类型过于集中。事实上，人才培养层次的正确定位关系到学科的发展方向、发展目标及发展格局，是学科开展各项工作的基本依据。目前，地方本科院校占全国本科院校的 90％以上，探索行之有效的应用型人才培养模式是众多地方本科院校面临的挑战与任务。地方性本科院校不同于省部属院校，其主要服务于地方，担负着为区域经济建设和社会发展服务，并为之提供充足的、适用的人才资源的重任。因此，地方高校工程人才培养，需要有明确的服务区域定位及培养层次定位。

1.服务面向原则：即明确的服务区域定位

该原则要求正确处理工程人才培养与社会需求的关系，根据高校服务面向区域的工程人才供求情况，来确定工程人才培养的定位。首先，要全面系统地掌握该区域在经济、文化、科技、环境、社会等方面的发展现状及趋势，如产业结构布局和调整更新、当前和未来重点发展的行业等。地方高校主要面向区域经济和行业需要，在工科人才培养方向上，充分考虑区域经济对人才培养的需求，适时调整培养方向，合理调整培养目标、课程体系和教学内容。

2.办学层次原则：即明确的人才培养层次定位

该原则对工程人才培养定位的要求反映在两方面，一是培养层次必须符合而不能超越学校的办学层次，二是要明确与其他不同类型高校相同层次人才培养的区别，保持和发展自身的特色。就工程教育而言，高校主要培养学术型、工程型、技术型和技能型四种工程人才。地方高校是区域创新主体，不同于大城市的区域创新，可能是政府、企业、大学的合作，在中小城市，地方大学在促进技术转移和成果转化、引领和助推区域经济社会发展方面,往往能够发挥关键性的作用,担当主体重任;另一方面,地方院校一般为教学型或教学研究型高校,因此,地方高校的工程人才培养的定位不能片面追求"高、大、全",重在培养应用型工程人才,如生产工程师或服务工程师,因此,从这一定位来制定人才培养方案,所构建的教学体系,应在注意理论基础知识的同时,更要注意学生工程技术能力的培养,加强对学生工程实践的实际训练,突出创新能力,创业能力的培养。

以温州大学为例。首先,作为中国民营经济最发达、民间创业最活跃的城市之一,2008年中共温州市委、市政府审议通过了《关于深化改革开放、推动科学发展的若干意见》,提出要坚持全民创业、全面创新,大力弘扬新时期温州人精神,推进创业创新,改善发展环境、培育和发展更具竞争力的市场主体。随着温州市场经济体制的完善,产业结构调整的深化,特别是第三产业的长足发展以及新兴产业的产生,需要大批高素质的企业创业者。其次,温州文化中"敢为人先"的首创精神和温州人"吃苦耐劳、走遍天下"的创业精神,影响深远。这也成为温州大学办学的一个得天独厚的精神和文化资源,是办学特色形成的最重要源泉。温州大学作为一所地方多科性大学,本科教育以培养高级应用型人才为目标,经过多年的改革与探索,确定了遵循"以人为本、质量立校、服务地方、特色取胜、追求卓越"的办学理念,把培养德、智、体、美全面发展,具有创新精神、创业能力和社会责任感的应用型人才作为学校的人才培养目标。定位工程教育,从服务面上,确定为面向地方区域经济建设和社会发展,坚持产学结合,实现专业与产业的良性互动,把即兴式服务与引领式服务结合起来;从人才类型上,定位于创新应用型人才,突出设计研发型创新创业人才的培养,尤其是在办学层次上,工程人才培养目标和规格、模式充分体现了学校的办学特色。

(二)深度融入创业教育:实施地方高校工程教育新战略

1.创业教育有助于提升工程人才培养质量

从内容上看,通常创业会被狭义理解成自主创业的代名词,而且传统的创业教育多被视为商科人才培养的专属地带。但来自业界的人才需求表明,创业教育应该被赋予更加深刻与广泛的意义。首先,创业教育要增强大学生对创业的认知,使创业理念成为大学生知识体系的一部分。当前,创业正逐步成为社会经济发展的主导力量,创业知识可以反映出社会主流和日常的商业运作流程。其次,创业不仅仅是一种商业行为,作为思维、推理和行动的独特模式,创业需要想象力、洞察力及创造性整合资源的能力,因此,更广泛意义上讲,创业是创新的源泉,对除了少数自主创业者外的绝大多数学生而言,意味着"岗位创业"能力,即在企事业单位的工作岗位上,以所从事的岗位工作及其环境为自己的创业空间,发挥创业精神与专业特长,以创业者的心态进行管理与技术创新,促进企业发展与成长,最终实现个人价值、企业价值和社会价值。因此,创业教育是一种更高层次的素质教育。在工程教育中融入创业教育,有利于大学生优化知识结构,适应未来社会,实现自我发展。

从模式上讲,一方面,创业教育不能脱离专业教育体系,否则创业教育将是无源之水。专业教育的基础知识与基本理论是学生创新精神、创业意识与创业能力生成的深层

根基。另一方面，一个好的创业教育模式，能带动工程教育的模式创新。

2.为地方产业发展培养优秀的“专业＋创业”复合型工程师

区域创新体系建设需要大量既有技术，又懂市场，应用能力强的复合应用型人才，尤其是当工程人才的职业范围已经扩展到服务业领域时，产业转型、技术升级对此类人才的需求就更显迫切口传统的工程教育过于注重专业化，注重各个学科各自的系统性，对于如何以工程项目为载体构建有机的学科体系考虑较少，培养模式单一，以课程讲授模式为主。事实上，从类型上看，企业需要集“知识一能力一经验”于一身的工程师，从内容上看，企业需要工程师具备融“技术能力一企业家能力一社会能力”于一体的综合知识和经验。因此，“狭窄于技术”，不懂经营、管理的工科毕业生将不能适应面向区域创新的未来工程师的要求，强调社会能力、领导能力和综合能力的培养至关重要，基于区域创新对地方高校工程教育的这一诉求，深度融入创业教育，实施地方高校工程教育新战略将是改革传统教育模式的一个很好选择。

（三）融合创业教育的工程人才培养模式：温州大学的改革与实践

对创业教育结合专业教育运行机制的探索是当前高校创业型人才培养模式改革的热点之一。如何建设融合创业教育的工程人才培养模式，培养优质的面向区域的工程人才，主动适应区域经济发展与产业提升的需求，从长远来看，依托区域特色进行区域教育模式创新是促进创业型人才培养与工程教育相结合的有效黏合剂。在这一探索过程中，可以更多地尝试把区域经济发展中的现实案例和实践活动贯彻到工程课程体系开发过程，在理论教学，培养团队合作精神的小组活动或是体验与模仿创业和尝试创业的实践环节中加以实施，以确保创业型人才培养的鲜活性。还可以依据区域经济特色在工程专业中增设创业型人才培养方向，与区域产业紧密对接，这种发展模式也能有效推动行业创新。

温州大学从 2001 年开始在全校开展创业教育，经过近十年的探索与实践，取得了一定的成效，并在不断的探索和教育实践中形成了“秉承温州精神、开展创业教育、培养创业人才”的办学特色。近几年，学校结合生源特点和区域经济社会发展的需要，在创业教育和工程教育融合方面做了许多工作，并逐步在机械工程及自动化、网络工程、服装设计与工程、汽车工程、鞋靴设计等五个工科专业进行试点。这些专业覆盖了较多的工程学科，且立足区域经济社会人才需求，具有深厚的区域产业基础。如服装设计与工程专业所关联的鞋服产业其年产值在 1000 亿以上，机械工程及自动化所关联的机械，装备、泵阀等制造产业其年产值在 1500 亿以上，网络工程所关联的信息服务业产业年产值 120 亿，且所关联的以物联网为核心的下一代信息技术产业为区域“十二五”重点发展的新兴战略性产业。良好的产业背景与产业基础为试点专业的创业教育融入提供了良好的条件和环境。

温州大学的融合创业教育的工程人才培养模式主要体现两个培养目标：一是普遍提升工科学生的社会责任感，培养学生的创新意识和创业精神，提高创业能力，增强岗位胜任力与竞争力；二是培养具有工程学科背景的经营管理人才，或具有管理能力的复合型工程应用人才。融入工程教育的创业教育体系主要包括三个层次：(1)层次一为创业意识培养。课内依托公共课程，对部分教学改革融入创业元素，如思想政治理论课等；第二课堂依托励志讲座、社会调研、创业讲坛等教育环节，激发学生创业欲望，培养创业意识、创业精神；(2)层次二为创业能力培养。结合大三阶段的专业教育，课内在工程平台类课程中增设专业类创业课程，课程联动校内外师资，充分依托企业家和业界工程师资源，在工程能力培养过程中，有意识有目的地融入项目管理、工程管理、市场营销、财务管理、知识产权管理、人力资源管理等方面的创业知识，挖掘创业潜能；第二课堂通过创业计划赛事、创业训练项目、创业培育项目等形式，以模拟或真实工程项目运作及岗位角色分配等方式培养岗位创业实践能力；(3)层次三为职业生涯规划教育。结合大四阶段的专业实习，毕业设计与预就业等环节，根据就业形势与学生实际情况，引导与指导学生选择合适的岗位或岗位意向，或选择自主创业，尤其是企业实习阶段，必须保证规定周期的岗位创业实习时间，全程参与式实习包括产品开发、生产、管理、销售等多个运作环节，从而进一步提升学生的岗位胜任能力与创业能力，实现零距离就业。

第一层次的创业教育融入工程教育的教学改革，以岗位创业意识培养为主，体现在对公共课程的改革上，事实上这一改革是向全校学生开放的。在公共选修课中从学校层面设置了包括创业类基础课程、具有温州区域特色的创业类课程(如“温州模式与温州企业家精神”、“中小企业创业实务”、“温州企业家创业案例”)、结合所在专业开发的专业创业类课程三类课程组成的创业教育模块，要求所有的学生在校期间必须修满 2 个学分。目前，开设的创业教育模块课程有 30 多门，同时通过教学改革项目立项的形式鼓励双师型专业教师结合专业开发更多的专业创业类新课程供学生选修。公共必修课方面，充分利用思政理论课覆盖面广的优势，将创业教育融入思政理论课(16 学分)教学中，引导学生关注创业问题，培养他们基本的创业品格和素质。创业教育融入思政理论课的教学改革主要从三个方面着手：一是教学内容直接传授创业知识，培养创业意识和创业精神。如，在“毛泽东思想与中国特色社会主义概论”课讲解社会主义初级阶段的基本经济制度这一内容时，以温州民营经济发展史为例，介绍中国非公经济发展历程、基本政策以及未来前景，鼓励学生大胆投入创业大潮。二是教学方法注重参与式，锻炼学生创业心理品质和创业能力。如，教学过程中组织学生参观考察民营经济发展教育基地、新农村建设教育基地，并撰写考察报告及交流心得体会。三是注重课外延伸，在思政课实践环节融入创业活动的实践教学路径，重在实现学生创业素质的综合锻炼与提高。

第二层次和第三层次的创业教育融入工程教育教学改革则直接面向专业。以汽车工程专业为例，融入创业教育的汽车工程人才培养模式是在汽车工程专业规范的框架下，在培养方案中增加专业导向特别是行业教育内容，让学生有明确的职业取向；纳入创业教育内容，使学生对创业知识有一定认知；嵌入企业行为，通过模拟企业运作，缩短学生踏入社会后的适应期，最终形成融入创业教育的汽车工程专业教学体系和融入创业元素的汽车工程专业文化体系，培养出在汽车营销、汽车技术服务以及汽车零部件设计等方面具有创业意识、创业精神和创业能力的高级专业人才。

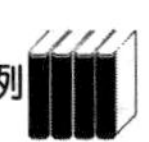

融入创业教育的汽车工程专业教学体系的构建涉及课程教学和专业实践两个层面。教学和教学活动是现代大学教育的重点和核心,关于课程教学方面的融入,主要是加强汽车工程专业综合性课程和以高新技术为基础的课程以及个性化课程的教学内容改革。比如,“汽车构造”是一门综合性课程,对此课程的创业教学立足于知识传授和技能培训,主要通过各种开放式教学过程,如在汽车结构实验室进行授课等,让学生现场感受课程内容,帮助培养学生的创业思维和创新能力。再如,“汽车电器与电子控制”和“汽车新技术”是以高新技术为基础的课程,此类课程则采用动态教学过程,跟踪汽车电子技术的发展动态,进行学生创业意识的培养。而像“汽车市场营销学”和“汽车金融与保险”等个性化较强的课程,创业教学改革主要体现在引入行为导向教学法,采用案例教学、项目教学、模拟教学和角色扮演等教学方法,尊重学生的个性,确立学生的主体地位,调动学生的积极性、主动性,增强师生之间的互动,培育学生的主体性和主动精神,塑造学生的创业心理品质、创业能力。针对“汽车检测与诊断”、“汽车维修工程”等以培养学生创业实践能力为主的课程,则是建立突出创业实践能力和素质培养的课程标准,融入职业道德和先进企业文化,实施以工作过程为导向、任务为驱动、项目为载体的教学过程。同时,汽车服务工程专业是一项技术实践性很强的专业,因此。实验教学和实践性环节是融入创业教育的重要组成部分。在专业实践方面的融入,主要体现在专业实践教学体系设计围绕培养具有较强创业实践能力的高级专业人才的标准制定,按专业课程创业教育特点分“四个层次”构建实践教学体系。第一个层次是认知层次,即认识实习十认识性实验;第二个层次是基本技能训练层次,即基础工程训练+基本实验+课内、课间综合实验+课程设计;第三个层次是综合训练层次,即汽车构造、汽车电器与电子控制技术、汽车检测与故障诊断技术等主干课程的实验以及生产实习等综合性实习项目;第四个层次是研究及创新层次,即自主设计型实验+科研型实验,创新训练(节能减排汽车的设计、制作)、毕业设计(节能汽车关键零部件设计、项目研究等)。在构建融入创业教育的汽车工程专业教学体系过程中,还不断进行如下努力:一是积极整合社会教育资源,扩大与社会的接触,打通学生与社会企事业单位的学习和实践通道,让社会资源直接进入学校教育渠道;二是建立校内外学生创业教育实践基地,积极引导学生参与企事业的管理和运行过程,在实践基地接受全方位的实训、体验,感受创业文化;三是以项目资助为支撑的创新创业行动计划引导学生积极申请包括“全国节能汽车大赛”、省部级等大学生创新创业立项、校级学生科研项目立项,积极参与导师科研课题、大学生自主自筹项目开发等。

融入创业元素的汽车工程专业文化体系除了健全传统的墙报、宣传栏,校园刊物、校园广播、校园网等文化宣传媒介,还依托于一年一度的校园“汽车文化节”,同时邀请成功企业家和本专业往届毕业生举办创业论坛、形式多样的讲座,引导和鼓励学生办好汽车俱乐部等学生社团,营造良好的汽车创业文化氛围,形成一种以激励创业、执着进取、艰苦奋斗、团队协作、勇于承担社会责任、允许和宽容失败为核心的创业文化,从而让大家在这种文化中受熏陶、受教育、受磨砺,帮助塑造学生的创业价值观、创业文化精神、创业行为规范。其次,专业建设中也会通过引导各类社团组织围绕创业教育来开展活动,如市场营销活动、科技作品竞赛、自我形象设计活动、创业计划大赛等，通过活动的开展，将课堂教学和课外训练有机结合起来，使学生开阔视野、增长见闻、丰富体验，激发他们的创业热情。

总之，立足地方本科院校办学定位，以工程应用型人才培养为目标，以工程能力和创业能力为特色，以行业与区域产业需求为导向，以产学合作为抓手，将产业需求、产业资源与产业环境引入工程应用型人才培养过程，从人才培养理念、培养方案与培养机制、课程与教学内容体系、教学方法与手段，实践与创新创业教学、教学团队，教学管理与教学评估等方面，深化工程教育改革，构建具有鲜明区域特色的融入创业教育的工程应用型人才培养模式。上述人才培养模式的改革与实践，提高了温州大学的工科专业建设水平与人才培养质量，提升了温州大学服务区域经济社会发展的能力，形成具有鲜明地方本科院校特色的工程教育与人才培养体系，并在同类院校中产生推广与示范作用。需要说明的是，在融入工程教育的创业教育体系中，产学、校企合作发挥至关重要的作用，是工程型应用人才创业能力提升的助推剂。具有丰富创新创业实践经验的行业专家、丰富岗位创业经历与积累的企业工程师走进校园，与专业教师合作，合力鼓励学生积极置身于创新性的工程实践活动中，挖掘其创新创业能力，是工程应用型人才培养的有益补充。

第7章　地方高校教师专业发展研究

7.1　教师专业发展研究的演变研究

7.1.1　对教师专业发展逐渐关注的背景与过程

教师和教师教育历来是人们关注的主题，世界教育年鉴曾于1963年和1980年两度以教师和教师教育为主题，当然两次的议题不尽相同。1963年世界教育年鉴的主题是"教育与教师培养(education and training of teachers)"；1980年的主题是"教师专业发展(professional development of teacher's)"。主题侧重点的不同反映出相应历史背景的变化。

就20世纪60年代而言，世界各国均面临着教师极为短缺的情况，所以研究如何采取应急的教师培养措施是当时关注的焦点。这一时期发展中国家的人们期望更高的生活水平和普遍的初等教育，而在发达国家人们则期望中等和高等教育得到普遍拓展；另外由于出生率的上升，导致学龄人口急剧增加。在英国，为了更快地培养教师，发表于1963年的纽瑟姆报告即曾建议改变大学毕业后进行师范教育的形式，而代之以教育专业课与普通课同时进行的培养方式。由于忙于应付教师"量"的急需，对于教师"质"的问题则有所忽略。

然而，20世纪60年代中期以后，形势有了新的变化，师范教育面临着几个方面的巨大压力，迫使提高教师的质量。首先是世界各国均出现出生率急剧下降的情况，对教师的需求量相应地也大为降低；其次是经济上的困难，政府需要大幅度削减公共支出，并往往把教师培养机构作为减少开支的对象。英国在这方面表现的最为突出，当时普遍的做法是关闭独立教师培养机构，或者将多个独立师范学院予以合并，或者将其合并到其他的大学或多科技术学院；第三是从总体上来说学校教育没有达到公众所预期的质量，从而导致公众对教育的信心下降，这一点可从像非学校化和加强效能核定等的呼声中略窥一斑。对教育质量的不满意和对教师素质低下的讨论，很自然地又引发了对教师教育的批评。此后，新教师培养机构的压力逐渐减小，为教师在职教育的扩大开辟了道路。于是，将教师专业教育的范围拓展至整个职业生涯的思想也逐渐得到强化。

早在1966年，联合国教科文组织与国际劳工组织就已经在《关于教师地位的建议》中提出：应当把教师职业作为专门职业来看待。30年后的1996年，第45届国际教育大会以"加强变化世界中教师的作用"为主题，再次强调教师在社会变革中的作用，并建议从以下四个方面予以实施：通过给予教师更多的自主权和责任提高教师的专业地位；在教师的专业实践中运用新的信息和通讯技术;通过个人素质和在职培养提高其专业性(professionalism);保证教师参与教育变革以及与社会各界保持合作关系。

20世纪80年代以来,教师专业发展日趋成为人们关注的焦点。就美国而言,1980年6月16日一篇题为“救命!教师不会教(Help! Teacher can't teach!)”的文章引起了公众对教师质量的担忧,拉开了以提高教师素质,促进教师专业发展为核心的教育改革的序幕。随后,有“国家教育优异委员会”1983年发表的《国家在危急中:教育改革势在必行》、霍姆斯小组1986发表的《明天的教师》、卡内基教育和经济论坛“教育作为一种专门职业”工作组1986年发表的《国家为培养21世纪的教师作准备》、复兴小组1989年发表的《新世界的教师》、霍姆斯小组1990发表的《明日之学校》、霍姆斯小组1995年发表的《明日之教育学院》等的一系列报告引起了学校和教育行政机构的极大关注。其中尤以霍姆斯小组的系列报告“对教学专业的革命产生了最为持久的影响”。霍姆斯小组在《明天的教师》中勾勒出了培养教师的新方案,改变以往教师培养全部由大学负责的局面,把教育学院与中小学联合起来,建立类似于医学行业中教学医院的专业发展学校,加强大学教师、中小学指导教师与师范生之间的合作与联系。在《明日之学校》中提出了专业发展学校的设计原则,在《明日之教育学院》中则明确提出要重新设计教师教育课程,要充分考虑年轻教师的学习需要和教师整个专业生活过程中的专业发展需要;创建专业发展学校,改变过去教师培养主要是在大学校园,很少到中小学的局面,大学和中小学合作共同提高教师专业学习的质量。此后的许多研究和改革都是围绕如何促使教师获得最大程度的专业发展而展开的。

我国明确提出教师专业发展问题并予以关注是较近时期的事,时间尚短。但种种迹象表明,教师专业发展正愈益成为我国教育理论工作者、教育政策制定者、教育决策者和广大教师所关注的焦点。近年来,已有多名研究生把教师专业化和专业发展作为学位论文的选题,从不同角度构建教师专业化的理论框架、探索教育专业伦理规范建设道路、研究提高教学工作专业地位的目标和策略、探求教师专业社会化的规律性等等。目前,为克服“应试教育”的弊端,我国中小学正大力倡导“素质教育”。而提高学生的素质,必须以教师素质的提高为前提。为此,教育部在《面向21世纪教育振兴行动计划》中,提出要实施“跨世纪园丁工程”,通过理论学习、课题研究、实践学习与总结、国外考察和著书立说等内容和形式,大力提高教师队伍的整体素质。这一工程的实施,意味着我国教师教育已摆脱单纯的学历达标的局限,而转向教师内在专业素质的提高,并为教师素质的不断提高和发展建立健全了教师继续教育网络。尽管就教师教育的现状来看,尤其是与符合教师专业发展的合理性要求来看,在观念、政策、制度、内容、方法等方面仍有许多不尽人意之处,但注重教师内在素质提高、尊重教师专业发展规律性的意识和努力已初见端倪,并将成为今后一个可预测的发展趋势。

7.1.2 从“教师专业化”到“教师专业发展”

从西方有关教师专业化研究的文献来看,对专业、教师专业化、教师专业发展等重要

概念均有不同理解，各概念之间的关系也较为复杂，对它们的历史发展过程更是难以梳理。为明了起见，我们将在不致发生歧义和误解的前提下，突出各概念的特征和历史发展过程的总体脉络，使它们形成较为鲜明对照。这里要特别说明的是教师专业化和教师专业发展两个概念。就广义而言，两个概念是相通的，均用以指加强教师专业性的过程；当将它们对照使用时，主要可以从个体、群体与内在、外在两个维度上加以区分，教师专业化主要是强调教师群体的、外在的专业性提升，而教师专业发展则是教师个体的、内在的专业性的提高。这一区分是在历史发展中形成的，也就是说，下面我们要描述的教师专业化及其有关研究的发展脉络，在一定意义上即是教师专业化概念的衍变、分化，重心逐渐向教师专业发展倾斜的过程。

为了提升教师专业化程度，人们起初采用的是群体专业化策略，即着力于提高教学工作的专业化水平。在这一过程中又存在两种不同的取向：一是侧重通过订立严格的专业规范制度提升专业性的“专业主义”取向；一是侧重通过谋求社会对教学工作专业地位的认可来获取专业性的“工会主义”取向。对此，我们将以美国两大专业组织之间的对峙、消长为例予以说明。此后，教师专业化的重点由群体转向个体。教师个体的专业化也经历了一个重心转移的过程，先是强调教师个体的被动专业化，后来才转向强调教师个体的主动专业化，即教师专业发展。这一转向在理论研究领域中体现得较为明显，在现实实践中总体上也表现出这一趋向，不过由于种种原因，假“教师专业发展”之名，行被动专业化之实的“沽名钓誉”、“鱼目混珠”者不乏其例，因而显得尚有些混乱。对于这一发展过程，我们将以课程理论研究中研究重点的变换过程来予以说明。

(一)教师专业化策略的竞争与转向.以美国为例

教师教育目标的制定、课程选择、课程实施等均是与人们对教师专业化程度的定位密切相关的。人们曾试图通过提升教师群体专业化或者说教学工作的专业化程度，使每一位教师得到提高。一般来说，社会对教师职业专业化程度的认可程度越高，相应的教师的社会经济地位会得到提升，师范生生源的质量、教师教育的物质设备等也将会有所改善。然而，从英美等国家争取教学工作专业地位的历史过程来看，在国家权力及其代表它的外控科层组织(heteronomous bureaucracv)的压制下，教师是极难确立自己的专业自主权，进而提升自身专业地位的。社会学研究领域中的“权力模式”理论认为医学在争取专业地位过程中是成功的，而教师争取对职业的控制权和建立专业自主权的过程是失败的。就西方资本主义国家而言，其原因在于教学工作是资本主义制度不可或缺的功能，因此国家权力有必要干预甚至垄断其服务，以至把它纳入为国家机器的一部分。教师专业化的努力被国家机器所吞噬。

在教师群体专业化过程中，教师专业组织起着至关重要的作用。然而，在谋求作为整个专业的专业地位提升的努力方面，专业组织之间又表现出两种不同的倾向：一种指向内部的专业人员，制订专业标准和规范，要求专业人员改善对社会的专业服务水平；一种指向社会对教学专业的认可和其成员经济地位、工作条件的改善。美国的全国教育协会(National Education Association，NEA)和美国教师联合会(American Federation of

Teachers，AFT）这两大教育团体相互竞争以至对立的发展过程在一定程度上反映了这一情况。美国全国教育协会成立于 1857 年 8 月 26 日，是美国综合性的教学专业组织。就其规模而言，是世界上最大的教师组织，也是美国最大的专业组织。成立之初，其名为“全国教师协会（National Teachers’ Association）”。1870 年，“全国教育视导长协会（National Association of School Superintendents）”和“美国师范学校协会（American Normal School Association）”两个组织并入全国教师协会，组建成为全国教育协会。其会员包括公立学校的教师、行政人员和大学教师。美国教师联合会成立于 1916 年 4 月 15 日，该联合会的章程规定该组织“应由公立学校教师协会以及其他符合本章程条款规定的教育工作者协会组成”。随后的章程条款允许公立学校校长、校长助理、系主任，以及除教育视导长（superintendents）之外管理人员的协会的加入。1966 年修改后的联合会章程不再允许校长以上的行政人员加入。这两个组织走的是教师群体专业化的两条不同道路：强调教师入职的高标准等的专业主义（professionalism）道路与谋求整个专业社会地位提升的工会主义（trade unionism）道路，全国教育协会倾向于专业主义，而美国教师联合会具有明显的工会主义特征。

美国教师联合会与坚持运用罢工和集体谈判等途径维护工人利益的工会组织之间建立了密切联系。1960 和 1962 年，美国教师联合会的一个分支机构在纽约市的罢工取得成功，这促使美国教师联合会完全接受了罢工和集体谈判的途径。纽约市罢工成功之后，美国教师联合会的领导人宣布与美国劳工联合会（American Federation of Labor，AFL）和美国产业工会联合会（Congress of Industrial Organizations，CIO）彻底结盟，并自豪地宣称教师联合会的工会性质，教师联合会有充分利用工会策略以及把自己纳人美国劳工联合会和美国产业工会联合会政策轨道的义务，公开倡导教师罢工。该组织认为：

美国教师联合会（AFT）是惟一真正能够代表课堂教师的组织；

全国教育协会（NEA）以学校行政人员为主，教师在这种组织中无法保障经济上的公正待遇和专业上的认可；

与有组织劳工建立联系至关重要，因为劳工的政治和经济力量能够使教师获得专业地位所必需的特权；

教师与所有工人一样面临着同样的问题；所有的工人必需联合起来维护他们自己的福利和社会全体的福利。

相反，全国教育协会却一直坚持组织的专业性和独立性，不与其他任何社会组织建立依附关系，主张通过教育专业途径和州的立法途径来达到目标。全国教育协会的执行秘书曾对该组织的性质和宗旨作过很好的概括：

这是一个独立的组织。一个独立的专业组织与作为劳工组织分支机构之一的组织之间不是一种表层的区别。公立学校是为所有民众、办公室人员、技术工人、专业人员、公务员、经理和商人等的所有儿童服务的，其职员不应依附于社会群体中的任何一个部分。

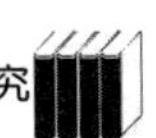

从实际结果来看,单纯通过工会主义的罢工手段难以真正促进教师群体的专业性的提升和获得社会的认可。直至近期,通过工会主义途径来达到专业地位提升的做法仍步履维艰,甚至有每况愈下的趋向。据国际劳工组织1994年对10个发达国家和发展中国家的抽样调查,"虽然在政策上正朝着更有效的承认教师有结社自由这一变化前进,但集体谈判的自由仍然是个例外,而普遍存在的经济趋势则正在破坏许多国家中集体谈判的作用,甚至在一些过去一贯尊重教师和其他工人谈判权利的国家中也是如此。"而且,由于教师工会依附于工会组织,在很多情况下难以维护自身的独立专业地位,所以通过教师专业组织的内部专业自治,订立较高入职、资格许可、资格认定、任职和专业制裁标准,以获取教师集体整体素质的提高逐渐成为教师专业化的基础和前提。实际上,即使是那些偏向走工会主义道路的教师组织,在争取到更高工资和良好工作条件之后,亦是毫不犹豫地致力于制订专业标准,提高专业服务水平。从美国近来有关教师教育改革的文件中可明显看出教师的专业标准逐渐提升的趋势。1987年,美国专门成立了全国专业教学标准委员会(National Board for Professional Teaching Standards,NBPTS),该委员会的目标就是提出比获得教师许可证更严格和更高的专业教师标准。在谋求教师群体专业化的两种取向的竞争中,专业主义取向逐渐占据上风。

正如前文所言,教育是国家机器的一部分,在资本主义社会中仅仅通过工会主义道路是难以获得专业地位提升的,只有努力将提高专业人员的社会经济地位和改善对社会的专业服务水平结合考虑,才有利于两方面目标的实现。然而,制订严格的专业规范等专业主义的做法至多也只是专业制度的建设,制度只能把不符合要求的教师"过滤"掉,其本身并无法保证每一位教师专业知能和专业性的不断改进和提高。这就要求诉诸教师个体的专业化。所以,后来,谋求教师群体专业化的策略,逐渐又转到了教师个体的专业化策略。

早期所采用的教师个体专业化策略,主要表现为教师被动的专业化。从教师自身来看,教学工作往往被作为而且仅作为谋生的手段,在整个职业生涯中也只把个人职业阶梯的上升作为工作主要动力。在此过程中,教师为了被社会认同,只得被动地实现外界所订立的专业标准,执行所规定的要求。就大多数发达国家而言,20世纪80年代以前,临床指导(clinical supervision)和教师评价(teacher' evaluation)一直是提高教师专业素质的主要方式,是实施被动专业化的具体措置。"临床指导是指导者(教研员、学校领导及其其他教学管理人员、视导员、执教者的同事等)帮助教师改进教学行为的一种现场管理策略。"临床指导有多种形式,一般有以下共同步骤:观察前谈话;课堂观察;分析和计划;指导会谈;会谈后分析。尽管有关临床指导的综述研究对其效果的归纳褒贬不一,但从根本上来说,它存在着以下缺陷:太过分强调教学技能;由于没有考虑教师的成长过程以及教师所处的不同发展阶段,因而没能把有经验教师与新手教师的需要区分开来。

20世纪90年代初期以前,教师评价也颇受关注,尤其是在关心教学效能核定(accountability)的美国把教师评价也作为改进教师素质的一种方式。对教师进行评价时,一般是先由视导员或行政管理人员进行课堂观察,并按照一定"标准"给教师打分,这些

“标准”多来自有关教师效能的研究结果。而后视导员与教师交换意见。一学年中，视导员要对每一位教师的课观察2～3次。最后，对教师作出总结性评价，以决定教师的奖惩、谪升和去留。这种基于“评价”而不是专业发展的教师评价对教师内在素质提高的效果是消极的，除了对教师外在行为的记录之外，它并没有提供任何有关教师是如何思维、设计等信息，教师在这些方面也无从改进。后来，由于以上方式效果不佳，促使人们对教师专业成长过程进行了深入探讨，并在此基础上提出了“自我引导发展”、“合作或联合发展”、“以变革为定向的教师培训”、“教师角色拓展”等促进教师专业发展的新方式。

早在20世纪70年代初期，杰克逊(Jackson，P.W.)即曾以对教师被动专业化批判的口吻，预测教师被动专业化即将被尊重教师个人成长规律性、强调教师自身积极作用的教师主动专业化所替代。他把教师被动专业化称做教师发展的“缺陷”观，把主动专业化称做教师发展的“成长”观。他提出，如果要真正提高教师的内在素质，教师的在职教育必须实现由“缺陷”观向“成长”观的转变。按照杰克逊的分析，“缺陷”观假设教师现在的教学中存在某种错误或缺陷，在职教师教育的目的就是对这些缺陷予以修正。“成长”观把教学看做是一项复杂、多维的活动，教师学会教学不再是弥补缺陷的过程，而是作为一名艺术实践者不断追求完善的过程。自然，完善在一定的意义上也属对缺陷的弥补，但此外，完善的提法更富有积极的意义和主动性。教师自己的教学经验是教学知识的重要源泉，但仅靠教学经验仍难以获得专业成长，在职教育应当帮助教师形成对自己课堂教学的敏感性，让教师从对自己教学经验的反思和概念化获得专业成长。显然，前者对教师自身和教师专业发展缺乏观照，只是一味地做“加法”，而后者试图遵循教师“成长”的路线，为教师专业发展提供帮助。

(二)理论研究领域中重心的移易：从个体被动专业化到教师专业发展

在教师被动专业化策略中，教师本人在专业化的过程中根本谈不上有什么地位和作用。这一状况与人们对教师在整个教育、教学中地位和作用的认识是分不开的。随着教师地位和作用被“重新发现”，教师在个体专业化中的被动地位也发生了变化。教师的被重新发现，在教师与课程关系的研究领域中体现得较为明显。

从历史发展的角度来看，教师与课程的关系经历了从两者浑然一体到分化、再到融合的过程，如果把近代之前教师与“课程”之间浑然一体的状态排除在外，教师在课程开发中的地位和作用逐渐发生变化，教师不再仅仅被看做是“课程实施者”，而且也被看做是“课程开发的研究者和参与者”。这一观念的转变不但为教师的专业发展营造了良好的外部环境，而且为教师专业发展提供了一条现实的途径。随着课程编制权利的逐渐下放，对教师的专业化水平的要求也越来越高。而这一过程恰恰映射了教师“专业化”由近代“技术熟练者”范式向现代“反思性实践者”范式的转化过程。

在近代以来的制度化教育背景下，工业管理的模式被应用于教育，课程的目标、内容、实施和评价等过程均被“标准化”、“科学化”，教师成了“教书匠”。在这种情形下，教师的所谓的“专业化”程度取决于其专业领域的知识与技术的成熟度，教师的专业力量受学科内容的专业知识、教育学、心理学的科学原理与技术的制约，教师的专业实践被视为学科内容的知识、教学论、心理学原理及其技术的合理利用，教师的专业实践的专业化程度也是凭借这些专业知识、原理和技术来保障的。而且在这种范式下，一般认为这些知识、原理和技术是可以通过“教”的方式“传递”给教师的，教师处于被动的“专业化”状态，这一过程还称不上教师自主的专业发展过程。20世纪60年代，斯腾豪斯（Stenhouse，L.）提出一种新的关于教师在课程开发中的作用的观点，即“教师即研究者”，后来这一观点在世界范围内产生广泛影响。任何课程改革的最终效果在很大程度上取决于教师的态度和参与水平，而“防教师（teacher－proof）”的专家课程体系却把教师排除在课程开发过程以外。20世纪80年代以来，许多国家纷纷设立教师中心或课程开发中心，课程开发的权力由专家转到教师手中，教师成了课程的开发者和研究者。在这种情形下，课程开发和教师的成长及专业发展融为一个统一的过程。相应地，教师的培养和发展所遵循的是“反思实践者”范式。这一范式认为教师的成长和发展关键在于实践性知识的不断丰富，教师的专业性是靠实践性知识，即运用综合的高度见识所展开的问题意识与问题解决的成熟度来保障的。教师在以“参与”、“反思”主要特征的行动研究中不断获得对实践的反思能力，进而使自己获得专业发展。

从理论研究的发展角度看，西方某些课程研究者提出的以获得教师专业自主为核心的教师专业化策略的发展脉络，与“教师群体专业化→教师个人被动专业化→教师专业发展”的轨迹是相契合的。较早把教师参与课程开发过程作为促进教师集体和个人专业自主，进而提高教师专业化程度的课程理论研究者是斯腾豪斯。斯腾豪斯把“教师即研究者”作为教师专业化的基本策略。

而埃利奥特（Elliot，J.）认为斯腾豪斯尽管鼓励教师成为研究者，但在实际做法上许多课程研究方案均是由课程专家或学者提出来的，教师所做的只是验证这些专业的假设，因而没有彻底解决促进教师专业自主的问题。所以，埃利奥特进一步提出教师即“行动研究者”，教师不再把可能带有偏见的“专家”思想视做当然，而是从自己的教学实际中提出问题、着手解决问题、提出假设、检验假设和评价，只有通过这样的过程教师才能获得专业自主和发展。

凯米斯（Kemmis，S.）在斯腾豪斯提出的“教师即研究者”的基础上也前进一步，提出教师即“解放性行动研究者”，教师不是在专家的直接指导下展开研究，而是在教师自己的共同体指导下展开研究，专家只是帮助形成共同体。这种情形也保障了教师对研究过程的充分介入，这一过程也使得教师“解放”自己及其专业，从而获得专业自主和专业发展。

由斯腾豪斯的“教师成为研究者”策略，到埃利奥特的“教师成为行动研究者”策略，再到凯米斯等人的“教师成为解放性行动研究者”策略，这些策略既是逐渐增加教师课程开发参与程度的策略，也是不断提高对教师专业化程度的要求，促进教师专业发展的过程。

由此可见，课程开发思想的发展与教师专业发展之间有着密不可分的联系，一方面，强调教师参与的课程开发思想要求“把课程还给教师”，这实际上给教师提出了更高的素质要求;另一方面教师在课程开发过程中获得的专业发展又会有助于他们更有效地投入新的课程开发过程。教师在课程开发过程中地位和作用的变化加速、促进了教师专业发展的提出与实施,而且教师参与课程开发已成为教师专业发展的一个重要途径。

以“教师专业发展”为主题的1980年世界教育年鉴的出版,是由教师被动的个人专业化转向教师积极的个人专业化,即教师专业发展的一个重要标志。20世纪80年代以来,已有多次专门以教师专业发展为主题的国际会议。如1989年2月的多伦多会议,1991年2月的温哥华会议等。这些会议的召开无疑对深刻理解教师专业发展概念、在实践中促进教师专业发展起到了积极推动作用。

7.1.3 教师专业发展研究现状及其问题

近30年来,尤其是20世纪80年代以来,教师专业发展课题成为国外研究的热点,研究结果大量涌现,目前已经成为一个新的专门研究领域。我们将在对已有研究课题的检讨过程中,寻找研究的新起点。

(一)教师专业发展研究的主要课题

就已有研究来看,教师专业发展研究的焦点主要集中在两个方面:一是教师实际经历的专业发展的变化过程,侧重研究教师专业发展体现在哪些方面、各个方面发展要经历哪些阶段、各个方面的发展是否有关键期等。二是教师专业发展的促进方式,研究在教师专业发展有关观念指导下,给教师提供哪些以及如何提供外在环境和条件,才能更好地帮助教师顺利地走过专业发展所必须经历的诸阶段。显然,这两方面的研究是密不可分的,对教师专业发展过程规律性的研究,是专业发展促进方式研究的基础和重要依据。

相对来说,现有的研究中,对教师专业发展实际变化过程的研究较为成熟,而且成果也较多。依照研究角度和框架的不同,教师专业发展阶段的研究大致可归为职业/生命周期研究框架、认知发展研究框架、教师社会化框架和“关注”研究框架等四种。所谓职业/生命周期研究侧重对教师职业生涯和人生阶段特征的描述研究,这类研究是一般职业周期和人类一般生命周期研究在教学专业和教师方面的专门化,它是以人的生理的自然成熟和职业的自然适应为基本框架的。认知发展框架研究主要分析教师的认知发展水平对专业行为和活动产生的影响,它侧重教师专业发展的认知方面的研究。社会化框架的研究实际上是对教师专业社会化阶段特征的研究。 “关注”框架研究主要侧重探究教师在由非专业人员成长为专业人员过程中,不同时期所遇到的不同问题或所关注的不同焦点,这类研究是以教师的专业发展为主线的。

从研究的内容来看,现有的研究几乎涉及到教师各个方面的发展变化过程,如专业认知、行为、态度、道德和伦理等;从研究所采用的方法来看,现有研究也颇为丰富,有对教师特定方面发展变化过程的描述性研究,有考察某些特定因素改变对教师专业发展影响作用的实验研究(如教师任职学校的改变对教师专业发展的影响、教师个性和任教科目的改变对教师行为和效能的影响等),也有探讨教师专业发展特点与教学成效之间关系的相关研究，还有不同条件下的教师专业发展的比较研究（如不同年级、性别、民族和文化背景的教师在专业发展方面的差异、退出教坛与继续留任教师之间的专业发展模型的对比研究、普通成人发展过程与教师专业发展过程之间的对比研究等）。

相对来说，有意识促进和影响教师专业发展的研究还比较薄弱，这可能是由于这方面研究需要长时间的实验研究的缘故，但它更具有应用价值。这方面有价值的研究课题包括：职前和在职教师培养的内容、教学方法和时机的研究；督导对教师专业发展的影响研究以及各种鼓励和奖赏对教师专业发展的影响研究等。

（二）现有研究的局限

以上课题的研究使我们对教师专业发展过程的方方面面有了不同程度的了解，也为促进教师专业发展提供了一定依据。不过，就总体来看，目前的诸类教师专业发展研究仍有以下这些局限。

缺少沿着时间维度，对教师专业发展诸方面作综合分析的研究。现有研究要么从某一个角度对教师专业发展过程进行"描述式"研究（尤其是个人整个职业生涯的过程的研究体现得最为明显），缺少对专业发展自身构成因素内在轨迹和外在影响因素作用的分析；要么着重对单一内在或外在因素对教师专业发展作用的分析，而缺少在教师总体发展的时间坐标下各因素作用的考察。

缺少理论框架观照下的考察。即缺少将内在结构因素分析及其与外在因素相互作用在时间维度上纵向展开为理论指导框架和研究结果表述方式的研究。

更为重要的是，已有的这些研究均对教师自身在专业发展中的作用有所忽视。在对教师专业发展过程的研究中，没有把教师对自己专业发展的需要和意识作为一个独立的影响因素予以考察；在促进教师专业发展研究中，也没有探讨教师自觉地对自我专业发展负责，对教师的后续专业发展会有多大作用，以及何时、何地、何种条件下，教师的自我专业发展更为有效。

7.2　教师专业发展内在的研究

7.2.1　教师专业发展的认定

所谓"认定"，是指作者本人对此问题的认识。认定的内容包括两个方面：一是对教师专业发展概念的认定；二是对教师专业发展衡量标准的认定，即当我们说某教师在教师专业发展方面有进步时意味着教师在哪些方面发生了变化。

（一）"教师专业发展"界定例举

从国外现有的有关研究来看，研究者对"教师专业发展"的理解是多种多样的。但归纳起来，主要有三类：第一类是指教师的专业成长过程；第二类是指促进教师专业成长的过程（教师教育）；第三类认为以上两种涵义兼而有之。

属于第一类理解的具体表述有以下几种。

1.霍伊尔(Hoyle,E.)认为“教师专业发展是指在教学职业生涯的每一阶段,教师掌握良好专业实践所必备的知识与技能的过程”。

2.佩里(Perry,P.)认为,“专业”一词就有多种含义,不同的人在使用它时可能代表了不同的价值取向。“就其中性意义上来说,教师专业发展意味着教师个人在专业生活中的成长,包括信心的增强、技能的提高、对所任教学科知识的不断更新拓宽和深化以及对自己在课堂上为何这样做的原因意识的强化。就其最积极意义上来说,教师专业发展包含着更多的内容,它意味着教师已经成长为一个超出技能的范围而有艺术化的表现;成为一个把工作提升为专业的人;把专业知能转化为权威的人”。

3.富兰和哈格里夫斯(Fullan,M.& Hargreaves,A.)指出,他们在使用教师专业发展这一词汇时,既指通过在职教师教育或教师培训而获得的特定方面的发展,也指教师在目标意识、教学技能和与同事合作能力等方面的全面的进步。

4.利伯曼(Lieberman,A.)从与过去的“在职教育”、“教师培训”对比的角度对教师专业发展作了以下说明:

教师专业发展的概念对过去的在职教育或教师培训(in－service education or staff development)重新作了界定,因为它关注教师对实践的持续探究本身,把教师看做是一个成年学习者。教师专业发展的概念还把教师看做是一个“反思实践者”,一个具有缄默性知识基础的人,能够对自己的价值和与他人的协调实践关系不断进行反思和再评价的人。过去的教师培训或在职教育只意味着针对个别教师的工作室(Wworkshop),并抱有这样的假设,即教师有了关于课题内容和如何呈现这些内容的知识就足以将其运用于课堂教学。但教师专业发展却代表了一种更为宽阔的思想。它不仅是教师与学生一起改进其实践的途径,而且它还意味着在学校中建立起一种相互合作的文化,在这一文化中教师之间相互学习的行为受到鼓励和支持。

5.格拉特霍恩(Glatthorn,A.)认为,教师发展(teacher development)即“教师由于经验增加和对其教学系统审视而获得的专业成长”。

6.台湾学者罗清水认为, “教师专业发展乃是教师为提升专业水准与专业表现而经自我抉择所进行的各项活动与学习的历程,以期促进专业成长改进教学效果,提高学习效能”。

属于第二类理解的具体表述有以下几种。

1.利特尔(Litlle,J.w.)明确指出,对教师专业发展的研究有两种截然不同的路径。路径的不同在一定程度上也反映了教师专业发展一词含义的两面性。其一是教师掌握教室复杂性的过程,这些研究主要关注特定的教学法或课程革新的实施,同时也探究教师是如何学会教学的,他们是如何获得知识和专业成熟,以及他们如何长期保持对工作的投入等。其二是侧重研究影响教师动机和学习机会的组织和职业条件。

2.有些学者虽然没有对教师专业发展做出具体界定,但从他们对词汇的使用、选择和翻译中可以明显看出对教师专业发展的理解。如斯帕克斯和赫什(Sparks,D.& Hirsh,

s.)曾明确表示，他们在文章中把专业发展（professional development）、教师培训（staff development）、在职教育（inservice education）等作为完全可以相互替代的词汇交叉使用。台湾学者罗清水也指出，专业发展（professional development）一般常与专业成长（professional growth）、教师发展（teacher development）和教师培训（staff development）等交互使用。有的内地学者干脆把“teacher professional development”直接翻译为“教师专业培训”。

属于第三类的表述威迪恩（Wideen，M.）指出，有以下五层含义。

（1）协助教师改进教学技巧的训练。

（2）学校改革整体活动，以促进个人最大成长，营造良好的气氛，提高学习效果。

（3）是一种成人教育，增进教师对其工作和活动的了解，不只是停留在提高教学成果上。

（4）是利用最新的教学成效的研究，以改进学校教育的一种手段。

（5）专业发展本身就是一种目的，协助教师在受尊敬的、受支持的、积极的气氛中，促进个人的专业成长。

由以上西方学者的诸种理解中可以看出，“教师专业发展”这一概念指：

1.有两种基本理解：一是教师的专业成长过程；一是促进教师的专业成长的过程（教师教育）。

2.作为专业成长过程，教师专业发展是一个多侧面（如佩里所提出的专业信心的增强、技能的提高、对所任教学科知识的不断更新拓宽和深化以及对自己在课堂上为何这样做的原因意识的强化等；利特尔提出的教师在知识、技能、课堂教学中的判断力的提高和对专业团体的贡献等）、多等级层次的发展过程（如佩里所谓中性意义上的专业发展和积极意义上艺术化表现的专业发展等；利思伍德所提出的发展“求生”技能、形成教学基本技能、拓展教学灵活性、掌握教学专业知能、促进同事专业成长和参与领导和决策等）；作为教师教育过程，教师专业发展也具有多种层次（如威迪恩所提出的五层含义等）。

两种基本理解及其相应各个侧面、层次的次级理解的不同组合，形成对“教师专业发展”“丰富多彩”的诠释。

（二）教师专业发展的基本含义

在本篇中，我们把教师专业发展理解为教师的专业成长或教师内在专业结构不断更新、演进和丰富的过程。依教师专业结构，教师专业发展可有观念、知识、能力、专业态度和动机、自我专业发展需要意识等不同侧面；根据教师专业结构发展水平，教师专业发展可有不同等级。

如何认定教师专业发展所达到的层次或等级，目前尚无公认的判断标准，不同的研究者提出了各自不同的衡量准则。衡量教师专业发展的水平可从“内容”和“程度”两个角度来考虑。具有相同发展“内容”的教师，从同一内容的不同发展“程度”可区分出他们之间发展水平的高下。不过，有些研究者是把“内容”与“程度”的衡量准则合而为一，即把某种“内容”发展本身作为不同发展程度与等级的标志。本研究认为，对教师专业发展层次的衡量,应采纳“内容”与“程度”相结合的标准。

利特尔认为,教师专业发展过程也可看做是教师的职业生涯的演进过程。从这一广泛的意义上讲,教师专业发展的机会可能会影响并反映教师个人生活的三个方面:教室中的生活、教研室(staffroom)中的生活和职业生涯的展开。教师作为课堂教师、同事和职业团体一员的构想,提供了一种判断教师专业发展性质和结果的标准。首先,教师专业发展可以用教师课堂工作中表现出的知识、技能和判断力的提高来衡量;其次,教师的专业发展亦可用其对专业团体所作的贡献来衡量;再次,教师专业发展还可用教学工作在个人生活中的意义来评判。

(三)与几个相关概念的区分

在英语文献中,与教师专业发展(teacher professional development)相关的概念较多,这些概念对不同时期、不同学者有不尽相同的理解,再加上对教师专业发展理解的多样化,它们之间的关系变得愈加复杂,的确令人感到“剪不断,理还乱”。常见的相关概念主要有专业成长(professional growth)、职业成熟(career development)、教师培训(staff development)、在职教育(inservice education)等。有人对这些概念不加区分,将其作为可以相互替代的概念混用。混乱的原因主要有两方面:一是专业发展的两种含义并用,既指教师的专业成长,又指相应的促进教师专业成长的教师教育;二是由于教师教育,尤其是职后教师教育形式日渐多样化,以及由此而引发的名称和分类体系的多样化。

如果我们把教师专业发展定位在专业成长过程,并对教师专业发展的途径作一整理,那么在一定程度上即可理清目前纷繁复杂的“教师专业发展”用法之间的关系。就教师专业发展(teacher professional development)与教师专业成长(teacher professional growth)来说,两者是同义的,只是前者强调发展过程,而后者主要是指发展的结果。按照格拉特霍恩的分析,获得教师专业发展的路径实际上是一个连续的谱系,许多与教师专业发展相关的概念指称的就是这个谱系中的某些途径。谱系的一端是顺其自然地度过职业周期而获得的专业成长,这种基于经验的成长依次要经历几个阶段,这一端可称为“职业成熟(career development)”。另一端是有组织地促进教师成长的在职教育计划,可称为“教师培训(staff development)”。其他有关概念则处于以这两个概念为端点所形成的谱系上。当然,每一端点本身又是复杂的。如,就教师培训(staff development)来说,按照培训是否在教师任职的学校进行又可区分出一个以“在职培训(inservicetraining)”和“在岗培训(onservice training)”为端点的一个连续谱系

以上有关概念在英文文献中均曾被不同研究者称为“教师专业发展”。我们在本文中所指的是教师的专业成长过程,无论上述哪一种途径都会对教师专业发展形成程度不同的影响,我们更关心的是在诸种途径作用下,教师内在专业结构所产生的更新、演进和丰富的过程。

7.2.2 教师的专业结构简析

对教师专业发展过程进行考察,必须要明确从哪些方面进行考察,这便是教师的专

业结构需要解决的问题。尽管从动态发展的角度来看，教师的专业结构作为教师成长的“横向剖面”在不同阶段有所不同，但要说明教师专业成长的过程，将其作为一个分析框架提出还是必要的。

以往对教师专业结构的研究主要来自两方面，一是对“专业特质”的研究，二是对“教师素质”的研究。20世纪70年代中期以前，一些社会学家曾致力于建立一套具有普遍性的“专业特质”，以便把专业与其他职业区分开来。这类研究是从一般性的、专业的角度来考虑的，它主要适用于作为专业人员群体所应具有的特质，对专业人员个体专业结构的分析有一定的借鉴意义。如，曾荣光在这类研究中即把专业所必须具备的核心特质(core traits)归纳为“专业知识”和“服务理想”两方面。对“教师素质”结构的分析、研究已有很多，如马超山、张桂春从动力系统(思想品德)、知识系统和能力系统等三个方面来构建教师的素质结构模型。这些研究虽然面向教师个体，但又主要是从对教师的素质要求或优秀教师所具备素质角度来展开的，从教师作为一名专业人员的角度对教师的内在专业结构进行分析的研究却不多见。

(一)教育信念

我们认为，教师的教育信念是指教师自己选择、认可并确信的教育观念或教育理念。

教师一般总是有自己的信念体系，它可能是从自己教学实践经验中逐渐累积形成或由外界直接接受而来的教育观念，也可能是经过深思熟虑并富于理想色彩的教育理念，它们之间存在的只是所赖以建立的基础的差异，可以看做是教师信念的两个层次。由经验式、无意识的朦胧教育信念向以知识、系统理论为基础的教育信念不断演进，以至有意识地构建清晰的、理想的教育理念，并随着时代的发展随时予以更新是教师逐渐走向专业成熟的一个重要维度。相对而言，就目前所见到的研究来说，西方学者较为强调以知识为基础的教育观念层次的教育信念，而国内学者多强调以理性、理想为基础的教育理念层次的教育信念。就西方而言，关于教师教育信念的研究是在由教师素质、教师行为研究向教师认知研究转变的过程中出现的。在最初开始这种研究转变的70年代，研究的重点主要确定在教师教学决策方面，人们把教学决策看做是连接教师思维与行动的纽带。然而不久研究者便发现，决策的概念太过狭窄，不能反映教师全部的内心世界。多数情况下，教师的认知活动中的思维并没有达到决策过程所要求的深思熟虑的程度。于是，研究范围拓展至教师知觉、归因、判断、反思和评价等方面。随后，教师认知研究重点则集中在教师实践背后的知识和信念上。正是由于教师信念是作为教师认知系统的一个部分来展开研究的，所以，教师信念往往与教师认知有关的概念交织在一起。另外，较早对教师信念展开研究并颇具影响的格罗斯曼、威尔逊和舒尔曼(Grossman，P.L，Willson，S.M.& Shulman，L.S.)等人，也特别强调教师信念与教师学科知识之间的密切关系。由此可见，西方学者较强调教师信念的知识基础。国内学者在谈及教师教育信念时多用教育理念，并认为“教育理念是指教师在对教育工作本质理解基础上形成的关于教育的观念和理性信念”。

从宏观的角度来说，教师的教育信念包括教育观、学生观和教育活动观，从微观的角度来说，主要有关于学习者和学习的信念、关于教学的信念、关于学科的信念、关于学会教学的信念和关于自我和教学作用的信念等。教师的教育信念不仅影响其教学、教育行为，而且对教师自己的学习和成长也有重大影响，尽管教师对此可能并不察觉。在教师试图学习、尝试接受新的教育观念时，这些实际存在的信念则可能成为过滤新观念的筛子，并对新观念学习和教师成长产生不利影响。

作为分析教师专业发展的一个维度，教师的教育信念反映的是教师对教育、学生以及学习等的基本看法，它形成之后，在一段时间内保持相对稳定。教育信念在教师专业结构中位于较高层次，它统摄着教师专业结构的其他方面。因而，教师教育信念系统的改变是一种较深层次的教师专业发展。

(二)知识

有多位学者曾就一门专业的特征提出过不同的观点，但大致可归为三方面：一是要有一套专业理论知识，二是承担独特的社会服务，三是拥有高度专业自主权。所以，作为一名专业人员获得专业理论知识是专业成长中的又一重要维度。格里芬(Griffin,G.A.)也在《初任教师知识基础》一书的最后一章，赫然以“结束语：知识推动的学校”为题，突出教师的知识在学校教师专业生活中的重要地位。

教师知识是国外教师研究中开始较早的研究领域之一，但至今为止，专业教师到底应该从哪些方面去构建知识结构尚没有一致的认识。无疑，教学过程中教师要用到多种知识，然而对教师的知识结构却很少有人研究。这一方面与教师知识研究的历史因素有关，尽管长期以来教师知识就是许多教师和教学研究者感兴趣的研究课题，然而对这一问题较为系统的研究却是近 20 多年来的事，尤其是 80 年代初期以来，有关教师知识的研究才迅速增加；另一方面也显示出教师知识结构这一问题本身的复杂性。在对教师知识的研究中，由于各研究者对教师知识性质理解和研究侧重点等的不同，出现了许多“类别”的知识，甚至教师知识有哪些类别、各类知识相互之间有哪些联系以及如何建立分类框架本身也已成了一个研究的领域。

早期的教师知识研究，尤其是 20 世纪 60、70 年代的研究，多是在“过程－结果”研究范式下展开的，这类研究只注重寻求与学生成绩或成绩提高之间有统计意义相关的教师知识，而不关心教师知识的结构或维度。舒尔曼在其专论中提醒人们：既往的研究忽视了教师知识，教师学科知识成了“遗漏的范式(missing paradigm)”。他提出了一个包括学科知识、学科教学法知识和课程知识在内的分析教师知识的框架。后来，他和同事又将这一框架拓展，把一般教学法知识、学习者的知识、情境的知识(教育目的)和其他课程的知识等也包括在内。舒尔曼的概念框架及其与同事所共同进行的一系列研究在教师知识研究领域具有很大影响力。他们在斯坦福大学关于教师知识成长研究的重点是学科知识在新任教师的教学计划和教学过程中的作用。他们发现，教师的学科知识既影响教师教学的内容、教学过程，也影响教师对教学法的选择。显然，在舒尔曼为首提出的教师知识的结构中，特别强调学科知识这一维度。

有的研究者试图在专家教师与新手教师的比较研究中，发现专家教师所具有的知识

特征和结构。在这方面伯利纳(Berliner,D.C.)、莱因哈特和格里诺(L,einhardt,C.& Greeno,J.G.)、莱因哈特和史密斯(Leinhardt,G.& Smith,D.)等人的研究较有代表性。伯利纳提出专家教师的知识结构可归为关于所任学科内容的学科知识、将学科知识转化为恰当的教学活动所需的学科教学法知识和关于教室管理和组织的一般教学法知识等三方面。

还有的研究者基于某种特定的认识,研究了教师知识的某一特殊维度。如考尔德黑德和米勒((Calderhead,J.& Miller)认为对专业教师来说,至关重要的是那些在教学过程中实际起作用的知识形态。而这种知识的形成需要有一个由一般的学科知识向适宜于教学的学科知识的转化过程,教师会把先前已有的学科知识与现有的课堂现实的知识结合在一起,形成一种"与行动相关的知识"。有的研究者,如埃尔巴兹(Elbaz,F.)、康奈利和克兰迪宁(Connelly,F.M.& Clandinin,D.J.)、布洛(Bullough,R.V.)和古德森(Goodson,I.)等从对教师知识情境性、实践性和个人化性质的理解出发,探讨了教师知识的一个新维度——教师个人实践知识。在这一领域,尽管他们对教师"个人实践知识"的理解并不完全相同,但这些研究中对教师知识的理解与前面的研究却有着明显的区别。这至少表现在后两个方面。一是知识不仅仅是前人总结出来的、普遍适用的"原理"或"规律",或书本上的知识,而且富有"个人特征";它不仅是教师从别人那里直接接受的过程,而且对个人而言是一个发展、积累的过程,在很大程度上它反映着教师过去的经验、现在的行为以及将来可能的表现。二是知识不只是属于认知冷冰冰的、纯客观东西,而且就每一位教师实际所拥有的知识来说,都富有价值、情感、审美等特征。正是"个人实践知识"的这些特征,进一步丰富、深化了人们对教师知识的理解,是对传统意义上教师知识结构的重要补充。教师不仅要吸收他人归纳出来的已经获得确证的知识,而且要拥有"实践的智慧"。

(三)能力

与教师知识一样.教师能力也是教师专业结构中的一个重要组成部分。教师能力特别是专业能力对教师专业工作的重要性似乎没有什么异议.然而对哪些能力更为重要却是众说纷纭。不同学者所罗列的能力项目中,少的有两三项,多的达13项。

综合而言,我们认为,教师专业能力应包括一般能力(即智力)和教师专业特殊能力两方面。教师在智力上应达到一定水平,它是维持教师正常教学思维流畅性的基本保障。在教师专业特殊能力方面,又可分为两个层次:第一个层次是与教师教学实践直接相联系的特殊能力,如语言表达能力、组织能力、学科教学能力等;第二个层次是有利于深化教师对教学实践认识的教育科研能力。我们对教师专业能力发展过程的研究将主要围绕这几方面展开。

(四)专业态度和动机

它们是教师专业活动和行为的动力系统,直接关系到教师去留的重要因素。它涉及教师的职业理想、对教师专业的热爱程度(态度)、工作的积极性能否维持(专业动机)和某种程度的专业动机能否继续(职业满意度)等方面的问题。

有研究表明,教师的专业动机和对专业的投入,是随着年龄和任职年限的增长而变化的。入职动机非常坚定的人,并不一定意味着他将永远保持这种专业动机。据调查,教师,尤其是初任教师的专业动机很容易受到其实际的专业活动自主程度、学校对教师的专业支持和帮助、与学校领导或同事教育信念的兼容程度等因素的影响,在其中某些因素的作用下可能最终导致教师离开教师岗位。由于许多教师往往是入职之后才发现自己“错选”职业,所以马索和皮吉(Marso,R.N.& Pigge,F.L.)称教师培养是一项“高冒险”、高投入的事业。国内学者陈云英、孙绍邦对北京、天津、大连及山东等4省市204名小学教师的测量研究表明,不同的入职动机,包括父亲或母亲是教师;受某教师影响;自己的理想;自然而然;别无选择等,在教师职业满意度总分上有显著差异($p=0.0263$)。上面提到的教师职业理想、态度、动机和职业满意度等是一系列影响教师去留、保证教师积极专业行为密切关联的因素,但专业态度与动机是其中两个核心因素,其他因素一般都要通过这两个因素来影响教师的专业发展。所以,我们将主要把教师的专业态度和动机作为分析教师专业发展的维度。

7.3 “自我更新”取向高校教师专业发展的基本特征

7.3.1 教师专业发展阶段划分新标准的探寻

对教师专业发展阶段研究至少有以下三方面的意义:一是为教师教育提供赖以确定教师需要和能力的基础;二是为帮助、支持教师指明了道路;三是有助于教师选择、确定近期或远期个人的专业发展目标。然而,教师专业发展阶段研究的历史却并不长。虽然在20世纪初已经有了这方面的研究,但考虑到时代背景和教育体制的变化等因素,对我们目前较有意义的是60年代以后的研究。50年代中后期,富勒(Fuller,F.)曾意外地发现在教师教育的职前阶段,教师的关注内容表现出明显的阶段性。此后,教师专业发展的阶段理论便逐渐发展成为一个新的研究领域。从研究者所使用的专业发展阶段划分标准和研究框架来看,目前已有的研究大致可归为五类:职业/生命周期研究框架、心理发展研究框架、教师社会化框架、“关注”研究框架和综合研究框架。我们将在对这些划分标准与研究框架分析、批判的基础上,探索新的划分标准与研究框架。

(一)职业/生命周期标准及其框架

职业/生命周期框架研究是以人的生命自然的老化过程与周期来看待教师的职业发展过程与周期。尽管这类研究并非是绝对简单地把生命的自然成长周期直接用于解释教师的职业发展,但其分段的划分以生命变化周期为标准,故最终结果是在人的生命周期的框架下对教师职业成长过程进行描述的。

60年代时,对教师职业生涯的研究还寥寥无几,而到了70年代以后,这类研究在美国、英国、荷兰、澳大利亚、法国和加拿大等地骤然增多。此前,对教师问题的研究多集中

在初始训练和入职方面。

纽曼、伯登和阿普尔盖特(Newman,K.,Burden,P.& Applegate,J.)是较早将生命周期与教师职业生涯结合起来,探讨教师专业发展阶段的学者。他们通过对访谈,将教师职业生涯分为三个阶段。第一个阶段从20—40岁,在这一阶段教师要确定自己在专业中的位置,在这期间教师从事教学的志向也可能会发生很大变化。第二个阶段从40～55岁,这时教师从教志向强烈,士气高涨。第三阶段指55岁以后,教师意识到即将离开教学岗位和自己的学生,工作劲头和热情开始下降。沿着这样一种静态描述的思路展开的研究还有许多,如克鲁普(Krupp,J.)运用访谈的方法,将教师的职业生涯按照年龄分为七个阶段等。

在这类研究中,较具特色的是费斯勒(Fessler,R.)的研究。他把教师的职业周期放在个人环境和组织环境之中来考察,教师实际经历的职业周期是教师作为发展中的人与这两个环境影响因素相互作用的结果,他提出的教师职业周期模式是一种动态、灵活,而不是静态、线性的发展模式。

以此为基础,费斯勒把教师职业周期分为八个阶段。第一个阶段是职前阶段(pre－service),这一阶段是教师特定角色的准备期。一般来说,是在师范学院或大学的初始培养阶段,也包括教师担任新角色或工作时的再培训。第二个阶段是入职阶段(induction),是教师工作的最初几年,在这期间,教师要实现教育系统的社会化,并学会做教学日常工作。作为新教师,他们努力得到学生、同事的认可,在处理日常问题方面能够达到令人满意的程度。第三个阶段是形成能力阶段(competency building),在这一阶段教师努力提高教学技能和能力,他们积极寻找新资料、新方法和策略。这一阶段的教师渴望形成自己的技能,易于接受新观念,经常参加各种交流会和教师培训计划。第四个阶段是热心和成长阶段(enthusiastic and growing),处于热心和成长阶段的教师,即使已经达到了较高的能力水平,作为一个专业人员依然不断寻求进步。这一阶段的教师热爱自己的工作,每天急于到校,他们不断创新,改进、丰富自己的教学。热心和高职业满意度是这一阶段的核心内容。第五个阶段是职业受挫阶段(career frustration),这一阶段的特征是教学遭受挫折,教师的职业满意度下降。教师的挫折多数发生在职业生涯的中期。第六个阶段是稳定和停滞阶段(stable and stagnant),这一阶段的教师除了分内的工作之外,不再想多做其他任何事情,他们的工作虽然可以接受,但不再追求优秀和成长,只是满足于做到对教师的基本要求。第七个阶段是职业泄劲阶段(career wind down),这一阶段展现了教师离开教学岗位前的状态。对某些教师来说,这可能是一个较为愉悦的时期,因为他们曾有过辉煌的教学成绩并在心中留下美好回忆;对另一部分教师来说,这也可能是一个较为苦涩的时期,因为他们是被迫离职或迫不及待地想离开教学岗位。最后一个阶段是职业退出阶段(career exit),这是教师退出教学岗位之后的时期。这可能是因为年事已高,正式退休,可能是自愿退职,也可能是因为生小孩暂时离职,还可能是为了寻找自己更为满意的职业。

(二)心理发展标准及其框架

心理发展框架把教师作为一个成年学习者看待,其分析是建立在皮亚杰(Piaget,J.)的认知发展(cognitive development)理论、亨特(Hunt,D.)的概念发展(conceptual development)理论、佩里(Perry,W.)的认识和伦理发展(epistemological and ethical development)理论、柯尔伯格(Kohlberg,L.)的道德判断(moral decisionmaking)理论、洛文杰(Loevinger,J.)的自我发展(ego development)理论等基础上的。这类研究假设人的发展是心理结构改变的结果,人的内部心理过程随着年龄和发展阶段的不同而有所变化,这一变化过程有一定的顺序和层级。

利思伍德曾把自我发展、道德发展和概念发展等方面的阶段论加以汇总,来综合描述教师的发展阶段。他把教师的发展分为四个阶段。第一阶段的教师的世界观非常简单,对任何事物判断均有非黑即白的倾向。这一阶段的教师坚持原则,把权威当做善的最高准则,认为任何问题只有一种答案。他们不赞成求异思维,而鼓励顺从和机械学习。这些教师的课堂是以教师为主导的。第二阶段的教师主要表现为"墨守成规",他们特别易于接受他人的预期。这些教师的课堂有着传统课堂的特征,课堂规则十分明确,无论学生之间有什么差异或有什么特殊情况,学生都必须严格遵守规则。心理发展的第三个阶段的主要特征是凭良心尽教师职责,这时教师有了较强的自我意识,能够意识到某些情境下的多种可能性(如学生某一行为的多种解释)。教师已经将规则内化,能够意识到依照具体情况灵活掌握规则的必要性。这一阶段的教师关注学生的未来和成绩,他们的每一堂课均经过精心设计,而且特别注重良好的人际关系。第四阶段的教师较有主见,而且同时又尊重课堂等社会情境中人际关系的相互依赖性。处于这一阶段的教师已经能够较好地协调提高成绩和建立良好人际关系之间的关系,能够从多角度分析遇到的课堂情境并予以综合。由于这一阶段的教师对于制定课堂规则的原理已经有所理解,所以他们在应用规则时显得更加灵活、明智。这些教师的课堂上,师生之间密切合作,强调有意义学习、创造性和灵活性。这时教师自身的认知加工复杂程度提高,所以也鼓励学生有相应的表现。

有许多研究证实,教师的心理发展水平与其专业表现之间的确存在着联系,心理发展水平不同,专业行为表现也有所差异,而且如果有意识地提高心理发展水平,其专业行为表现则也会有所改进。如格拉斯伯格等人(Glassberg,S.)曾提出新的教师教育计划以促进教师的认知发展,在追踪研究中,格拉斯伯格发现教师计划的确有助于教师的心理成熟,进而提高其教学效能。对教师的效能研究表明,具有较高认知发展水平的教师相对于较低认知发展水平教师在教室中能够更好地发挥作用;表现得更加灵活;能够承受更大的压力;适应性更强;能够从多维视角去看问题并采取多种教学策略的应变行为。处于不同认知发展阶段的初任教师在如何看待和处理课堂问题上也有差异。低认知水平教师,不能有效地激发学生的动机,认为课堂中的学生纪律问题应由学校来负责。而高认知水平教师强调要尊重学生,认为对学生应采取灵活和容忍的态度,要理解学生之间的个别差异,强调要促进学生学业和个人的成长。从初任教师的自我陈述报告中,可

以看出教师所处认知阶段是决定教师如何看待课堂事件的重要因素。

心理发展框架从心理学的角度探讨了教师专业发展与心理发展基础之间的联系，与职业/生命周期框架比较而言，在很大程度上摆脱了教师专业发展水平与教师的生理年龄之间的对应关系，开始研究心理发展阶段或水平与教师专业发展之间的关系。这样，不同年龄的教师只要心理发展水平接近，仍可能达到相同的专业发展水平。而这种理论框架能够较好地解释教师专业发展中的实际情况。

(三)教师社会化标准及其框架

教师社会化框架，从教师作为社会人的角度，考察其成为一名专业教师的变化过程，其关注的核心集中在个人的需要、能力、意向与学校机构之间的相互作用，是发生于教师个体的诸种亚社会化之一。确切来说，所谓教师专业社会化，是指"个体成为教学专业的成员，并逐步在教学上担当起成熟角色，通常是获得较高专业地位的变化过程"，显然，这一过程的特征有赖于教学专业的性质和结构。教师专业社会化从时间限度来说是贯穿教师整个专业生涯的过程，就内容范围而言是"人们选择性地获得他们所属集团或想加入这种集团的流行价值观、观点、兴趣、技巧和知识(总之，文化)的过程"。

莱西(Lacey,C.)在对实习教师的研究中，把教师专业化过程分为四个阶段。第一个阶段为"蜜月"阶段，实习教师体会到做教师的乐趣，同时教学实习使得他们从学生的繁重学习中解放出来，因而乐于从教。第二个阶段是"寻找教学资料和教学方法"阶段，在这一阶段，实习教师通过查找有趣的材料和方法来应付课堂中出现的问题。第三个阶段是"危机"阶段，此时由于课堂出现的问题越来越多，课堂给新教师的压力越来越大，当仅靠查询材料难以应付这些课堂问题时，就会出现"危机"。虽然"危机"对每一位实习生产生的后果不同，但许多教师在这一阶段曾想过要离开教学工作。第四个阶段是"设法应付过去或失败"阶段，这时有的教师对不得不作出的妥协和改变不再感到内疚，能够坦然地以教师的姿态出现在课堂上，而不能做到这一点的教师可能要脱离教学岗位。

王秋绒则把教师专业化过程分为师范生、实习教师和合格教师三个阶段分别来考察，并又把每一个阶段分为三个时期。师范生的专业社会化第一时期是探索适应期，主要指一年级师范生的专业社会化情况，他们刚刚进入师范院校，处于观望、探索和适应时期，社会化的关键是增进人际关系、适应师范院校的环境。第二时期是稳定成长期，主要限于二、三年级师范生，这时的师范生与同学、教师等的社会关系稳定发展，表现出恰当的社会角色。社会化的重点是学习教育专业知识、专门学科知识，提高人际关系和组织能力。第三个时期为成熟发展期，是四年级师范生的专业社会化时期，其重点在于如何将已有的教学知能应用于教学实践。

实习教师专业社会化的分期基本上采用了莱西的观点。第一个时期为蜜月期，实习教师体会到做教师的快乐，全身心投入教学工作。第二个时期为危机期，当实际中遇到的问题越来越多，面临的现实压力越来越大时，教师则会产生危机感。第三个时期为动荡期，面对现实与理想教师角色之间的差距，有的教师重新自我预期，趋于妥协，有的则准备脱离教学岗位。

合格教师的专业社会化也分为三个时期。第一个时期为新生期,时间从开始工作到工作二三年。这一时期的教师在实习期的基础上,对教学中问题的处理能力有时增加,又有了对教学工作的胜任感和成就感。第二个时期为平淡期,在工作二三年之后,基本适应了教学工作的基本要求,工作不再富有挑战性,而是感到逐渐变得平淡。第三个时期为厌倦期,在工作多年之后,有的教师乐于为教育奉献一生,而多数教师对教学产生厌倦,失去教学动力。

我国的教师和教师教育研究者受教师专业社会化研究框架影响较大,在分析教师的职业成长过程时多采用这一框架。如傅道春将教师的职业成熟分为角色转变期、开始适应期和成长期等三个时期;殷国芳、仝日艺将教师成长轨迹分为适应期、稳定期和创新期等三个时期;张向东也把高中教师的成长归为角色适应、主动发展、最佳创造、缓慢下降和后期衰退等五个阶段。

教师专业社会化与教师专业发展的阶段研究虽有许多交叉,但也难以代替对教师专业发展阶段的研究。教师专业社会化与个人的一般社会化类似,教师在社会化过程或者说社会性相互作用过程中实现两种功能,一是社会化功能,即使个人调整自己的行为以适应教师专业的价值、规范;二是个性化功能,即帮助认识自我的专业个性特质,形成自我专业发展意识,进而把握自我专业发展。然而,在教师专业社会化研究中一般更为侧重社会化功能的研究,关心专业社群对教师个人的影响,而把个性化功能作为一种"副产品"来看待。教师专业发展研究相对则更关注教师如何形成自己独特的专业特质和自我专业发展意识过程,以及这种过程对作为整体的教师专业的影响。另外,教师专业社会化研究较为注重专业社会化的结果,而不是过程。与此相反,教师专业发展研究则更关心教师个人与专业知识技能、专业规范等之间的相互作用过程,以及这种过程对教师个人专业发展的影响。由此可见,教师专业社会化与教师专业发展并不完全相同。

(四)"关注"研究标准及其框架

"关注(concern)"框架的研究是教师专业发展阶段研究中较早出现的一类。对教师专业发展阶段的大量集中研究均是在 20 世纪 60 年代末期富勒的教师"关注"研究之后。为了使得教师教育更加合理,富勒与她在得克萨斯大学(University of Texas－Austin)的同事对教师关注的问题进行了探讨。富勒 1969 年在研究中报告了两项自己的研究,并对他人的相关研究作了回顾,基于这些研究,她提出了教师成长过程中的教师"关注"的三阶段模式。第一阶段为任教之前的无关注阶段,第二阶段为任教初期的自我关注阶段,第三阶段为学生关注阶段。后来,富勒在大量访谈、文献回顾和对教师关注清单进行提炼的基础上,编制出"教师关注问卷(Teacher concerns question－naire)"。借助该问卷,富勒等人又进行了大量调查和数据分析,对三阶段作了修改,提出了四阶段模式,并对每一阶段作了进一步解释。第一阶段为任教前关注阶段(preteaching concerns),处于职前阶段的学生只是想象中的教师,仅关注自己。第二阶段为早期求生阶段(earlv concems about survival),作为实习教师所主要关注的是自我胜任能力(self－adequacy)以及作为一个教师如何"幸存"下来,关注对课堂的控制、是否被学生喜欢和他人对自己教学

的评价。第三阶段是关注教学情境阶段(teaching situation concerns),教师主要关心在目前教学情境对教学方法和材料等限制下,如何正常地完成教学任务,以及如何掌握相应的教学技能。第四阶段是关注学生阶段(concernsabout pupils),这时教师开始把学生作为关注的核心,关注他们的学习、社会和情感需要以及如何通过教学更好地影响他们的成绩和表现。从教师专业发展的角度说,富勒等人是把教师所关注内容作为衡量发展水平的标志的,关注自我的教师发展水平较低,关注学生的教师发展水平较高。教师所关注内容由自我到教学任务、再到学生的顺序,或者说教师发展的顺序是比较固定的。如果早期的关注问题没有解决,那么其后的关注则不会出现。从初任教师到一般合格教师必须经历全部阶段。

富勒及其同事后来又进行了许多研究,试图证实以上教师关注的实际存在,并探讨这些关注是如何随着教师教学年限或教师任教年级的不同而变化的。亚当斯(Adams, R.)为期五年的追踪研究基本上支持富勒早期对教师自我关注和教学任务关注的阶段分析,但亚当斯同时提出,富勒的理论中在教师的效果关注或学生关注方面可能有一些问题,因为不同的教龄组之间在效果关注方面不存在显著差异,而是一直处于较高的关注水平。

西特尔和拉尼尔(Sitter, J. & Lanier, P.)对实习教师所关注的问题进行了研究,总体上支持富勒的研究结果。就实习教师所关注的问题来看与富勒的结果一致,但并不是像富勒的研究中所说那样,这些关注按照一定的顺序出现,而是自我关注、生存关注、教学任务关注、学生学习关注、教学材料关注等等同时出现,而且要求实习教师同时解决这些所关注的问题,即在关注中心发生转换之前,原来的关注问题可能并没有很好地得以解决。这一结果丰富了富勒的理论。

瑞安(Ryan, K.)等人曾运用质的研究方法,通过访谈技术对第一年任教的教师所关注的问题进行了研究。研究围绕四个问题展开。第一个问题是关于教师的个人关注。第一年教师关注的问题有如何形成教师身份,如何适应新的团体,建立良好的同事关系和结婚。与工作相关的关注是如何能够在满足教学工作基本要求的情况下,享有美好的生活。研究还发现,有经验教师(工作 4～20 年)在教学第一年时也感到缺少自信和灵活性,依赖权威。第二个问题是关于教师的专业关注。任教第一年的教师表现出对与学生关系的关注,他们希望得到学生的尊重和爱戴,同时又能够维持课堂纪律,能够控制课堂。他们还关注是否能够在家长和同事面前留下好的印象,能否有成功的教学表现,而不仅仅是求得生存。在这一问题方面,有经验教师由教材中心转向学生中心,他们感到更加自信,对教学有了较为深刻的见解,能够自如地应对工作中出现的问题。第三个问题涉及任教第一年教师所经历的变化。任教第一年的教师报告说,他们的教学在不同程度上变得应对自如了,对学生的态度有了积极或消极的变化。有经验教师感到他们更乐于尝试新事物,更加快乐。随着经验的增加,他们有了更多追求自己乐趣的时间。第四个问题涉及对教师培训的启示。任教第一年的教师感到,定向和教师的初始培养应注重在学校和课堂的组织、管理等方面,学校范围的教师培训应主要侧重新的改革计划和政策。有必要制定教师行为表现的基本标准，并且要有了解他们的人给他们提供支持和帮助。有经验教师在此问题上却有不同的看法，他认为任教第一年的教师所需要的是技术性知识。随着经验的不断积累，他们才会逐渐把注意转向教学中的大问题，这时他们需要的是如何创造性地进行教学、创造性地运用不同教学方法的知识。

(五)综合研究标准及其框架

以上例举的研究教师专业发展阶段的职业/生命周期、心理发展、社会化和“关注”框架，从不同侧面向我们展示了教师专业发展的过程。但如果从前面认定的教师专业发展结构来看教师专业发展的话，其中的任何一种仍难以给我们提供关于教师专业发展较为清晰的、综合的纵向发展轮廓。这可能主要有以下两方面原因。

首先，教师本身是一个统一、完整的人，而如果仅从职业/生命周期、心理发展、社会化或“关注”框架等其中的一种角度来分析教师专业发展，难以反映教师专业发展的全部。一则从横向上说，受特定视角的局限，以上几种框架中的任何一种均难以反映专业发展结构各个因素的变化。在以上几种发展理论框架中，“关注”框架试图更直接地触及教师专业发展的核心，即教师在专业知能系统构建过程中遇到的相关问题；职业/生命周期框架是以人生需经历的重大事件及其解决来描述人的发展变化过程的，它要求在特定的年龄(段)解决特定的人生问题；心理发展框架侧重描述人处理抽象关系的思维方式的改变过程，在特定的阶段，人要具备相应的更有效、一般的判断和解决问题能力，以便更清楚地认识自己生活的方向和意义；社会化框架实际是研究教师的角色适应和角色冲突的解决过程。这些框架下的研究，只是与教师专业结构发展的某些方面而不是全部相关联。二则从纵向发展来说，以上任一框架对于分析专业发展中的某一阶段可能较适合，但难以适应各个阶段的分析。

其次，以上这些阶段发展理论似乎并没有从正面回答教师专业发展到底是怎样一个过程，有了这些研究结果之后，人们对教师专业发展过程仍有“雾里看花”的感觉。因为，这些研究对教师作为专业人员最为重要的专业知能系统(尤其是在实践中获得的部分)和个人对教学专业内部专业自主的获得过程缺少研究。

为了更如实地反映教师专业发展综合、复杂的过程，并为今后的研究提供更加合理理论框架，有许多学者做出了积极努力。利思伍德以及贝尔和格里布里特(Bell,B.& Gillbrert,J.)便是其中的代表。

利思伍德在归纳和分析已有阶段理论的基础上，突破了对教师专业发展单一维度的思维模式，提出应从多维的角度来综合分析教师专业发展的阶段。

利思伍德指出，教师专业发展是一个多维度发展的过程，专业知能发展、心理发展和职业周期发展 3 个维度既相互独立，又相互依赖，专业知能的发展与心理发展和职业周期发展之间有着密切联系。就总体而言，教师专业知能发展大致经历 3 个时期：一是首先获得教学的基本技能；二是拓展灵活性，能够依照教学目标、学生具体需要和教学情境适时、灵活地运用这些教学基本技能；三是逐渐摆脱教学常规的羁绊，开始对同事的专业发展承担责任，甚至其专业活动范围超出其所在课堂、学校，参与教育决策。教师这一专业发展过程，自然与教学、教育知识和技能掌握相关，不过它是教师专业发展的必要条件，而不是充分条件。比如，教师专业发展要求教师不断学习新的教学策略，而新的教学策略要求教师放弃对课堂的绝对控制，对学生独立学习或小组学习予以充分的信任。教师掌握这些教学策略的一个必要前提就是教师在心理发展方面至少要达到中间第三阶段的发展水平，即教师主要凭良心尽教师职责，也要有较强的自我意识，能够意识到某些情境下的多种可能性。教师应该已经将有关规则内化，能够意识到依照具体情况灵活掌握规则。又比如，教师第五、六阶段专业知能发展，有赖于教师对多种可能性、人际互动关系的综合处理能力，有赖于解决个人需要与个人责任之间矛盾的能力，以及其他高级心理能力。如果忽视教师专业知能发展与教师心理发展之间相互依赖的关系，促进教师专业发展的教师培训计划就难以取得预期的效果。类似地，教师专业知能发展与教师职业周期发展之间也有着密切的相互关系，比如教师职业周期的前三个阶段与教师专业知能发展的前四个阶段之间就有着密切联系，而且教师专业知能提高，也确保了教师顺利地完成积极的职业周期。

如果说利思伍德对已有描述教师专业发展框架的突破，是从横向上强调教师专业发展职业周期、心理发展与专业知能发展之间的相互依赖，那么贝尔和格里布里特则是试图在纵向上通过模糊教师专业发展明晰的阶段界限划分，来更如实地反映每一位教师专业发展实际经历的。贝尔和格里布里特明确反对对教师专业发展刻板的阶段模式（stage model），而提出了教师专业发展的演进模式（progression model）。不过严格说来，贝尔和格里布里特在这里所使用的教师专业发展与前面几种教师专业发展框架中所说的教师专业发展已有所不同，后者是教师整个职业生涯所经历的专业发展的宏观过程；而前者是从微观角度说明教师何以取得专业发展，这与后文所言教师专业发展的机制类似。只是贝尔和格里布里特他们自己把“演进模式”与“阶段模式”进行对等比较，所以这里将“演进模式”作为对“阶段模式”的批判与发展，倒也无妨。贝尔和格里布里特指出，阶段模式虽承认教师按照阶段的发展过程可以加速或滞后，但其认为发展的顺序是不变的。而实际上在很多情况下教师却很可能会“跳过”其中的某一个甚至几个阶段，呈现跃进式发展状态。从已有的对个别教师发展的追踪研究结果看，所谓“阶段”只不过是一种概念框架，而不是每一位教师发展过程的真实写照。教师专业发展阶段模式最大的不足，在于它难以反映不同教师所处的不同生活情境的差异。有鉴于此，贝尔和格里布里特提出了教师专业发展的演进模式。在表述形式上，贝尔和格里布里特没有使用“阶段”，而是给出了教师专业发展中所遇到的 3 种情境（situation）：确认与渴望变革（confirmation and desiring change）、重新建构（reconstruction）和获得能力（empowerment）。

（六）新标准及其框架："自我专业发展意识"与"自我更新"取向教师专业发展

以上介绍了几种分析教师专业发展的框架和阶段划分标准，这些研究从各自不同的角度对教师专业发展进行了描述。由以上诸种教师专业发展阶段研究，我们可以看出：

首先，就教师专业发展与其周围环境关系而言，教师专业发展总是处于一定的环境之中的，离开教师生活的环境，则难以理解教师专业发展。教师生活环境，大至时代背景、社会背景，小至社区环境、学校文化、课堂气氛等，对教师发展有重要意义。教师正是在与周围环境的相互作用的活动中获得专业发展的。

其次，就教师专业发展与个人其他诸方面发展关系而言，教师专业发展作为教师发展的一个侧面，与教师发展的其他方面，如心理发展、职业周期、社会化水平等之间存在着复杂的交互作用关系。研究教师专业发展不应脱离教师所处的特定职业周期、心理发展水平和社会化水平。

第三，就教师专业发展自身而言，教师专业发展又有自己的核心，即教师内在专业结构的发展。所以对教师专业发展过程的研究，包括阶段分期、发展路线和发展机制等方面的研究均应围绕这一核心展开，教师专业发展的阶段框架也不应以教师发展中的其他方面的变化作为构建的基本依据。

然而遗憾的是，以上这些研究框架采用的教师专业发展阶段划分标准并不理想。因为，首先这些标准是外在于教师专业发展本身的，不是直接以教师内在专业结构的改进、以专业发展水平的提高为标准，而是在教师的专业结构之外，寻求标准。这样做的结果往往是要么把教师专业发展作为外在划分标准的副产品（如把教师专业发展归为心理发展的结果），要么以外在标准变化的关键点的描述为主，忽视、掩盖甚至替代教师专业发展内在专业结构的发展阶段和过程的研究（如职业周期框架和心理发展框架皆有这一倾向）；其次这些标准只是从某一特定角度来考察教师专业发展过程，由这一特定角度审视所获得的结果难以反映教师专业发展的全部；第三，综合框架的努力也没有很好地反映教师专业发展实际，因为它没有根本改变原有的阶段划分标准，而只是将原来标准进行或横向或纵向的简单相加、处理；最后，也许由于研究者和研究对象特定国情的原因，这些国外研究多数较关心职业变换过程的关键点的研究，对在从事教师职业时间范围内教师的专业知能如何发展，却不甚关心。相对来说这些国家的教师职业不是“铁饭碗”，教师一旦表现不佳随时有可能被解雇的危险，所以缺少职业安全感。离职、留职成为他们热中的研究话题，一生之中可能要变换数种职业，教师职业可能只是他们其所经历的职业之一，所以其研究也主要限于职业发展阶段的关键点的确定。而对教师内在专业结构的改进和专业知能的成长本身较少关注。

教师的心理、社会和专业发展诸方面发展之间是交互作用的，教师与所处各种环境之间也有着内在联系，这使得教师专业发展路径和阶段呈现动态的、多样化的态势。为了反映这一特征，教师专业发展过程的研究与分析必须从教师心理发展、社会化水平和周围环境等诸方面统一的角度予以考虑，而能够反映这一综合角度的即是教师的专业活动及自我专业发展意识水平。而恰恰是在这一点上，已有的诸种教师专业发展的分析框架均没有涉及。我们试图把教师的自我专业发展意识作为考察教师专业阶段发展的综合标准，以更好地描述、促进教师专业发展过程。教师的自我专业发展意识是影响教师专业发展的重要因素，具有较强自我专业发展意识的教师关注自己的教师专业发展，对自己的专业发展负责，他们易于成为“自我更新”取向教师专业发展的履行者。

所谓“自我更新”取向教师专业发展，是指教师具有较强的自我专业发展意识和动力，自觉承担专业发展的主要责任，激励自我更新，通过自我反思、自我专业结构剖析、自我专业发展设计与计划的拟订、自我专业发展计划实施和自我专业发展方向调控等实现自我专业发展和自我更新的目的。

我们至少可以从三种意义上来使用"自我更新"取向教师专业发展。首先，它是以自我专业发展意识为标准考察教师专业发展过程的一种分析、研究框架。它以自我专业发展意识的发展为基本线索，把教师内在专业结构更新与改进的规律性作为考察的核心。其次，"自我更新"取向教师专业发展可以看做是教师自我专业发展意识的现实化过程。采用"自我更新"取向的教师具有较强的自我专业发展意识，他会随时保持对自己教师专业发展的关注，在将教师专业发展理论与自身发展现状相结合之后，他会依照自己过去的专业发展轨迹和目前实际提出今后的发展规划，随后将其投入实施。在实施过程中，自我发展意识随时保持监控，教师会自觉利用、发现、创造机会和条件，争取规划的实现。最后，"自我更新"取向教师专业发展还可作为一种教师专业发展新的取向和理念。与以往教师教育中的教师相比，这一取向强调教师真正成为自我专业发展的主人，教师将自觉地发掘专业生活中的有利因素，使自己的内在专业结构不断更新。

7.3.2 "自我更新"取向教师专业发展立足点的转变

"自我更新"取向教师专业发展，相对于以往对教师专业发展认识与分析，除了强调自我专业发展意识在专业发展中的重要意义，以及在教师专业发展核心——专业发展阶段划分标准和研究框架上发生变化之外，在立足点和立场上也发生了转变。

(一)发挥教师专业发展理论对教师自身发展的价值

教师专业发展理论不仅是教师专业发展促进者、教师教育者促进教师专业发展的理论依据，更对教师自身的专业发展有着重要启发意义。而只有那些善于施行"自我更新"取向专业发展、具有较强自我专业发展意识的教师才会较多地关注自己的专业发展，关注教师专业发展阶段理论，并自觉地利用这些理论引导自己的专业发展。提出"自我更新"取向教师专业发展，是为了提示教师关注专业发展的阶段理论，发挥阶段理论在专业发展中的作用。教师专业发展理论对教师自身发展的意义表现在如下几点。

第一，最重要的意义莫过于教师专业发展阶段理论可提高教师对自我专业发展阶段的反省认知(metacognition)，或者说教师专业发展反思意识与能力。所谓反省认知，是指对自己思维、学习过程的意识。就一般人来说，其学习能力会受到学习观和对自己作为学习者的认识(如，对自己所能够学习内容的范围和性质的认识)的限制。有的人可能认为某些内容只有专家才能理解，而自己却只能理解其中属于导论性质的部分内容，还有的人认为他们只能在别人(如，教师)特意设计的情境中才能学会东西。所以学习者学习的效果如何，在一定程度上与学习者对自身学习过程的了解程度相联系。教师作为一名学习者，对自己学会教学过程的了解程度也会影响其学会教学和专业发展的效果。具有较强自我专业发展意识的教师会自觉地学习教师专业发展阶段理论，这些理论的学习又会进一步强化教师的自我专业发展意识。

第二，教师了解了教师专业发展的一般阶段之后，教师以此为基础来制定自己的教师专业发展计划。教师专业发展阶段的知识，为与其他教师的专业发展阶段进行比较提供了一个参照系。甚至对于职前师范教育阶段的师范生，在得到有关教师专业发展阶段的知识后即可作出职业选择。如果决定做一名教师，那么其专业投入感会增强；如果决定不做教师，那么也减少了初任教师的离职率。

第三，对教师专业发展阶段的描述还可使教师产生一种团体意识，使其不再感到孤单。比如，任教第一年的教师可能会认为只有他才在教学方案设计、课堂管理等方面遇到困难。当他了解到这是任教第一年教师普遍遇到的问题时，他可能会放松许多，进而着手进一步发展、改进教学技能，所遇到的问题也会被克服。

第四，有了教师专业发展阶段知识后，教师还可意识并预计到自己的变化。菲尔德(Field，K.)就曾把教师专业发展阶段看做是一种谱系，依照此谱系，教师可以确认自己现在所在的发展位置，并可以设定自己将往何处发展。格雷戈克(Gregorc，A.)则更进一步地把教师专业发展阶段用以教师专业发展的目标设定。对于初任教师来说，他们在了解了教师专业发展的详细信息后，就会对教师专业发展过程和教学工作的方方面面采取更为现实的态度，进而降低初任教师一般所遇到的不平衡程度。

最后，教师专业发展阶段的概念不仅使教师更清楚地知道在目前的发展水平，他应当怎样做，而且使他们知道为了将来的进一步发展应当怎样做。

(二)由断续的教师教育转向持续的教师专业发展

“自我更新”取向的教师专业发展模式的提出，也与我们再次认识到教师专业发展的复杂性有关。从影响教师专业发展的因素来看，其范围非常广泛，既有正式因素，也有非正式因素，从时间上甚至可追溯至中小学时期的学习经历，师范生在进入师范学校时头脑中并非一片空白，他们对教学、学习、教师和学生等已形成自己的观念；传统的“知识传授＋实习＋个人综合运用知识”的教师教育模式所隐含的学到知识等于专业发展、个人能够在初任教师阶段自行将所学知识恰当地运用于课堂教学实际场景的假设难以成立；短期的教师教育的效果十分有限。从教师工作的性质来看，传统的教师教育也存在许多不足。教师在学校的教学工作十分复杂，有短暂、不确定、快速变换等特点，要求教师有高度多样化的认知、情感和能力。而这样多方面的要求难以一一具体地排列出来，也难以体现于教师教育的课程之中。即，在职前教师教育以后教师所达到的专业发展水平与所要求的水平之间仍有一定差距。所以，在教师的专业生活过程中，继续保持连续的专业发展显得尤为必要。而“自我更新”取向的教师专业发展模式不仅转变了教师从被动学习者到主动学习者的身份，而且也从局限于特定时空的、断断续续、不连贯的、缺乏内在逻辑与发展关联的教师教育，转到了不受时空限制的、持续的学会教学和教师专业发展。

(三)把教师看做成人学习者

为促使教师获得更好的专业发展，必须符合教师作为成人学习者的需要和特点。诺尔斯(Knowles,M.)研究认为,以下几个方面原则奠定了成人学习的基础:1.当成人感到需要和产生兴趣时,才会激发学习的动机。因而这些需要和兴趣是组织成人学习活动的最好出发点。2.成人的学习定向以生活为中心。所以合理的成人学习应以生活场景为基本单位。3.经验是成人学习的重要资源。因此,成人教育的核心方法是经验分析。4.成人有强烈的自我引导学习的需要。所以成人教育者的作用应是让教师也参与到探究过程中来,而不是向他们传递知识而后再评价他们运用的程度。5.成人之间的个别差异随年龄而加大。所以,应当因学习者学习风格、时间、地点和速度的差异而提供最适宜的教育。

自然,诺尔斯所提到的成人的学习动机、自我引导学习需要等在教师中间也是存在很大差异的,不能一概而论。不过,总体而言,所列的几个方面基本适用于教师专业发展的情况。如果我们逐条对照一下传统教师教育的做法的话,就会发现以上诸方面传统的教师教育几乎都没考虑到。特别是忽视了教师自身的经验在专业发展中的作用,而就目前已有的研究来看,教师先前的经验、观念、知识在一厢情愿教师专业发展过程又有着十分重要的作用。

比如,威迪恩等人在对"学会教学"过程做归纳时即提出,从总体来看,过去忽视师范生的已有信念,培养教师的基本做法是在大学中教授他们以有关教学的知识,认为教学的意义和智慧是可以由教师教育者传递给师范生的,而后期望其在实习中和以后的工作中自觉并有效地将所学知识与教学实践很好地结合,教师教育者在师范生的实习过程中却要求他们"照我说的,而不要照我做的去做",以实现教师的最终培养。这种把学会教学仅仅看做是掌握教学知识的过程的观点从实际来看,这只是一厢情愿。而从能够有效地促进教师专业发展的一些研究结果来看,这些新的方法的核心在于其所采纳的认识论立场:学会教学就其深层意义而言是个人的活动,在这些活动中,个人要将其所有的先前信念与来自大学、中小学、社会和教学情境的期望相协调。有鉴于此,威迪恩建议有效的促进教师专业发展的计划,其实质性的第一步就是首先要让初任教师对其自身的先前的教育信念进行检核。而后,在此基础上在好的教学实践的信念指导下,去努力扮演合格的教师角色。当然,在这一过程中,教师还需要来自外部系统的、长期的支持。我们这里强调的是,当采取"自我更新"取向教师专业发展路径时,教师的专业发展在很大程度上由教师自己负责,而教师本人对自己的专业发展需要比他人更直接,在此基础上的专业发展活动,也更适宜于教师自身。

7.3.3 "自我更新"取向教师专业发展的基本特征

教师专业发展阶段内在划分标准的寻求,不单单是为了方便阶段划分,在一定意义上即是对教师专业发展根本性质的探究。不同的教师专业发展分析标准和框架,反映了对教师专业发展实质认识的差异。当我们以自我专业发展意识作为分析教师专业发展的依据时,也反映了我们对教师专业发展根本性质的认识。"自我更新"取向教师专业发展与传统的教师教育模式,以及其他取向教师专业发展比较而言,有着自己的特点。

(一)将自己的专业发展过程作为反思的对象

“自我更新”取向教师专业发展，是教师在了解教师专业发展一般路径的基础上展开的。它要求教师在专业发展过程中，参考教师专业发展的一般路径不断对自己的专业发展过程进行批判性反思，并将此作为采取进一步专业发展行动的依据。而传统的教师教育模式，并不鼓励甚至限制教师对自己专业发展过程的监控，因为它假设只有他人才最了解教师应该学习什么，实际上，该假设根本难以成立。当然，教师的需要主要是反映了他对自我评价和发展中缺失的认识，并非其中所有的需要都是合理的。在教师自我专业发展意识不强，对专业发展的阶段理论尚缺乏了解的情况下，外界的适时帮助也很重要。

在某些情况下，在自发教师专业发展路径或传统教师专业发展路径中也会有“反思”，这主要可归为两种情况，一是所强调的反思范围仅限于教师专业发展的基本循环范围内，主要是对专业行为的反思；二是所谓外在于教师专业发展过程的反思与监控。第一种情况下，虽然对自己的专业行为或过去的教学经历进行反思，但反思之后何去何从依然要完全听从外在的、难以顾及个人需要的他人的安排。或者说，这种情况下只是有反思，而不涉及为什么要反思、为什么而反思。第二种情况下，虽有对教师的专业发展过程的“反思”，但它基于一般教师专业发展过程，而不顾及教师个人的具体情况。

(二)强调教师不仅是专业发展的对象，更是自身专业发展的主人

“自我更新”取向教师专业发展把教师本人看做是自身专业发展的主人，为自己的专业发展负责。这主要体现在三个方面。

一是教师拥有个人专业发展自主。这是“自我更新”取向教师专业发展在教师个人特征上的体现。有许多学者认为，自主(autonomy)是专业的最基本特征之一。对于教学专业来说，教师专业自主也是教学专业的一个基本特征。一般来说，人们把教师专业自主分为个人自主和团体自主两方面，而且把教师个人专业自主理解为教师依其专业知能来从事教学有关工作时，能自由做决定、不受他人干扰控制。我们认为，在教师专业自主中还应包括教师专业发展自主，亦即教师应能够独立于外在压力，订立适合自己的专业发展目标、计划，选择自己需要的学习内容，而且有意愿和能力将所订目标和计划付诸实施。在此过程中教师表现出一种较为强烈的自主意识。这里所说的教师的“自主”意识，是专业发展和获得自我发展能力的自主，所以是有条件的自主。只要有利于个人专业发展、有利于获得自我发展能力， “自主”与外在控制因素之间可以达至协调。

二是实行自我专业发展管理。这是指无论在正式的教师教育情境下，还是在非正式的日常专业生活中，教师均表现出实施自我教育的意愿和能力。一个拥有个人专业发展自主的人，则应能够实施自我专业发展管理，教师自己作出学习的决策，如需要学习哪些内容、如何学习以及何时学习。教师应能够对自己的专业发展需要作出诊断、选择恰当的学习形式(如阅读有关材料、个人自学、请专家辅导或参加专门的研讨班等)、在学校组织的奖惩制度之外构建对自己有意义的奖励系统、不断回顾自己的专业学习过程以及在个人标准基础上对自己的专业发展实施评价。

三是能够自觉地在日常专业生活中自学。一名“自我更新”取向教师的专业发展不仅仅依赖正式的教师教育来获得专业发展，而且将专业发展与自己日常的专业生活密切结合起来，在日常教学工作中学到有利于专业发展的东西。这样的教师可能会随身携带一个笔记本，记录自己最近想研究的课题，收集相关资料；而后确定包括学习目标、资源和学习方法在内的系统的行动计划，寻求对同样课题感兴趣的合作同事；寻求可能的学习策略；安排专门时间阅读有关资料、反思和写作；在自学过程中，可自觉地从学生或同事那里征得反馈，引导自己的学习过程。

(三)目标直接指向教师专业发展

从教师对专业发展的目标追求的指向和发展的动力来源来看，它是内在取向的，直接指向教师内部专业结构的成长与改进，而非以职业阶梯的升迁为直接目标。教师专业发展主要有两种目标指向，一种是“阶梯”指向，一种是“专业结构”指向。第一种专业发展指向把教学工作看做是一种职业，而且从组织结构和奖惩制度的角度来看待职业。它把教师专业发展看做是教师职业阶梯的攀升，把教师的“进步”定义为通过一系列等级机制而获得的进展，把“成功”看做是得到处于制度顶端的职位。教师专业发展的动力源于教师内在专业结构改进之外的职业阶梯升迁的需要。而后一种发展指向，亦即“自我更新”取向教师专业发展所采纳的指向，以个人的专业结构改进为本，把教学工作看做是一种专业，教师作为专业人员应追求个人专业结构的不断改进。与前一种观点相反，这种专业发展把获得内在专业结构的不断改进看做是最大的成就，并从中从得到满足。它可能没有作为第一种观点核心的纵向或横向的职业阶梯发展路线，其发展的动力来自个人预先设定的专业发展目标或对某一专业发展目标的认同。它把内在专业结构的进步看做是最大的奖励，而把外在的机构对奖励的界定推到背景的位置。由于对教师专业发展要求的变动性，所以教师自我设定的专业发展目标可能会不断调整以适应这种变化，教师总是能够不断从中获得专业发展的动力，保持发展的势头。而相对而言，职业阶梯制度相对稳定，一旦达到既定层次的阶梯，则有可能失去进一步发展的动力。

第8章　大学教师角色冲突研究的理论探讨

8.1　大学教师角色冲突研究的概念

教育社会学对教育事实的解释大多是由命题构成的,命题是关于一个概念或更多概念关系的描述。研究社会转型中大学教师角色冲突问题,我们首先必须明确“社会转型”、“角色”、“角色冲突”、“大学教师角色冲突”等概念的内涵与外延,为本研究奠定坚实的逻辑起点。

8.1.1　社会转型

转型,是指事物从一种运动形式向另一种运动形式转变的过渡过程。关于社会转型,学界有社会类型说,即社会从一种类型向另一种类型的社会转换;社会形态说,即社会从一种社会形态向另一种社会形态过渡;社会经济说,即社会从一种经济形式向另一种经济形式转化等。各种观点都有其合理性,但似乎又有一定的彼此重合或片面性,目前比较统一的观点是建立在把社会划分为传统社会和现代社会这种二分法基础上的界定,即社会转型是指社会从传统型向现代型转变的过渡过程。这种解说未免太泛化,所以有学者从社会基本要素出发,认为社会转型就是社会结构的调适、社会体制的更新和价值观的重塑。西方学者将社会转型概括为“六化”:一是经济转型即工业化;二是社会转型(狭义)即城市化;三是政治转型即民主化;四是文化转型即世俗化;五是组织转型即科层化;六是观念转型即理性化。

社会转型既是一种渐进性的社会发展过程,又是一种整体性的社会发展过程。香港学者金耀基教授曾对转型期的社会特征作过精辟的揭示。他认为,转型社会具有三个特征:一是异质性。即传统因素与现代因素杂然并存。如“摩天高楼”与“木板小屋”、“大水牛”与“喷射机”、自然经济与市场经济并存。二是形式主义。即应然与实然不相吻合,“什么应是什么”与“什么是什么”的相互脱节。有许多事物形式上、表层的是现代的,但实际上、潜层的却是传统的,徒具现代化之名或之形。三是重叠性。即传统社会的结构不分化和功能普化,如帝王的权力是不分化的,它的功能是普化的,即同时具有政治、经济、教育、宗教等多种功能。现代社会则是结构分化和功能专化,如企业家只是“经济人”,官员只是“行政人”等。转型社会则是结构的分化与不分化、功能的专化与普化相互重叠。当前中国社会转型除具有渐进性、整体性以及异质性、形式主义、重叠性等一般特征外,还具有一些特殊性,即社会转型内容的特殊性、社会转型动力的特殊性、社会转型进程的特殊性。

我国是迟发外生性国家，社会转型的最初动力来源于外部，大致经历了1840年至1949年的启动和慢速发展阶段，1949年至1978年的中速发展阶段和1978年至今的快速和加速发展阶段。1978年以来，中国社会转型因实行对内改革和对外开放而进入快速或加速发展阶段，面对全面而又深刻的社会转型，社会学家从不同角度对当前我国社会转型的主要内容和标志进行了分析和探讨。这些分析和探讨概括为两个方面：一是认为当前中国社会正处在全面转型期，其主要标志是中国社会正在从自给半自给的产品经济社会向社会主义市场经济社会转化，正在从农业社会向工业社会转化，正在从乡村社会向城镇社会转化，正在从封闭半封闭社会向开放社会转化，正在从同质单一性社会向异质多样性社会转化，正在从伦理社会向法理社会转化。二是认为当前中国社会转型主要表现为相互联系的三个层面：其一是结构转化，即当前中国社会的社会整体结构、社会资源结构、社会区域结构、社会组织结构及社会身份结构等均在发生转化；其二是机制转换，即当前中国社会的利益分配机制、社会控制机制、社会沟通机制、社会流动机制及社会保障机制等也都在发生转换；其三是观念转变，即随着当前中国社会结构的转化和机制的转换，人们的价值观念也在发生转变。本研究中的社会转型期主要是指我国从十一届三中全会至今的社会结构转化、运行机制转换和价值观念转变的历史发展时期。

8.1.2 角色及其相关概念

1.角色

角色概念是美国著名的社会学家、社会心理学家及哲学家米德首先从戏剧中借用来的。按其原意，角色本指演员在戏剧舞台上按照剧本规定所扮演的某一特定人物的专门术语。它包含两层意思：其一是，一个演员担当某一特定角色时，他就要扮演这个角色的行为和举止，从而转化为一种客观化的社会行为规范和行为模式。其二是，扮演某一特定角色的演员会消失，但这个角色则会长期存在。后来，人们把角色的概念进行了广泛的推广，应用到社会生活的各个领域。

国内外学者对“角色”一词所下的定义达数十种之多，但主要是两种观点，一种是社会角色的社会学观点。这种观点侧重于从社会关系、社会规范、社会位置、社会身份的角度下定义。如他们认为，角色要按社会结构中为它规定的规范行事，“每个角色都有一套权利义务和行为规范体系”，“社会性相互作用的主体在一定的社会中必然具有特定地位及随之而来的角色，这都制约着人们对行为的发生和选择”，“社会学家用角色这个术语来表示身份的动态性质。角色是对在一个群体内和社会中具有特定身份的人所期待的行为”。另一种是社会角色的社会心理学观点。这种观点侧重于从个体行为、行为模式的角度下定义。如他们认为，“角色指与一定社会位置相联系的行为模式，是占有某一社会位置的人应有的行为表现”，“某一角色，即是与某一特殊位置有关联的行为模式”。由此可见，“角色”一词有各种各样的定义。

尽管大家对角色的定义有不同的表述方式和表述内容，但下列看法正在逐渐趋于一致，即不论是社会心理学家还是社会学家，都承认角色概念包含这样一些条件：(1)在某一社会内部,关于处于某一位置的人应该怎样行事,存在着相当程度的一致看法;(2)这个社会中的大多数人有意仿效这种一致性。因此角色可以定义为:个人在社会关系体系处于特定社会地位,并符合社会要求的一套行为模式,即角色是由一定社会关系所决定的个体的特定地位、社会对个体的期待以及个体所扮演的行为模式的综合表现。

2.相关概念

自从"角色"概念引入社会学科,派生出一系列相关概念,成为角色研究中不可回避的术语。本研究中就使用了角色认知、角色意识、角色技能、角色情感、角色学习、角色转换等相关概念。

角色认知是指根据社会对角色的要求而作出的一种对角色的认知活动。它包括三方面的内容:一是对角色规范的认知;二是对他人所扮演角色的认知;三是对自己所扮演角色的认知。在个体社会化过程中,始终进行着对角色规范的认知,只有在正确认识角色规范的基础上,才能对他人或自己所扮演角色的适当与否作出判断,角色规范掌握的好坏,决定了个体是否能达到良好的社会适应。同时,也只有在角色的相互关系中才能更明确双方的社会地位。

角色意识是指个体对自身角色地位、角色规范及角色行为的觉察、认识与理解。角色意识既表示个体对其角色的理解与认识过程,也表示这种认识、理解的结果;角色意识既是个体对社会自我的认识与理解,也是个体关于社会自我的一种观念。教师角色意识是指教师对自身角色地位相应角色行为规范及其角色扮演的认识、理解与体验,不仅包括动态的教师对角色进行认识、理解的过程,也包括静态的教师对角色认识、理解的结果。研究者普遍认为角色意识包含三方面的基本结构:个体对角色地位的认识、对角色行为规范的理解、对角色扮演的认识与体验。教师角色意识也具有相似的基本结构,但同时呈现出自身独特的含义与内容。

角色不清是指社会大众或角色的扮演者对于某一角色的行为标准不清楚,不知道这一角色应该做什么,不应该做什么和怎样去做。社会的急剧变迁,常常是造成社会角色不清的最主要原因。在社会与文化的迅速变迁时期,很多社会角色都在发生变化。人们会感到,很多角色的行为规范都超出了他们过去习以为常的那个范围。这样发展的结果是,很多人对这些角色的行为规范究竟是什么样子,感到"不得而知"。同时,在社会变迁中,总会不断产生一些新的职业与新的社会角色。如科学技术人员、机械操作工人、办公室工作人员等都是近代以来新产生的角色。当一种新角色初次来到社会上时,社会还没有来得及对它的权利和义务作出明确的规定,角色承担者本人不清楚,其他人的看法也有分歧,角色不清便由此产生。只有当社会为这一角色规定了明确的规范后,这种角色不清才能消除。

角色期望是指社会或他人(或自己)对某一社会角色应具有的心理和行为的期望。它是由对某一社会角色权利、责任和义务的规定所构成的人们的心理期待。往往是在个体承担某一社会角色之前就存在的,但需要被个体的角色认知所理解方能发挥作用。如果所承担的角色与角色期望不一致,个体就会感到无所适从。当个体的角色行为遵从角

色期望并表现出较好的角色技巧时，其角色扮演就是成功的。

角色行为，即角色扮演，是指人们根据自己对角色规范的理解，进而具体扮演角色的实际行为过程。如某人履行教师的职责、依循教师的风范、享受教师的待遇等一系列行为。就是教师这一特定角色的角色行为。它取决于社会角色的客观规定性：人们只有承担某一特定的社会角色，才会扮演出相应的角色行为；角色发生变化和转移，角色行为也相应会呈现不同的具体内容。它较之角色具有更为重要的意义：一定的社会角色只是人们观念上的行为模式，人们只有通过角色扮演的具体行为过程，才能充分展示角色的特定含义；如果人们超越或背离了角色的特定规范，就会否定自身所承担的社会角色。角色行为的多样性反映了繁复互动的人际关系。社会中的每一个人都是将众多的角色行为集于一身的角色丛。实际角色、期望角色和理想角色三者之间的"角色距离"反映了人们认知角色、扮演角色的水平能力与角色行为规范要求之间的矛盾。角色偏差、角色混同、角色紧张、角色障碍和角色冲突等一系列具体行为方式，都不同程度地反映了这一矛盾。角色评价、角色学习和角色整合是人们解决这一矛盾、弥合"角色距离"的重要的行为方式。

角色整合是指个人的角色行为逐渐接近和符合社会的期望和要求的过程，即个人在提高认知角色水平的基础上，自觉地调整自己的实际角色行为，缩小和弥补角色差距，妥善处理角色紧张、角色冲突、角色混同，使个人角色行为同社会期望一体化的现象。在社会生活中，角色整合具有重要意义，它是个人遵从和维护社会规范的重要途径，是个人协调与社会和他人关系、适应社会发展的重要手段。

角色技巧是指个体有效地扮演一定角色的特质和方式，主要包括角色扮演者的能力倾向、经验因素以及特殊的角色训练。一般分为两种：一种是角色认识技巧，即个体在与他人交往中根据所获得的线索正确推断他人和自我的社会地位的能力，以及推断社会和他人对某种角色的恰当的角色期待的能力，包括角色知觉、移情作用、角色扮演、社会敏感性等内容。其中最主要的特征是能识别他人在角色反应中的细微差别，并为作出正确判断提供线索。另一种是角色运动技巧，即具有角色扮演者身体各部位的动作反应和一定形式的语言反应。它是以角色扮演者的动作、言语、表情、姿态等一系列的运动反应来突出其表意性功能的。两者在个体发展过程中，通过学习、训练和实践而获得的，并对成功地扮演某种角色起着重要的作用。

角色结构是指个体扮演的各种社会角色之间的网络关系。人们生活在复杂的社会里，处在不同的社会位置上，总是表现出不同的社会心理和社会行为，即扮演了不同的角色，并形成了不同的角色关系。这就是个人的角色结构。如一位女教师，在学生面前她是教师，在教研室中她是其他教师的同事，在校长身边她是教员，在工会组织中她是主席，这只是她在学校所扮演的角色，而她的社会角色还广泛地分布在家庭和社会中。故任何人都不是一个角色，而是一套角色，他要满足社会上的多种角色期待，实现多种角色任务。

角色学习是指个体了解和掌握角色的行为规范、权利和义务、态度和情感的必要的知识和技能的过程。它是一种社会学习，主要包括两方面：一是在特定的社会环境的社会规范下的学习，主要学习角色的权利和义务；二是在与他人交互反应中的学习，主要学习、模仿角色的态度和情感反应。角色学习有三个突出的特点：一是综合性的学习。角色学习是将角色作为一个整体的、有组织的认识模式来学习。二是伴随着角色互动。角色学习是在相互作用着的人与人之间的社会关系中进行的。任何一个社会角色都是在与其相对应的角色伴侣的互动中扮演的。三是经常随角色位置的变化而进行的。角色学习需要与角色互动中的地位、情境相联系。一个人学到的社会角色越多，就越能适应多变的社会生活，取得合格的社会成员资格。米德认为，人的角色学习经历了三个过程：一是由模仿到认知的过程。儿童最初的角色学习是在玩耍中通过角色扮演进行模仿学习，然后才逐渐了解社会中的各种角色，从模仿过渡到对角色的认知。二是由自发到自觉的过程。个人的一些角色是生来就有的，如性别角色，人们在不知不觉中逐渐承担和认同。但作为社会角色的主体则是在社会的影响和教育下通过自觉地学习而获得的。三是由整体到部分的过程。个体对角色的认知最初也是从它的整体轮廓开始掌握，随着学习的深入，个体开始学习角色各个部分的具体规范、权利和义务、知识和技能等，进而个体才能把习得的各部分内容有机地结合起来，完成角色学习的任务。

角色互动是指不同角色之间相互影响与相互作用的过程。从根本上说，角色的互动属心理上价值标准的互动。角色互动是角色关系的结果与动态体现。每一种社会角色与其他角色都有一定的关系，各不相同的角色者聚集以后，便形成了某种团体结构，从而在结构的基础上展开互动。随着社会的发展，社会活动的频繁，个人自身所拥有的地位和身份也逐渐增多，从而加大了角色互动频率，角色冲突是角色互动的“异化”形式。

角色失败是指角色扮演过程中发生的一种极为严重的失调现象。它是出于多种原因使角色扮演者无法进行成功的表演，最后不得不半途终止表演，或者虽然还没有退出角色，但已经困难重重，每前进一步都将遇到更多的矛盾。从角色失败的结果上看，通常可分为两种情况：一种是角色的承担者不得不半途退出角色；另一种是虽然还处在某种角色的位置上，但其表现已被证明是不成功的。

角色转换有两层含义：一层是传统角色向现代角色的转换；另一层是角色丛的相互转换。这两种转换并非是对立的，相反，往往是两者并举的。如企事业单位的领导与家庭主妇间的转换，就属于两者兼有的类型。尽管各种类型转换的意义不同，但无论哪种转换一旦偏移，就会出现问题，造成角色冲突。所以转换的实现形式、转换的临界点选择、影响转换的因素、良好转换的标准等就成为角色转换需加关注的重要内容。研究角色转换，是解决角色矛盾的一种方法。因为许多角色间的矛盾并非天然存在的，而往往产生于对角色转换无知的情况下，有些角色矛盾虽带有强烈的对抗性(新旧对抗)，但没有达到非爆发而不可收拾的地步。人们只要注意合适的转换，矛盾是不难克服的。

另外，本研究还使用了规定型角色与开放型角色、功利型角色与表现型角色等概念。规定型角色是指关于角色的权利与义务有严格而明确规定的角色，开放型角色是指没有严格而明确规定的社会角度，角色扮演者可以有较大的自由范围；功利型角色是指那些

以追求效益和实际利益为目标的社会角色，表现型角色是指不以获得经济上的效益或报酬为目的，而以表现社会制度与秩序、社会行为规范、价值观念和思想道德为目的的社会角色。

8.1.3　大学教师角色

大学教师是社会的一个特殊群体，它应有属于这个特殊群体的本质特征，并通过扮演独特的社会角色履行其他群体不可替代的社会职责，同时占有相应的社会地位。大学教师社会角色就是关于大学教师社会实践活动的一套规范、模式，而且社会就以这种规范、模式来期待大学教师的行为活动，并以此作为评判大学教师的标准。基于大学的主要功能以及大学教师与文化、学生和社会的关系，大学教师主要承担研究者、教育者、服务者、社会批判者（知识分子）等社会角色。本研究中的教师特指大学中从事教学科研的专职和双肩挑教师，不包括教辅人员和专职管理人员。理解大学教师角色内涵，可以从大学教师角色三个基本特征的分析来展开。

1.从纵向动态看，大学教师角色具有历时性

大学教师角色是个历时性概念，不同时期其内涵也有所不同。为了进一步理解大学教师角色，我们可以历史为线索进行纵向梳理。

一是中世纪大学教师：职业性教书匠（单一角色）。中世纪大学起源于行会，是学者或学生的行会。因此，“一个大学不是一块土地、一群建筑甚至不是一个章程，而是教师和学生的社团和协会”。这种行会最初是为了抵制教会和城市当局对于学者和学生的干预，保护参与行会者的权力和利益，后来，教会或王权正式向这些学者行会颁发“特许状”，正式的大学就成立了。中世纪大学课程具有很强的神学性质。但也充满了实用主义色彩，为当时的城市发展培养牧师、律师、医生等各种专业人才，因此，以辩论为主的教学方法使学生个个变得能言善辩，学生们正是依靠这种本事在布道、法庭听证和政府讨论中崭露头角。显然，这些大学的教师都是拥有专业知识的学者，他们靠传授知识，获得低廉报酬而维持生计，如勒戈夫（Le Goff）所认为的，此时所谓的教师并不如人们想象的那样高尚，他们不过是“工匠”式的“生产劳动者”，如果需要相对的自由，就要像“商人”一样向学生索取报酬谋生；若想得到地方权力和王权提供的稳定工资，就不得不受制于“官员”的规范；而如果依赖获得捐助谋生，就是“某种类型的仆役”。因此，中世纪大学教师的主要角色是以传授知识为生的教育者，当然，在教学的同时还得为上帝服务，具有牧师的角色。

二是近代大学教师：研究者和教育者（双重角色）。在中世纪大学诞生以后的很长一段时间里，科学研究不受重视，自然科学家的身份未能获得职业和认知的认同。当时的大学教师主要通过人文学科来获得职业身份，如果他们对自然科学问题感兴趣，只有在正式的教学活动以外通过非正式的讨论来进行研究。在文艺复兴、宗教改革、科学革命、启蒙运动的影响下，传统大学越来越不适应时代的需要，一些民族化的国家在把大学的控制权从教会手中夺回的同时分别对传统大学进行了一系列改革，主要表现在：大学摆

脱宗教控制进一步世俗化;自然科学进入大学课程,自然科学学者合法化、制度化;科学研究成为大学的职能之一等。近代大学的职能与传统大学相比发生了很大变化,因此教师的角色也发生了变化。

在法国大革命和拿破仑的教育改革后,大学的教学就被认为是学术的和科学的,很多教师都是杰出的学者和科学家,他们把大多数时间都用于研究。不过当时法国大学教师的研究还是个人行为,没有要求学生参与,并不是政府和大学的规定,只是大学教学的任务很轻,他们有闲暇时间和兴趣。但教师作为研究者的角色已浮出水面。此外,法国的大学完全由国家创办和控制,大学教师由国家任命,是政府人员,为国家培养人才。18世纪,德国开始大学改革运动。哈勒、哥廷根大学率先进行改革,引入近代知识和科学课程,进行科学研究,废弃传统的宗教神学课程,用德语授课。19世纪初,洪堡在吸收哈勒、哥廷根大学改革经验的基础上,以新人文主义精神为指导,创办新式的柏林大学。洪堡强调“教、学”自由,主张大学的主要任务是追求真理,进行科学研究。大学教学必须与科学研究结合起来,大学教师把研究成果作为知识传授,只有这种教学才是真正的大学教学或大学学习。洪堡的教研结合思想对高等教育产生了深远影响,从此,研究者也就成为大学教师分内的角色。即使是教学,教授的方式和形式也发生了变化,教师采取研讨班的形式,使教学与科研完全结合起来。因此教师的角色必须同时是教育者和研究者。无论是法国的高等学校还是德国的大学,它们都是国家创办的,大学是一个世俗的机构,教师也不再是牧师,这是大学教师在宗教角色上的变化。但这一时期,英国的牛津、剑桥这样的传统大学,仍坚持宗教的色彩,它们的教师依然要求是牧师身份。但随着教育的世俗化,宗教职能被大学排除在外,英国的大学教师也逐渐成为世俗人士。

近代大学教师的角色与中世纪大学相比发生了不小的变化,教师不再具有牧师的角色,教师除了是教育者之外,还是研究者、管理者。近代大学教师最突出的角色是研究者,所以近代大学教师很多都是著名的科学家、思想家和学者。

三是现代大学教师:教育者、研究者、服务者(多重角色)。20世纪现代大学教师继承了中世纪大学和近代大学的基本职能,教学和研究是大学教师必须承担的基本任务,也是大学教师的核心角色。此外,20世纪的大学教师也增加了一些新的任务和角色。尤其是近代大工业生产的崛起以及由此引发的科学文化和知识“下嫁”,大学的象牙塔封闭状态开始被打破,随着经济增长方式开始由单纯依靠物力资本向依靠智力和人力资本转变,社会对教育尤其是高等教育的依赖性逐渐增大,大学与社会的接触越来越频繁,尤其是在实用主义哲学观和科学教育思潮的影响下,美国通过《莫里尔法》,推动赠地学院的发展,催生了威斯康星大学观念,即大学发展必须与社会进步紧密联系起来,大学只有在服务于社会的基础上,自身才有可能走向兴盛。威斯康星大学观念使美国大学彻底摆脱了象牙塔的束缚,直面美国现实生活,使得服务成为继教学、科研之后高等教育所承担的第三项职能。大学教师从此也被赋予社会服务者角色。

另外,随着第二次世界大战后学历社会或所谓的学习化社会的到来,尤其是高等教育大众化乃至普及化进程的加速,大学与学院向知识人张开了怀抱,开始“投桃报李”。

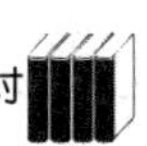

知识分子所赖以生存的波希米亚群落与格林威治村渐趋消失，“到20世纪年代末，美国知识分子几乎全部从城市进入校园，从咖啡屋进入自助食堂”。大学成为知识人所向往的或知识分子不得不选择的“飞地”与“避难所”，刘易斯·科塞对此进行了系统的分析：

首先，大学提供了一个环境，在这里共同从事不受约束的知识追求的人可以相互交流，并在不断的交流中磨砺自己的思想。其次，大学定期支付教授报酬，尽管大大低于一些非学术职业的报酬，但能保证他享受中产阶级的生活方式。其三，大学向高级学院人提供任教期间的权利保证。这一点和最后一点共同解释了这一事实：学院人得到了制度上的保证，免受捉摸不定的市场的影响，从而可以在不受经济压力干扰的情况下全身心地投入工作。其四，大学把大学教师的时间分配制度化，使他们能够把大部分时间用于独立思考和自主的研究。最后，也是最重要的一点，大学承认其成员的学术自由。

知识分子因为大学的学术自由可以较少受政治和社会各种因素的干扰，大学教师就充分发挥其批判职能，于是大学教师又有了批判者的角色。

从历史的发展可以看出，随着高等教育的发展，高等教育机构的变革，特别是高等教育职能的扩张，大学教师的角色也逐渐发生了变化。虽然大学教师的角色有些在历史的发展中丧失了，但总的来看，大学教师的角色是不断增加的。就大学教师最重要的角色来说，其发展大致经过了三个阶段：第一阶段，教学是唯一的职责；第二阶段，教学与科研的职责；第三阶段，教学、科研和服务融为一体的职责。

2.从横向静态看，大学教师角色具有多样性

今天，人类已步入知识经济时代，知识经济的到来既可以说是一场经济革命，又可以说是一场知识革命。在这场革命中，知识对社会经济、生产和生活的作用极度扩张，知识的力量被极度凸显出来，从而确立了知识在经济社会中的核心地位。而作为知识生产和传播主体的大学教师也必然进入经济运行过程，直接参与经济活动，从而走向社会的中心。大学教师的角色呈现出多样化的特性。

与大学三大功能相对应的是，大学教师扮演着教育者、研究者、服务者角色。根据大学教师角色活动场域，大学教师角色包括校内角色和校外角色，教育者、研究者、管理者为主要校内角色；服务者、批判者、咨询者、立法者、阐释者、技术顾问等为主要校外角色。按照大学教师角色层的关系分类，大学教师角色包括生存性角色、发展性角色、超越性角色。

生存性角色即社会所赋予的作为教师最基本、最本原、最共通的角色期待与角色职责，是教师与非教师的角色分水岭，“知识传播者”，尤其是“教育者”无疑是每一个大学教师的天职与角色职责。无论是院士级的教授还是助教，只要他是一个教师，他都首先应该是“教育者”，而“教授不教”、“讲师不讲”等轻视教学的行为属于典型的教师角色放弃。

发展性角色是指作为知识人的大学教师，为了在知识人“社会圈子”中占有一席之地，为了更好地胜任知识贡献者与知识创新者角色，需要主动向科学知识链的上游角色拓展乃至成为创立学派的“真理发现者”。一定程度的角色“上溯”抱负水平，是大学教师全方位胜任知识人社会角色的客观需要。

超越性角色是指大学教师在充分履行社会所赋予的生存性角色与发展性角色的同时，超越狭窄的学科专业领域，纯粹发乎自我、发乎人性的对公共领域的关照，它往往是在追求生存性与发展性角色进入化境后出现的一种自我超越体验与人间情怀，如爱因斯坦挟科学家的身份对和平的追求，马寅初近乎单枪匹马地捍卫“新人口论”。但并非所有人都能坚持或坚守这一角色。

3.从大学的根本属性看，大学教师角色具有学术性

大学的根本属性在于学术性，学术性是贯穿大学组织活动的始终，并决定和支配大学一切活动的根本所在。它决定了大学的发展方向，影响着大学内部其他活动的存在和发展。大学的所有活动都是围绕学术性而展开的，大学里的教学、科研、行政、产业、社会服务等无不以大学的学术性为基础，无一不是为学术提供条件和服务的。正因为“学术”这一特有属性，大学里的主要活动主体——大学教师的角色才具有学术性特征。

按照博耶尔的说法，大学教师应该具备四种学术水平：发现的学术水平、综合的学术水平、应用的学术水平和教学的学术水平。具体说来，大学教师学术性的表现是丰富的，应综合体现在教学、科研、学术交流、教学改革等方面。

大学教师从事的是一种学术性职业，学术性是大学教师的最基本特质，是大学教师职业生涯的核心，自然也是衡量大学教师专业发展水平的重要价值向度。概括地说，教育教学、科学研究和社会服务是高等教育三大主要职能，大学教师的学术性亦渗透在这三大职能之中。从教师角色及大学教师的专业性质分析，大学教师的基本职责是教学，那么大学教师首先必须具备的就是教学的学术水平。作为一种学术性专业，教学对大学教师的专业知识有着严格的学术规训，大学教师的知识必须是专门的、系统的、规范的，同时，如何教学的知识也是必备的。其次，大学是知识生产的重要场所，这使得科学研究成为大学教师的又一主要工作。这就要求大学教师具备“发现”的学术水平，拥有探究的学术理念与精神，在其专业领域内不断地发现知识、创造知识。再次，大学不仅是传播知识的场所，更是创造新科学、新知识的重要机构。服务社会是大学教师运用专业知识开展专业活动的一个主要方面，是其“应用”、“综合”的学术水平的重要表征。因此，大学教师的学术研究必须与社会实践紧密相连，进行实践中的理论研究。总之，大学教师角色的学术性包括了教学、研究和社会服务的专业知识与学术能力，大学教师角色发展的目标在于通过自我反思、合作以及必要的专业引领和政策支持，不断提升其教学、研究及服务社会的学术品位、学术修养、批判精神，进而提升整体教育质量。

8.1.4 大学教师角色冲突

1.冲突

冲突作为一种普遍的社会现象，给它下一个精确而又唯一的定义，实属不易。就连社会冲突论学者自身也认为，社会冲突理论中最大的一个争议就是“冲突”的定义。即便这样，不少社会学家还是表达了自己对冲突的理解：

冲突是“有关价值、对稀有地位的要求、权力和资源的斗争，在这种斗争中，对立双方

的目的是要破坏以至伤害对方”。“冲突是双方之间公开与直接的互动，在冲突的每一方的行动都是力图阻止对方达到目标。”“冲突是任何两个或两个以上的统一体由至少一种对抗心理关系形式或至少一种对抗性互动关系形式连接起来的社会情况或社会过程。”“冲突是人与人或群体与群体之间为了某种目标或价值观念而互相斗争、压制、破坏以至消灭对方的方式与过程。”“冲突是指各派之间直接的和公开的旨在遏止各自对手并实现自己目的的互动。”克・芬克则认为：“冲突是不一致的目标，各自专有的利益、感情上的敌意、观点上的异议，以及有节制的相互干涉。”

综合比较上述定义，冲突具有以下几个值得关注的要点：第一，冲突是社会存在的方式之一，是一种社会过程，是一种社会互动。第二，冲突的主体可以是个人，也可以是群体，即冲突既可以发生在个人与个人之间，也可以发生在群体与群体之间。第三，冲突的起因是多种多样的，但往往是关键问题上的差异、不一致容易引起冲突，如价值观、地位、目标、利益、资源等。第四，冲突的表现形式是直接的、公开的、面对面的，比竞争激烈，比矛盾外显，“冲突是客观矛盾的表现和外现”。第五，冲突的目的在于打压对方，其表现可能是阻止、伤害，可能是破坏，可能是消灭对方，这表明冲突具有程度之分。冲突不仅仅有激烈的表现形式，还有潜在的微弱的方面。

2.角色冲突与大学教师角色冲突

任何社会冲突总是表现为个人与个人、个人与群体、群体与群体的冲突，从微观方面看，表现为角色与角色之间的冲突。当然，角色冲突不仅是指不同角色扮演者之间的冲突，也指由于不同角色规范的不同要求，引起个人在角色行为过程中的矛盾与冲突。关于角色冲突的界定也是众说纷纭，国内词典和社会科学专著上有以下几种主要观点：

一是认为由角色规范要求之间的矛盾所造成的一种排他性的角色行为。它有各种形式：单一角色内部的冲突，如在现行体制下，厂长受到企业职工、上级主管部门和社会有关方面的制约，不能将责、权、利有效地统于一身而且经常产生角色冲突；多重角色交织矛盾的冲突，如既是法官又是父亲的国家干部面对触犯刑律的儿子；由人们对特定角色规范暂时缺乏统一理解所造成的不同角色间的冲突；由扮演角色的实际能力与角色规范要求不一致所造成的冲突等。

二是认为个人在扮演一个角色或同时扮演几个不同的社会角色，由于各个角色的要求不同而无法同时满足时，导致内心的矛盾而产生焦虑和不安。角色冲突有以下几种情况：(1)同一社会角色的内心冲突，是指社会上的人对某个角色的期待与要求不一致时，该角色产生的内心矛盾；(2)当社会角色改变时，新旧角色之间发生的矛盾，其原因是一下子无法适应新角色；(3)一个人身兼几个角色时的内心冲突；(4)社会角色所规定的人格与个人真实人格之间的矛盾。

三是认为当个体的角色行为与角色认知或角色期待产生不协调状态时的内心体验。其可以在两个层次上发生：(1)自我角色冲突。包括两种情况，一种是自我的角色认知与他实际的角色行为之间存在矛盾时；另一种是一个人同时扮演两个或多个角色而其角色规范或角色期待彼此抵触时。(2)人际关系角色冲突。当自我与占有不同角色地位的他人对某一特定角色的认知缺乏一致意见时，自我会有冲突的内心体验。

第一个层次是在他本人所扮演的角色总体内，第二个层次是在他本人的角色与其他行为者的角色之间。就前者来讲，又包含两种含义：(1)自我对他的角色认知与他对自己实际的角色行为之间存在矛盾时所产生的强烈的内心体验。(2)当自我认识到在执行他的角色某些行为规定与贯彻他所扮演的另一个社会角色之间出现了某些不相容现象时所产生的内心体验。伯查德(Burchard)在他所写的《军事牧师的角色冲突》中详细地论述了军事牧师作为宗教领袖的角色与作为军官角色之间的冲突。就后者来讲，是指当自我对他的角色的认知方式与具有相反身份的人对他的角色的解释方式之间存在差别时，冲突就在第二层发生。换句话说，这种情况是在不同角色地位的占有者对特定角色缺乏一致意见时，冲突就产生了。

四是认为角色冲突是指角色之间或角色内部的矛盾和对立，指在社会角色扮演中·在角色之间或角色内部发生了对立和抵触，妨碍了角色扮演的顺利进行。角色冲突包括以下两种类型：一种是角色间的冲突，指不同角色承担者之间的冲突。导致这类角色冲突的因素是角色利益上的对立、角色期望的差别和人们没有按各自的角色规范行事等。另一种是角色内部的冲突，指由于多种社会地位和多种社会角色集于一人身上，而在他自身内部产生的冲突，包括以下情形：(1)一个人所承担的多种社会角色同时对他提出了角色要求，使他难以胜任，这时便发生了角色内冲突。(2)一个人所承担的几种角色，其行为规范互不相容，这时也会产生角色内冲突。

国外社会学者也给出了一些界定，如认为角色冲突(role conflict)是当个体面对分歧的角色期望时，就会产生角色冲突(Robbins，1993)，因此角色冲突出现在个体发现自己如果顺从某个角色的要求，就很难顺从另一个角色的要求，当个体无法同时满足各种角色的要求时，角色的冲突就产生了；Kahn et al(1964)认为角色冲突是指个人经常被要求扮演与他们价值系统不一致的角色，或同时扮演两种以上相互冲突的角色；而 Parson (1961)认为，所谓角色冲突是指角色行使者面对两组彼此冲突的合理角色期待，而无法使两者皆完全实现所产生的心理不协调现象。

以上多种表述，既有重合之处，也有很多分歧，主要是对角色冲突的表现形式缺乏统一认识。本研究认为，角色冲突的主要内涵是指角色扮演者在角色扮演情境中心理上、行为上的不适应、不协调状态，它既包括同一个主体扮演的同一角色内的冲突和不同角色之间的冲突，又包含不同角色主体互动中的不协调而产生的冲突。大学教师角色冲突是指大学教师在扮演教育者、研究者、服务者和社会批评者等角色行为时产生的角色行为与角色认知或角色期待不协调状态的内心体验，包含角色内冲突、角色间冲突和角色外冲突(本章第三部分将进行详细分解)。

8.2 大学教师角色冲突研究的理论依据

大学既是社会系统的一部分，又是相对独立的学术性组织，大学教师是大学组织中

最重要的活动主体，研究大学教师角色互动中的角色冲突，我们必须借助社会角色理论中的概念框架、冲突理论的基本立场和社会变迁理论中的教育与社会变迁互动的观点作为本研究的理论支撑。

8.2.1　社会角色理论

19 世纪末，西方一些社会学家开始从理论上注意个人与个人、个人与社会关系之间相互联系的具体过程研究。这种研究是对宏观的社会理论研究的一种补充，研究的结果产生了各种各样的互动理论。互动论者认为，互动是一种与他人或群体的持续的角色扮演过程，而角色扮演的过程，就是互动行为发生的基本机制。伴随着互动理论的酝酿与成熟，社会角色理论得以产生和发展。社会学家萨姆纳、罗斯和迪尔凯姆是在研究习俗、规范和社会结构时涉及角色问题的；另外杜威、库利、莫雷诺和齐美尔等人也对角色理论作出了贡献。其中对社会角色理论的产生影响最大的当属美国社会学家乔治·米德。他综合了詹姆斯、库利和杜威的研究成果，把他们的有关概念组合成统一的理论体系。在这个过程中，他把戏剧、电影中的名词“角色”借用到社会学中来，用来讨论人与社会的关系。从此以后，“角色”一词就在社会学和社会心理学中频频出现，逐步发展出了诸如“社会角色”、“角色丛”、“角色扮演”、“角色规范”、“角色期待”、“角色认知”、“角色学习”、“角色冲突”等的一系列概念，形成了一整套的社会角色理论。20 世纪 50 年代以后，在西方，特别是在美国，涌现出一批研究社会角色的专著，例如，罗姆特维的著作《社会规范与角色：对持续的社会压力的心理学分析》(1955)，戈夫曼的著作《日常生活中的自我呈现>(1956)，比德尔和托马斯合著的《角色理论：概念与研究》(1966)。此外，还发表了一大批讨论角色理论的论文，如特纳的《角色与人》，盖茨尔斯和格巴的《角色、角色冲突及其效果》等。

社会角色理论是多门社会学科的共同参与而发展的结果，这种多学科的交叉性和开放性，使得角色理论在解释和研究人类行为时，拥有了发挥和想象的空间：一是将角色与互动联系在一起，角色通过互动表现自己，互动又是角色之间的互动；同时角色的形成和扮演也是通过互动来完成的，正如特纳所说：“人类创造和使用符号，用符号交流通过角色扮演进行互动；这种角色扮演涉及识别他人使用的符号。由互动产生的精神和自我使人类成为独特的物种。反过来，人类这些能力的产生，使互动成为社会的基础。”二是强调与社会地位的关系，认为人们的社会地位是角色的客观属性的反映。拉尔夫林顿就曾指出：“角色——这是地位的动力方面。个体在社会中占有与他人地位相联系的一定地位，当个体根据他在社会中所处的地位而实现自己的权利和义务时，他就扮演着相应的角色。”角色概念还可界定为处于一定社会、一定地位上的个体依据社会对他提出的要求，借助自己的主观能力适应社会环境所表现出的行为模式。

对应角色概念的理解的分歧，角色理论基本上可以分成两大派，即结构角色论和过程角色论。结构角色论认为，社会是一个由各种各样的相互联系的位置或地位组成的网络，其中个体在这个系统中扮演各自的角色。对于每一种、每一群、每一类地位，都能找出各种不同的有关如何承担义务的期望。因此，社会组织最终是由各种不同地位和期望的网络组成的。结构角色论以角色在结构中所处的位置为出发点，研究角色的作为、社会对角色的期望、角色所面临的冲突以及角色与社会的关系等。过程角色论以社会互动作为基本出发点，围绕互动中的角色扮演过程，展开对角色扮演、角色期望、角色冲突与角色紧张等问题的研究。过程角色论者视角色为互动过程中的符号载体或互动的表现形式，侧重角色的历时性。结构角色论把角色当作一定的社会权利与义务的体现和一定的社会地位的动态表现，侧重于角色的共时性(社会中的个体往往不只对应一种角色)。

社会角色理论不但成为社会学理论中的一个中程理论，而且经过社会学家多角度的大量研究，已成为社会学理论中有系统框架、有专门概念、能正确反映和说明个体行为模式的理论，同社会学理论体系中的其他组成部分结合起来，可以在探讨与研究社会生活的许多方面发挥它的理论阐释作用。例如社会地位与社会角色，社会个体与角色扮演，社会化与角色学习，社会交往与角色行为，社会规范与角色规范，社会稳定与角色意识，社会流动与角色转换，社会变迁与角色变化，社会冲突与角色冲突等，社会生活中的许多现象，都可以用角色理论作为理论工具加以解释、说明。本研究借鉴角色理论，试图将结构角色论与过程角色论有机地结合起来，运用角色理论中的一系列概念对大学教师角色冲突进行理论探究和实证分析，探寻化解角色冲突的良策。

8.2.2 社会冲突理论

20 世纪 60 年代末，伴随着美国青年反权威和女权主义运动的开展，社会学领域中一个新的理论流派——冲突论迅速崛起，并取代了结构功能主义长期以来在社会学界的主导地位。冲突论渊源于工业革命时期的社会学说，其早期的社会先驱有达尔文、龚普洛维奇等。西方社会学者往往将马克思的阶级斗争学说归并为冲突论。当代冲突论主要有两个来源，并由此构成了两大派别：一派是以美国刘易斯·科塞(Lewis A.Coser，1913—2003)和兰德尔·柯林斯(Randall Collins，1941 —)为代表的“功能冲突论”，是从结构功能派中分化出来的，并自称其理论是对结构功能主义的修正和补充。它强调冲突本身具有维持社会稳定、促进社会协调、强化社会整合的功能。冲突是推动社会变迁的必要因素，为解决社会冲突到来的危机，必须设立“社会安全阀”机制，以有效控制冲突的进程。另一派是以德国社会学家拉尔夫·达伦多夫(Ralf Dalendorf，1929—2009)为代表的“辩证冲突论”，他从社会权威和权力分配的角度研究冲突现象，认为冲突是社会每时每刻必然经历的过程。冲突既是一种破坏力，也是一种生产力，冲突会导致结构的重组，重组的结构又会酿成新的冲突，由于社会是建立在一部分人统治另一部分人的基础上的，因此权威、权力便构成社会变迁和社会结构重组的决定性因素。

科塞的观点——冲突促成整合与创新。传统的西方社会学观点都视冲突为消极的分裂的现象，倾向于认为冲突具有破坏性与分裂性，是一种社会“病态”。科塞反对这一观点。他认为社会学对冲突的积极后果分析不足，并强调冲突的建设性功能、有益的功能，即冲突对社会与群体具有内部整合功能、冲突对社会与群体具有稳定功能、冲突对新

群体与社会的形成具有促进功能、冲突对新规范和制度的建立具有激发功能以及冲突是一个社会中重要的平衡机制。科塞把社会冲突分为两种类型，一种是现实性冲突，即那些为达到特定目标而指向冲突对象的对抗行动；另一种是非现实性冲突，即其中一方不指向冲突对象的发泄敌对情绪的行动，往往表现为找“替罪羊”。科塞不仅承认非暴力冲突的正面功能，还肯定暴力冲突的正面功能。科塞的“安全阀”理论认为社会安全阀可以运用潜在的冲突维持社会结构。

柯林斯的观点——冲突的根源与回避策略。柯林斯认为社会最基本的微观单位是包含两个面对面互动的“际遇”(一个共享的谈话现实，并涉及拥有各种资源和互动动机的个体间的谈判)。在柯林斯看来，社会结构都是由“互动仪式链”(chains of interaction rituals)构成的，他认为“互动仪式链”是社会稳定的基础，同时也是冲突的基础。他认为冲突的根源，一是支配他人的主观定义，在社会生活中，冲突的主要根源是人们想竭力左右或支配他人的主观定义，以便在个人之间的际遇中最大限度地增加自己的优势；二是不平等；三是强制力量。柯林斯提出了两种解决冲突的策略，一是仪式。处于统治地位的人用仪式来吸引人们与表达对群体或社会的依附。被统治地位中的那些人则发展出那些表现他们的异化或表明他们对现存社会秩序，特别是权力结构缺乏信任的仪式，而不是从事暴力反抗。二是信念。在柯林斯看来，个人利益是根本的，相对地独立于任何道德准则，通过激发和加强道德信念使人们互相影响或保证相互间的忠诚。

达伦多夫的观点——强制引起冲突与变迁。达伦多夫反对社会均衡模式，主张建立社会冲突模式。他认为社会冲突模式可以解释社会变迁动力：冲突是社会变迁的动力；冲突及其引起的变迁是正常的现象，没有冲突与变迁则是异常的现象；社会组织彼此连接在一起，并不是由于共识，而是源于压抑力量，不是基于一致的同意，而是基于彼此之间的压抑。达伦多夫把社会冲突的起因首先归结为权力分配不均，其次归结为角色的强制性安排。达伦多夫还提出衡量冲突强度和烈度不同变量。衡量冲突强调的第一个变量是冲突的重迭程度，重迭程度越高，冲突的强度也就越高；第二个变量是社会流动的程度，在一个社会中，向上向下流动越多，阶级冲突就越不可能变得广泛与重要。衡量冲突烈度的第一个变量是社会经济的剥夺程度；第二个变量是冲突的调节程度。他认为冲突的调节方式包括仲裁、调停与和解。

持冲突论观点者的具体主张各不相同，但总体而言，基本上先后表达了这样的思想：一是社会对财产和资源的分配是不平等的，这是造成各种利益集团之间以及利益占有者和丧失者冲突的根源。二是冲突和竞争的结果会导致社会结构的重组，但又为新的不平等打下了基础，也为新的冲突拉开了序幕。三是在工业社会中，这种阶级之间、利益集团之间、劳资之间、支配者与被支配者之间的冲突已经制度化了，因而是不可避免的，有时甚至是剧烈和急速的。四是冲突是社会的基本状态，冲突虽然导致社会不和谐，但更具有社会整合的作用。冲突理论产生后，在西方社会学界引起了巨大反响，并很快渗透到社会学各分支学科的经验研究中，在政治社会学、组织社会学、种族关系、社会分层、集体行为、婚姻家庭等领域出现了大量以冲突概念为框架的论著，在当代社会学发展中有重大的影响。冲突理论应用于教育领域，形成了教育社会学中的冲突论学派。其中主要有侧重于分析、批判资本主义教育制度的"新马克思主义冲突理论"（鲍尔斯和金蒂斯的社会再生产理论与布迪厄的文化再生产理论），探讨教育阶层化的柯林斯的"新韦伯主义冲突论"，以美国吉鲁、阿普尔和英国威利斯为代表的抵制理论以及对学校内部社会关系进行剖析的华勒的"教学社会学"。本研究借助冲突理论的一些基本观点和思路探讨大学教师角色冲突的功能、冲突产生的诱因以及冲突与调适的关系等问题。

8.2.3 社会变迁理论

社会变迁是社会学研究领域内一个经久不衰的话题。自社会学创立伊始，就以其独特的魅力吸引着社会学家的视野，在西方社会学创始人及其早期发展的古典社会学理论大量研究的基础上，形成了社会进化论、历史循环论、社会均衡论（功能论）和社会冲突论等社会变迁理论。社会冲突论前文已述，下面重点介绍其他三个流派。

施本格勒（Spengler）和索罗金（Sorokin）等提出的"历史循环论"，认为社会历史的发展是按照一定的规律，呈现出周期性的变化，社会发展到一定阶段以后，又要回到原来的起点，是在一个限定范围内循环摆动。进化论的倡导者斯宾塞（spencer）、达尔文（Darwin）、摩根（Morgan）等，认为社会如有机体，是进化而来的，进化又是连续性的，并且有一定的次序，沿着从低级到高级，从简单到复杂，由此及彼地阶梯式向前进化的，社会的进化如同自然界的进化一样，它可以通过自然发展而趋于完善。以斯宾塞（Spencer，1820—1903）和涂尔干（Duikheim，1858—1917）这两位功能论经典大师为代表以及以后衍生的"社会功能文化学派"和"结构功能主义学派"的代表人物林马诺斯基和拉德克利夫·布朗帕森斯与默顿提出的功能论认为社会是一个具有自我调节功能的系统，系统的各个部分存在着相互依存的功能关系，无论社会怎样变迁，其结果是整个社会最终总是趋向于平衡及和谐。

社会变迁理论是西方社会转型时期的产物，反映了西方社会转型期社会变迁的动态图景，揭示了其中的规律，对当时及其后的西方社会发展与现代化产生过积极影响，对于同样处于社会转型时期和现代化进程中的当代中国社会具有一定的启示意义。当前中国社会正处于由传统社会向现代社会快速转型期，社会转型使整个社会的政治、经济、文化、观念等各个领域都处于一种新旧交替的状态，各种矛盾、冲突也随之相继产生。这些领域的矛盾和冲突又都体现在教育过程中，尤其是我国大学大多是伴随着我国社会全面快速转型期时诞生，并随着转型期社会发展而不断壮大的，同时大学发展中存在的诸多问题也与社会转型矛盾与冲突息息相关，因此，我们要正确理解大学发展与社会变迁的关系，通过了解社会变迁来分析大学教师角色冲突产生的社会原因，为提出适当的调适策略奠定基础。

8.3 大学教师角色冲突研究的分析框架

角色冲突是一种比较复杂的人际互动现象，从文献综述中我们发现，前人在研究教师角色冲突时界定比较混乱，既不能让我们清晰地认识教师角色冲突的各种表现，也不能全面剖析教师角色冲突背后的深层诱因，更不能提出切实可行的调适策略。为此，本研究从角色内冲突、角色间冲突和角色外冲突三个层面来建构大学教师角色冲突分析框架，了解大学教师角色冲突的内涵，展开对大学教师角色冲突现状的调查，剖析大学教师角色冲突的诱因，提出大学教师角色冲突的调适策略。

8.3.1 大学教师角色内冲突

角色内冲突是指发生在角色扮演者所扮演的同一个角色内部的矛盾。这种冲突是由角色本身包含的内在矛盾所造成的。大学教师(为行文方便，下文中简称教师)角色内冲突主要是指大学教师在扮演教育者、研究者和服务者等个别角色时产生的内部冲突，包括由理想角色与现实角色之间的差距产生的冲突、规定角色与开放角色把握失当而产生的冲突、表现角色与功利角色失衡而产生的冲突、角色自我与个性自我难以调和而产生的冲突以及新旧角色转换不适而产生的冲突。

1.理想角色与现实角色冲突

理想角色是指社会或团体对某一特定角色所规定的一整套权利义务和行为规范，代表社会的一种理想期望，也称期望角色。现实角色是指个体在社会互动过程中实际扮演的角色，它受领悟角色的指导与制约，但有时由于受社会环境、个人素质及水平的影响，现实角色常常很难达到领悟角色的水平层次，更难达到期望角色的水平层次，因此产生理想角色与现实角色冲突。随着知识经济的到来，大学的社会中心地位日益凸显，人们对大学教师的角色期望越来越高，大学教师自己角色定位不断攀高，尤其是青年教师往往疲于奔命仍难企及理想角色。理想角色与现实角色的差距是客观存在而又无法避免的，人们只能无限逼近理想角色，但永远也无法达到理想角色，所以理想角色与现实角色差距越大，角色冲突越剧烈。

2.规定角色与开放角色冲突

大学教师作为社会中一项特殊的职业，既要遵循特定的传递知识、生产知识和应用知识的职业规范，又要根据学术职业的特性，在各种学术角色活动中创造性地开展工作。前者强调规训、刻板，后者倡导情境性、灵活性，大学教师要在规定性角色与开放性角色间转换，很难掌握二者之间的平衡，从而产生规定角色与开放角色之间的冲突。

3.表现角色与功利角色冲突

大学教师是一项学术性职业，每一个决定献身于学术并以之为职业的人不应仅仅注重学术生涯的外部条件，更应寻求学术的内在志向，这种志向实质上是要超越纯粹实用的目的，为学术而学术。韦伯在肯定学术职业的现实物质意义的同时，更强调学术职业应是学者一己生命之所系，是一项以神召(calling)为使命的“天职”。随着经济体制的全面转轨，大学尽管可以为教师抵御或缓解社会和经济环境的一定压力，但大学对社会资源日益加重的依赖不可避免地促进教师角色的再造。日益走向社会中心的大学，由于强大的外部压力，其办学开始受制于市场竞争的逻辑，无功利的学术活动开始纠缠和从属于各种各样的利益和权力，学术职业的传统和特有的价值理念与无情的现实使学术职业充满矛盾。那种学术活动内在要求研究者生命的投入，要求耐得住寂寞、清贫的献身精神在现实面前显得是如此脆弱，大学教师在自觉或不自觉中把功利性角色表演得淋漓尽致。

4.角色自我与个性自我冲突

社会转型，人们的价值观念发生了深刻的变化，出现了价值观念的多元化。大学教师作为社会的一员，自身特有的价值观念与教育教学过程中应传递的价值观念不可能完全相同，大学教师的个性自我必然要受到大学教师角色的制度身份的制约。教师的所言所行不可能超脱既有的政治与文化秩序，必然要反映统治阶级或主流文化的意识形态。教师为了成功地扮演职业角色就不得不在面对学生时压抑自己的价值观念，尤其是当教师自身的价值观念与学生的价值观念相对立时，教师既要维持与社会意识形态相适应的价值观念，又不得不对学生的价值观念表示出某种宽容与理解。由此，教师在面对不同价值观念或对新旧价值观念冲突而进行调适时，会出现心理冲突而导致角色自我与个性自我冲突。

5.新旧角色转换之间的冲突

新旧角色冲突一方面表现为新教师的学生角色与教师角色之间的冲突，但更多地表现为转型社会以及转型教育所带来的角色责任和角色技能变化而产生的冲突。比如计划体制下安逸与市场体制下竞争，现代教育技术对教育、科研和社会服务手段的冲击，学校升级引起培养办学模式的变化等使教师面临新旧角色的冲突。

8.3.2 大学教师角色间冲突

角色间冲突是指发生在同一个角色扮演者所扮演的不同角色之间的冲突。一个人在社会中占据着多重社会地位，扮演着多种不同的社会角色。社会对他(她)所扮演的不同的社会角色有着不同的社会期望。角色扮演者为了履行一种角色义务，就会影响另一种角色义务的履行，他(她)不可能同时满足来自不同方向的互动对象的不同社会期望，于是就产生了角色间冲突。大学教师在社会和学校场域中扮演着多种角色，使教师在精力与时间分配上难以平衡而使大学教师产生角色间冲突。在这些冲突中，最突出的当属教学与科研之间的冲突，而对于双肩挑教师来说行政角色与学术角色冲突也是比较典型的现象。

1.教学与科研之间的冲突

教学与科研是大学教师最基本的两种角色，但妥善处理好二者关系对于大学教师来说实在太难。正如韦伯所言:“教学这种艺术，涉及个人的天赋，并且绝非与学者研究学

问的能力相吻合……至于一个人是否同时兼备这两种能力，完全得靠运气。”艾博和迈克查(Eble and McKeachie)的研究也证明了这一点：54%的教师认为他们在教学、学术研究和直接服务社会责任上面临冲突。在处理科研与教学的关系时，教学与研究孰轻孰重日益困扰着教师的角色定位，教师经常顾此失彼、难以平衡。

2.双肩挑教师的角色冲突

集行政角色与学术角色于一身的双肩挑教师，在我国大学教师中的比例较高，据来自山东省的对大学教师的调查数据显示，担任学术组织职务的教师占 16.19%。担任行政职务的占 16.97%，既担任学术职务又担任行政职务的占 18.5%。双肩挑教师在缓解大学教师供给紧张、充分利用人力资源和沟通教学人员与行政人员关系等方面曾经发挥了一定作用，但行政角色与学术角色的目标追求、工作方式、遵循的原则、评价标准等差异较大，双肩挑教师不断在行政角色与学术角色之间转换必然产生角色冲突，加上在官本位的影响下，大部分双肩挑教师忙于文山会海，上下应酬，只好淡化学术角色，强化行政角色，而使双肩失去平衡，角色冲突由此产生。

8.3.3　大学教师角色外冲突

角色外冲突是指发生在两个或两个以上角色扮演者之间的角色冲突。这里，两个角色或两个以上扮演者，指的就是处于社会互动两端位置上的两个或多个社会成员。现代大学组织中主要有三大群体构成，即教师群体、行政管理人员群体和学生群体。在这三大群体中，教师与其他两大群体联系最紧密，同时产生的冲突也可能最多，主要表现为教师与行政人员、学生之间以及教师群体内的角色冲突。

1.教师与行政人员的冲突

学术人员和行政人员之间的冲突可以理解为在大学组织活动中，双方由于价值观、角色地位、奖励结构和忠诚对象等方面的差异产生的不一致而相互干扰与冲突。教师与管理者分属不同的社会群体，占有不同的社会地位，虽然一般情况下不会发生行为方面的外部对抗，但情感方面的对立和思想方式方面的隔阂还是比较普遍存在的。根据思想与行为的对立与对抗程度，可以将冲突分为一般性冲突和对抗性冲突。一般性冲突是可以控制的表现尚不明显的冲突，表达冲突的方式比较曲折、微妙。对抗性冲突是已经影响到正常的大学运行秩序，相互之间攻击、诋毁等直接外显的冲突。目前大学中的学术与行政人员冲突多数是第一种形式的冲突，主要体现在对大学的发展目标、科研组织形式、教师评价与管理方面存在不同的认识，在思想观念上存在一定的差异。行政人员的角色是从事管理活动，强调秩序，直接目标是提高大学组织绩效，对教师的评价工作从管理出发多，从学术生产的特殊性出发少。对行政人员的奖励、认可与承认主要在组织范围内决定，甚至可以说是由他们的顶头上司决定；而学术人员的角色扎根于某一学科，他们最希望的是通过自己的学术活动得到学术共同体内部的认同，也就是获得学术同行的承认，因此，他们忠诚的对象首先是学科，然后才是学校组织。因此，对他们而言，学术自由是他们普遍认同的价值观，这就意味着他们希望所处的环境能够提供充分的物质与制度保障，以便他们进行教学和研究工作。但是，一所学校的资源和条件总是有限的，学术人员由于没有正常的信息来源，并不清楚大学的资源情况，也不了解行政人员在资源分配中的困难和矛盾，因此，当行政人员拒绝他们需要资源的要求，而将资源分配给其他人员而这种分配又不公开透明时，教师就认为自己受到了不公正对待，学术自由受到了威胁。在现实中，教师批评管理者独断专行，从来不就学术工作向他们进行咨询。而管理者则认为教师不适于参与组织的决策过程。由此导致学术人员对于行政人员的行为或决策采取冷漠和抵抗策略就不难理解，冲突在所难免。

2.教师与学生之间的冲突

师生冲突是社会互动方式的一种，是社会存在在教育情境中的表现形式之一。多数情况下，师生冲突的发生由教师和学生在价值观、地位、目标或是利益等方面的差异引起。理想化的教育目标和教育内容与学生群体的现实取向间的偏差已经是现今我国大学校园文化建设中不可忽视的一个重要环节。教育过程需要学生与教师有共同的基础。如果学生和教师在态度和价值上很少有共同点，这些意识形态上的歧异将增加学生与教师间冲突的可能性。师生冲突的程度多种多样，既有顶撞、争吵等较弱的冲突，也有使用暴力伤害对方等比较强烈的冲突，更多的还表现在思想上的“冷战”。师生之间似乎只是两个孤立的单位在作自足性的互动，导致了一条鸿沟的出现：鸿沟的一边是永远忠诚于学术生涯的学者，另一边则是来自不同社会背景、怀有不同职业期盼的学生。

3.教师群体内的角色冲突

即使同属于教师群体，由于他们在学校场域中所占的位置不同，拥有的社会与文化资本不同，由此而引发的社会性冲突也是普遍存在的。一是不同学科之间的教师角色冲突。对于不同学科与专业间的隔阂，福柯认为是学科和专业规训制度运作的结果。由于学科和专业知识在逻辑上的高度内敛，在同一学科、专业领域的大学教师逐步建立了一套共同认可的研究范式、技术以及专门术语体系，作为该领域的基本规范和标准，这种规范和标准反而导致了各学科相对封闭，彼此界限分明，不同学科和专业教师也存在理解、沟通障碍并因此而形成思想上的偏见和情感上的好恶，甚至演化为信念和行为方式选择上的冲突。因此，“学者们的最大相同之处就表现在他们都一心一意地钻研学问。但是他们的最小共同之处是那种对他们来说都是共同的知识，因为他们所研究的领域都是专门化的、互相独立的”。二是同一学科不同流派之间的角色冲突。即使是同一学科的教师，由于他们的思想观点归属不同流派而彼此不肯妥协，除了正常的学术争鸣外，有时也互相攻击打压，甚至谩骂(网上就出现过著名学府教授之间的谩骂)。三是老年教师与年轻教师之间的角色冲突。有学者把这种冲突称为“大学城中的代沟”。年轻学者在学术观点、学术规范、学术立场、叙事话语、研究范式和研究工具等方面所表现出来的先锋意识，常常同控制和支配着学术话语权的年长者之间发生激烈的碰撞，有时甚至出现对峙的局面。尤其是在大学的社会学科和人文学科领域，频频出现的“冒犯”和“忤逆”不断加剧了代际间紧张，形成大学内部所特有的“学术代沟”。

从三个层面分析大学教师角色冲突是为了更清晰地理解教师角色冲突的内涵，其实现实中我们很难分辨角色内冲突、角色间冲突和角色外冲突的边界，三种角色冲突经常

互相交织、相互影响和转换，而且角色间冲突和角色外冲突最终都将会演化为角色内冲突。

8.4　冲突与调适：大学教师角色社会化的基本形式

角色冲突是大学教师专业发展的基本动力，教师角色成熟的过程就是“冲突——调适——再冲突——再调适”循环往复的过程。因此，只有正确认识角色冲突，积极面对角色冲突，充分发挥角色冲突的正向功能，预防和消除角色冲突的负向功能，教师角色意识才能不断得到强化，角色情感不断得到升华，角色技能不断得到提升，教师角色才能渐趋成熟。

8.4.1　大学教师角色冲突的分类与功能

分类是为了更好地认识事物，不同的角色分类方法直接影响人们对角色冲突的理解。冲突功能观的演变影响着人们对大学教师角色冲突功能的认识，传统上，人们一般只看到教师角色冲突的消极影响，忽视教师角色冲突的积极影响。根据现代冲突理论观点，教师角色冲突既有正向功能，也有负向功能。

1.角色冲突的类型

关于角色冲突的分类，从可查阅的国内外资料来看，目前还比较混乱，一般学者是从角色冲突的主客体和内容上来分类的，归纳起来有三种观点，即两分说、三分说和四分说。

两分说。从第一章文献综述中，我们发现在众多角色冲突文献中都是将角色冲突分成角色内冲突和角色间冲突，但这种分类其实把角色冲突限制在同一个主体内部的冲突，不能涵盖不同角色主体互动中产生的不同角色主体之间的角色冲突。张人杰教授在米切尔(Mitchell,1979)角色冲突分类的基础上认为把角色冲突分为角色内冲突与角色外冲突两种类型比较合适。这种分类把角色冲突分成两个层次，第一个层次在角色扮演者本人的角色系统之内，第二个层次在他本人的角色与其他行动者的角色之间。两种类型的角色冲突各自又有多种表现形式，第一种类型的角色冲突(角色内冲突)常表现为三种形式：一是个人扮演一个角色时，对理想角色的认识与对实际角色行为的认识发生矛盾。例如，个人在他应该如何当教师并如何以教师的身份而行动(为一方)与他事实上如何行事(为另一方)之间看出了巨大差距或矛盾，便是这种形式的角色冲突。二是个人扮演一个角色时，面对两个(或两个以上)角色要求不能契合的情况下体验到的角色冲突。三是个体扮演一个角色时产生的新旧角色冲突。这里所说的新旧变换不仅涉及“流动教师职业角色重适”问题，还包括重大的教育改革(例如此间正在进行的基础教育新课程改革、教育信息化等)要求全体教师的职责的变动。

第二种类型的角色冲突(角色外冲突)常表现为两种形式：一是不同社会地位的占有者对特定角色缺乏一致意见所产生的冲突。对教师来说，亦即教师与相反身份者(如学生、家长、教育管理者等)对教师角色的期望——尤其是对好教师的特征之看法——有重大差别而产生的冲突,尽管具有相反身份者之间也会有分歧。二是个体同时扮演几个角色时产生的多重角色冲突。确切地说,每个人每天都在扮演一些不同的角色,当他认识到自己在执行其中一个角色的规定与贯彻另一个角色的规定之间存在不相容之处时所产生的角色冲突状态,便是多重角色冲突。它"常常给人以一种被来自不同方向的力量同时牵引的感觉"。张教授这种分类比较清晰地把各种角色冲突表现形式进行了归类,但他的第二种分类中把个体同时扮演几个角色也归在角色外冲突显得不妥,因为角色外冲突主要表现为不同角色主体之间的冲突。

三分说。丁水木、张绪山等认为角色冲突应该分为三种类型,即角色外冲突、角色间冲突和角色内冲突。角色外冲突是指发生在两个或两个以上角色扮演者之间的角色冲突。这里,两个角色或两个以上扮演者,指的就是处于社会互动两端位置上的两个或多个社会成员。比如家庭中的父子矛盾,单位中领导与被领导、同事之间的矛盾与纠纷等都属于角色外冲突。角色间冲突是指发生在同一个角色扮演者所扮演的不同角色之间的冲突。一个人在社会中占据着多重社会地位,扮演着多种不同的社会角色。社会对他(她)所扮演的不同的社会角色有着不同的社会期望。角色扮演者为了履行一种角色义务,就会影响另一种角色义务的履行,他(她)不可能同时满足来自不同方向的互动对象的不同社会期望,于是就产生了角色间冲突。角色内冲突是指发生在角色扮演者所扮演的同一个角色内部的矛盾。这种冲突是由角色本身包含的内在矛盾所造成的。有两种角色内冲突:一是对同一角色有着来自不同方向的角色期望,造成角色行为无所适从;二是理想角色、领悟角色与实际角色存在着差距。

四分说。Brief et al(1981)综合了过去学者的看法,将角色冲突分为四种类型。一是角色赋予者间的角色冲突(intersender.role conflict)。此类冲突是指不同角色赋予者对同一角色接受者相互冲突的期望,使角色接受者产生左右为难的情况。二是角色赋予者本身的角色冲突(intrasender role conflict)。此类冲突是由于同一个角色赋予者赋予同一个角色接受者相互冲突的角色期望而产生的角色冲突。三是多重角色间期望的冲突(inter－role conflict)。此种冲突是指同一个角色接受者同时扮演多种角色,而这些角色各有不同甚至相反的角色规范与期望,以致角色接受者无法调适自己来完成所有的角色任务期望。四是个人的角色冲突(person－role conflict)。此类冲突是指外在的角色规范及期望与个人内在的动机、人格或价值不一致所产生的不协调现象。这种冲突还可以细分为三种:(1)角色期望与人格特质的冲突,比如喜欢民主参与式领导的职员也许会碰上一个喜欢权威式领导的上司;(2)角色期望与个人动机的冲突;(3)角色期望与现实环境的冲突,这种冲突情形是,外在的角色期望与角色接受者的人格及动机并没有冲突,但角色接受者却将外在的角色期望内化为自我的期望,而自我的期望却与现实客观环境有所冲突。

从上述三种分类观点看,二分法没能清晰说明角色间与角色外冲突,四分法有重迭之嫌,而且过于复杂,比较而言三分法清楚明了,有助于我们比较清晰地认识角色冲突,

本研究借助三分法展开相关研究。以上分类方式为我们认识角色冲突提供了方便，但没有从冲突的性质或功能上进一步分类，这将会阻碍人们形成正确的角色冲突观，不利于把握冲突时机，从而进行有效的调适。

2.角色冲突的功能

人们对于冲突的属性或其性质和作用的认识，是一个随着社会实践的发展而逐步变迁和深化的过程。在 20 世纪 40 年代以前，主流的传统观念认为：组织中的冲突是群体功能失调的结果，冲突都是消极而有害的，出现冲突是一件坏事，主张尽量避免冲突。从 40 年代末至 70 年代，冲突的人际关系观念风行一时。这种观点认为：对于任何主体而言，冲突既无法避免又不能彻底消除，应当接纳冲突，使冲突的存在合理化，通过调节人际关系来适当地控制和利用冲突的作用。80 年代以后，冲突的相互作用观念占据冲突理论的主流地位。这种观点认为：冲突对于组织或群体既具有建设性、推动性等正面属性，又具有破坏性、阻滞性等反面属性。没有冲突的组织容易缺乏活力、创新和对变革的需要，适当的冲突能够刺激组织生机与活力，促进组织变革，保持创新的动力，从而提高组织绩效。所以，组织管理者的任务不再是防止和消除冲突，而是要管理好冲突——限制破坏性(功能紊乱性)冲突，促进建设性(功能性)冲突，在控制冲突消极影响的同时充分利用其积极效用。

在冲突功能观上，科塞的“功能主义冲突论”具有独特的主张。他既不同意帕森斯等结构功能主义学者否定“冲突”的存在，认定“冲突”是社会的病态，也不认同达伦多夫等人对“冲突”的全盘批判，一味指责，而是以社会整合为目标，探究“冲突”对社会发展的功能，对社会进步的益处。他还提出了区分冲突正面功能与负面功能的标准。“决定冲突是功能的还是反功能的，最重要的东西就是作为冲突对象的‘问题’的类型。如果冲突并不涉及他们关系的基础，冲突就具有积极功能；如果冲突冲击到核心价值，那么这种冲突就会具有消极的功能。……当由于表面性问题而发生冲突的时候，这种冲突可以成为维护结构的工具。但是当冲突是由于核心价值而发生的时候，这种冲突就可能威胁到社会群体的存在。”角色冲突是社会冲突在微观上的表现形式，根据科塞的冲突功能观，教师角色冲突不仅具有负向功能(功能紊乱性角色冲突)，而且具有正向功能(功能性角色冲突)。区别的依据主要看角色冲突是否影响学校的核心价值，是否阻碍师生、教师与行政人员的正常交往，是否妨碍教师角色的顺利扮演等。

教师角色冲突的正向功能主要表现在以下几个方面：一是教师角色冲突是促进学校组织变革的“激发器”。“冲突激发起人们对已潜伏着的规范和规则的自觉意识。如果没有冲突，这些规则也许一直被遗忘或未被人们意识到；通过冲突，唤醒了冲突各方对支配他们行为的规范需求的自觉意识，使对抗者认识到他们属于同一个道德世界。”尤其是教师角色外冲突可以激发教师与学生、教师与行政人员以及教师与教师之间不断反思，推动学校不断完善各项规章制度，寻求改革的突破口。二是教师角色冲突是学校组织运行的“安全阀”。现行大学管理模式中，教师与学校之间、学生与教师之间在权力地位关系上存在着明显的不对等。学校对教师要求过多，压力过大。教师对学生控制过多，权力过大。这种状况极易导致教师、学生产生负面情绪,形成对立局面。教师角色冲突一定意义上是师生表达紧张,宣泄不满情绪的一种方式,一定程度上化解了教师与学校、学生与教师之间的矛盾与紧张。三是教师角色冲突是教师专业发展的“动力源”。适当的角色冲突可以激发教师不断进行反思,有助于教师依据社会的期望与职业活动的要求以及特定的教育情境,不断反思自己的角色行为,不断审视自己的角色形象,不断衡量自己的角色扮演能力,向角色要求靠拢,可以促使教师进修学习提高从业能力,同时角色冲突的积极解决能使教师体验到成功的乐趣。我国大多数大学教师职称的评聘实行终身制,只能上不能下。在这种人才聘任机制下,有的教师缺乏职业进取心,没有危机感和忧患意识,教学和科研的积极性、创造性下降,与职称评聘之前不可同日而语。因此,有些评了教授的教师,尤其是老教师,安于现状,教学上内容陈旧,方法传统单一;科研上勉强完成任务,得过且过,不能起到学科带头人的作用。有些角色意识淡漠的年轻教师也在死气沉沉的组织中淹没了斗志。

角色冲突是把双刃剑,如果教师角色冲突不能被及时有效地调适,将会产生一些负向功能。一是教师角色冲突增加学校组织内耗,降低学校运行效率。教师角色冲突过于剧烈,冲突的频率过高,可能制造学校组织紧张气氛,使教师与管理人员,教师与学生,甚至教师与教师之间产生隔阂,难以形成富有凝聚力的科研团队和教学团队,难以营造上下同欲的组织管理气候,难以促成融洽的师生关系,增加学校运行隐性成本。二是教师角色冲突有可能提高教师职业倦怠指数,影响教师角色社会化的进程。如果教师角色冲突不能得到及时调适,角色冲突可能影响教师的身心健康、教师工作的积极性和教师的职业稳定,导致教师角色失败,甚至诱发部分教师角色退出的行动。

8.4.2 大学教师角色冲突调适的内涵与分类

“调”是手段,包括调整、调节、调度、调和、调剂等。“适”是目的,是“实现平衡”的意思,包括适宜、适合、适度、适量、适当、适中等。角色冲突调适是指人为地缩小角色差距、协调角色冲突,或者说是协调理想角色、领悟角色与实践角色三者之间关系的过程,是为维持正常的社会生活秩序,创造理想的生存环境所表示的一种互动方式。教师角色冲突调适就是根据社会对教师角色期望和教师角色规范要求,通过社会、学校和个人提供角色扮演条件,使教师能成功扮演教育者、研究者和服务者等角色,人为协调理想角色、现实角色差距的过程。

根据不同的标准,大学教师角色冲突调适可以分为不同的种类。根据角色冲突调适的主体,可以分为自我调适、学校调适和社会调适。教师自我调适主要是指教师通过角色学习、技能的培养和训练(专门或非专门的),弄清角色期望的真正含义,掌握社会规范的精确要求,努力提高师德水平、角色技能和协调处理各种不和谐角色期望的能力。学校调适就是学校根据内外环境提出新的角色要求,改善办学条件,营造适合教师角色扮演的学校环境。社会调适主要是指调整社会为教师所提供的角色地位以提出新的符合教师条件的角色期望,或改善条件以创造一个适合教师发展的社会化环境。根据调适的

程度，可以分为角色微调和角色重构。角色微调是指不改变教师角色结构，只对教师角色规范进行部分修正和完善。比如根据社会发展和学生身心发展在不同时期对教师的教育者角色“如何教、教什么”提出不同的要求，并没有改变教师所扮演的角色结构。角色重构是指改变教师角色结构，赋予教师新的角色。比如，中世纪大学教师的主要社会角色就是教育者角色，而近代随着科学技术在大学中地位的确立，大学教师又有了研究者的角色。现代社会的发展，要求大学教师走出象牙塔，服务社会，于是大学教师又增添了服务者角色。伴随大学从社会边缘走向中心，教师又增添了政策咨询者、技术顾问等角色，大学教师角色结构发生了质的变化。根据调适的手段，可以分为刚性调适和柔性调适。刚性调适就是学校建立完备的管理框架、组织模式、组织结构，学校发展的宗旨、目标清晰，规章制度健全，操作规程规范，质量标准严格。柔性调适就是关注社会、心理等因素的作用，满足教师的社会和情感方面的要求，使教师形成与学校“风雨同舟、荣辱与共”、“上下同欲”的精神风貌。从学校计划职能来看，刚性调适是清晰的、明确的、具体的、严格的，而柔性调适是含蓄的、弹性的、灵活的；严格按照计划来办事是刚性，在理解学校的使命、宗旨的前提下对计划的变通是柔性。从学校组织职能来看，传统的矩阵形、正金字塔形的组织结构是刚性，扁平化、网络化、虚拟化、倒金字塔形的组织结构是柔性；正式组织是刚性，非正式组织是柔性；职务界限明确是刚性，职务界限模糊是柔性。从领导行为方式来看，依法治人是刚性，以德服人是柔性；严厉是刚性，宽容是柔性；专制与集权是刚性，民主与分权是柔性；刚性调适重言教、重执纪、重物理，柔性调适则重身教、重执教、重心理。从学校控制职能来看，定量评价是刚性，定性评价是柔性；刚性调适重分析、重规范、重理性、重竞争、重过程，柔性调适则重感化、重适度、重超脱、重协调、重结果；刚性调适重制度、重原则、重分工、重分割、重监控、重共性、重外在，柔性调适则重人情、重亲情、重协作、重整合、重激励、重个性、重内在。大学教师角色学术性特征决定了教师角色冲突调适手段应刚柔并济，以柔为主。

8.4.3　大学教师角色冲突与调适的辩证关系

在教师角色社会化进程中角色冲突是绝对的，调适只是相对的。积极干预功能紊乱性角色冲突，主动激发功能性角色冲突，是教师角色冲突调适的基本理念。

1.在教师角色社会化进程中，角色冲突是绝对的，而调适是相对的

教师角色社会化即教师在学校系统中逐步了解和认识自己在专业群体或社会结构中的地位，领悟并遵从群体和社会对这一地位的角色期待，学会如何顺利地完成角色义务，以表现合宜角色行为的过程。教师角色社会化是一个充满角色冲突的曲折过程，在整个过程中，社会需要与个人理想、献身教育的表现性角色与追求实惠的功利性角色、受角色规范约束的规定性角色与追求个性自由的开放性角色、满足社会期望的社会中心性角色与满足学生需要的学生中心性角色等角色冲突贯穿始终。尤其是在教师辛勤劳动得不到应有的尊重、社会地位与经济待遇偏低的状况长期难以解决的情况下，教师角色冲突会更为激烈。因此，在这个过程中，教师角色冲突是绝对的，有了冲突，教师才会不

断反思自己的角色行为，教师角色成熟的过程就是教师不断习得与教师有关的角色期望和规范的角色调适过程。处于每一发展阶段的教师表现出不同的角色行为特征，遭遇不同的冲突情境，能够不断超越自我知识和教学经验局限的教师，将保持动态、开放、持续发展的状态，最终会成长为专家型教师或学者型教师。

中外学者根据教师角色社会化过程提出了不同的分段理论，根据这些分段理论，本研究认为大学教师一般经历教师角色确认和适应的初任教职的探索阶段、教师角色渐进成熟迅速发展和稳定阶段、教师角色趋于模糊和丧失的停滞和退缩阶段、教师角色不断调适和持续成长的继续社会化阶段。初任教职的探索阶段是指教师在任教后的最初几年，学会做日常教学工作，并逐步实现专业社会化的时期。这个阶段教师遭遇的主要角色冲突，一是角色转换中的冲突。过去是学生，可能更多地受家庭和学校的“照料”和“引导”，现在是教师，要承担管理者、激发者、交流者、组织者、咨询者、反思者等角色，并受到学校组织的“管理”和“改造”。二是人际交往中的冲突。进入一个新的环境后，初任教师接触到许多在职业预备阶段接触不到的群体和个人，教师除了与学生进行有效的交流外，还必须与同事、家长、管理者进行及时的沟通。由于对他人的了解不深，交流技能欠缺，教师在角色互动中会产生诸多冲突。尽管初任教师会遇到许多角色冲突，但是随着时间的推移和教学经验的积累，在内外角色调适下，多数教师会逐步适应并承担起这些角色。从社会策略的角度来说，初任教师角色社会化大致会经历策略性依从、内在化调整和策略的重新解释三个阶段。在教师度过了适应期之后，逐渐进入角色成长的迅速发展阶段，而后步入稳定时期。在本阶段，许多教师的教学生活逐步挣脱对他人的依赖，具有创新意识和自主精神，能够独立开展科研工作，在反思性教学和科研实践中教师角色渐进成熟。因此，本阶段教师角色冲突相对较弱，角色调适的目标主要是根据不断变化的新形势和出现的新问题进行思考和研究，创造和尝试新的教学策略，努力成为积极而有效的改革者和研究者。经历了迅速发展与稳定时期后，教师发展和成长路线逐步表现出差异性和多样性。国内外有关调查和相关研究表明，教师角色技能一般在从教五六年后便基本定型。许多教师的教学能力达到一定水平之后就出现了难以进一步提高的“高原期”现象。那些“定型”的教师，如果采取一些有效调适措施，仍有望实现持续发展；如果不能采取有效方法和策略，教师就可能由职业生涯的稳定时期步入角色发展的停滞和退缩阶段。处于停滞和退缩阶段的教师，虽然拥有比较丰富的教学经验和教学技能，但由于不能经常反思自己的教学观念和教学实践，不能积极参与课程与教学改革，也就难以满足学生的学习需求，并深感教学上力不从心，科研上毫无建树而产生角色冲突。经过迅速发展和稳定阶段之后，教师角色社会化速度变得相对减缓，但是许多优秀教师在强烈的职业发展动机和良好的发展环境支持下，以及在合理而有效的教师教育模式和策略的促进下，不断调适，保持着持续发展状态，逐渐成为专家型教师或学者型教师。因此，角色冲突与调适将伴随教师整个职业生涯。

2.干预与激发并重：教师角色冲突调适理念的辩证性

教师角色冲突包含功能性角色冲突和功能紊乱性角色冲突。学校是全体教职员工

成长的地方,学校冲突程度过高、组织不稳定是不利于教师角色扮演和学校正常运转的,而融洽、和平、安宁的组织容易对变革的需要表现出静止、冷漠和迟钝,因此只有当组织的冲突处于合适的状态时,组织的绩效才是最高的,教师的角色才能不断趋于成熟。因此,在大学教师角色冲突调适中,学校领导要准确把握冲突性质,主动激发功能性角色冲突,有效干预功能紊乱性角色冲突。

一是准确把握角色冲突性质。学校领导在进行冲突调适之前,应该明确学校现存的冲突是不是维持在功能性水平之上。如果处于功能性的水平上,学校领导就可以什么都不用做;当冲突水平高于功能性水平时,学校领导就要减少冲突;同理,当学校冲突低于功能性水平时,学校领导就要适当增加冲突,使冲突保持在一个理想的水平上。为此,学校领导应做好以下工作:

分析教师角色冲突的背景和数量。了解教师角色冲突历史,以初步把握冲突的来龙去脉和引发冲突的原因,并在此基础上了解存在角色冲突的教师数量,以确定学校目前这类教师的数量是较少、适中还是过多。对于教师角色冲突情况的了解主要有以下途径:从平时工作接触中靠多年经验判断教师角色冲突数量,比如可以观察教师的从业状态、教师投诉量等;主动走访交流,了解教师角色冲突数量;通过各部门信息反馈汇总分析教师角色冲突量;通过学校相关部门(人事处、教务处、科研处或高等教育研究所)以调研专题立项进行抽样问卷调查详细了解教师角色冲突数量。

诊断冲突的性质。不同性质的角色冲突对学校和个人发展会产生不同的影响。根据角色冲突的程度可以把角色冲突分为轻度、中度、重度三种不同水平的角色冲突,根据冲突的影响可以分为功能性冲突和功能紊乱性冲突。针对不同水平的角色冲突和不同影响的角色冲突调适策略相应也有所不同。角色冲突是人们在互动中产生的不协调的行为和心理状态,而且教师角色冲突大多表现为隐形的,外显的行为冲突并不多,这给角色冲突的诊断带来很大的困难。传统上很多学校领导都是凭感觉作出判断,往往会出现判断失误而错过教师角色冲突调适的最佳时机或采用了完全与冲突性质相反的调适措施。那么如何准确判断教师角色冲突的性质呢?只有通过定性与定量结合的方法,才能比较准确地把握教师角色冲突的性质。采用走访、交流等定性方法和设计教师角色冲突量表进行抽样测量,然后进行综合分析,从而确定根本性与次要性冲突以及冲突的破坏性,以确定冲突影响的范围。了解教职员工在冲突中使用的方式和手段,以做好必要的应对措施,尤其是针对激烈冲突手段的应急措施。

在诊断和分析的基础上,如果发现不应该干预目前的冲突,则应该暂时允许冲突继续存在和发展。值得注意的是,学校领导应当注意防止学校组织系统向静止平衡状态方向演变,从而最终使组织失去活力与效率。从另一方面来看,当系统的无序程度过高时,教师角色冲突程度和频率也会升高,冲突的破坏作用明显增强,严重时还会导致组织功能失调、组织关系恶化和组织效率丧失。这时有必要采取相应的干预调适,使教师角色冲突水平回落到功能性冲突程度。

二是主动激发功能性冲突。学校组织发展缓慢的原因更多在于学校冲突太少,而不是太多。有些院系和部门表面上维持一团和气，过分回避冲突。这时学校管理者有必要采取各种措施诱发功能性冲突，有意识地提高学校组织的冲突水平。在学校组织中激发冲突，相对来说是一个年轻的命题，带有一定程度的反传统性，而且还要激发功能性冲突，更是一件艰难的工作。笔者结合研究提出以下几点思考：

建立竞争性的组织文化，使学校成员对争论和异议保持开放性的价值观和规范，让教职工敢于发表意见，使上下左右的信息畅通无阻。帮助学校成员形成正确的组织冲突观念，形成以竞争为核心的学校价值观，使学校成员正确理解冲突，正视冲突的形成，包容组织冲突。

重新建构学校组织结构。当学校内部决策机制僵化、效率低下、教职员工士气低落时，要主动地对学校加以调查和诊断，以判断是否有必要发起一次组织变革。通过主动调整工作群体，改变学校规章制度，提高组织成员的相互依赖性，从而打破学校组织现状。同时，还可以适时引进外部人才或进行人才内部调整，改变学校人力资源状况。研究表明，异质性程度较高的团队较之异质性较低的团队，更能做出高质量的创新决策，尤其是在解决那些复杂而又没有任何可借鉴方法的问题时。由具有不同知识技能和观点的人构成的团队，往往有更高的工作效率和质量。当学校引入一定的外部刺激时，这些背景、价值观、态度和管理风格等均与当前学校成员不同的个体必然会增加学校的功能性冲突。这样可以调整学校内部人员的结构，产生激发学校发展的活力。

增加学校功能性冲突。学校领导要善于听取不同意见，打破思维定势，通过制定具体的奖惩政策激发功能性冲突。管理者要善于运用奖励艺术，鼓励并奖励不同意见者。运用沟通艺术可激发适当的冲突。当组织冲突水平太低时，学校领导可以利用模棱两可或具有威胁性的信息以提高学校冲突水平。另外，还可以运用非正式沟通来激发学校的功能性冲突。

三是有效干预功能紊乱性冲突。功能紊乱性冲突直接威胁组织生存和教师发展，当教师角色冲突达到一定程度，冲突的频率过高时，学校领导就要从以下几方面采取措施进行主动干预：

明确学校的发展目标。学校目标与个人目标互相影响、互相制约。学校的发展目标是促进学校发展，提高学术水平，为社会培养更多优秀的专业人才，而学校目标需要学校中的成员共同来完成，所以，要实现学校发展目标就必须使个人目标和学校目标得到有机的统一，形成最小阻力。学校在制定发展目标时应尽可能地使学校目标覆盖，包含个人目标，使教职员工能从学校所设立的目标中看到个人利益，并且通过群众参与制定的方式促进大家接受并把组织目标转化为个人目标。在实现学校目标的过程中，教师不但从他人那里学到了知识，分享了经验，同时也实现了个人目标。学校领导尊重个人目标，引导个人目标，使个人目标逐渐靠近学校目标并与之融合，最终形成学校共同发展目标。因此，在学校共同发展目标的指引下，全体学校成员相互依赖、彼此合作，在一定时期内可以使学校功能紊乱性冲突淡化或消除，促进学校各项工作的顺利进行。

加强教师团队建设。教师在团队中紧密协作、相互配合，有助于学校教育任务的完

成、教育经验与优良传统的继承和发扬及青年教师的成长。有团队归属感可以降低教师的角色冲突水平。通过教师团队建设可以提高教师的权威性、专业性和创造性，全面提高学校教师团队的工作能力，并且有利于学校管理者协调教师的工作，避免由于任务分配而产生的冲突。同时，教师以团队为单位经常在学习的过程中沟通和交流，分享教育资源，共同完成教育课题，可以在教师之间形成相互促进、相互影响的人际关系，提高教师的内控和自控能力，从而减少功能紊乱性冲突的发生。

增进学校内外沟通和对话。学校组织的信息沟通过程中由于传递信息者对信息缺乏了解，容易造成对信息的曲解，或者由于信息的发出者和信息接受者思想、动机、认知方式的不同而对信息产生误解，再加上组织中的官僚机构对信息的压缩或失真，这些都是因沟通不畅而引起冲突的重要来源。在对内沟通上，首先要建立扁平学校组织结构。在扁平的组织结构中，教师在决策中的作用增强，发言机会增多，这就有利于提高决策的民主化程度。此外，在扁平的组织结构中，纵向沟通联系渠道缩短，校长与教师的沟通加快，减少信息失真，这些都是避免功能紊乱性冲突的有效手段。其次，校长要改变沟通方式。大学校长沟通分为三种类型。一是模范型，其“最主要的特征是不断地反映教师的意见和愿望，保持决策的透明度”，“校长与教师关系的特点是互相合作”。二是平庸型，工作中多持“直接策略”，“校长与教师关系的特点是相互竞争”。三是失败型，工作方式更加“直线”，“校长与教师关系的特点是相互敌对”。模范型校长最重要的特点就是一直积极地回应教师，并且愿意接受教师的影响。他们倾听教师的想法，支持教师治校的机制。与他们相比，普通型校长可能把沟通和互动看成工具性方法，而模范型校长则把沟通和互动本身看成是开展交流必不可少的持久要素。最后，学校领导要增加沟通渠道，使学校的信息可以快速有效地传达。例如定期的会议、座谈、交流、领导接待日等，设立校长信箱、学校BBS等网络手段进行沟通，为学校成员的沟通创造机会。当然，一些非正式的沟通对减少学校冲突也很重要。学校可以举办各种群众性活动，如运动会、旅游、考察、舞会等，通过这些轻松愉快的活动来促进学校成员的沟通。在对外沟通上，校长应该是一名能干的社会活动家。现代大学已从社会边缘走向社会中心，大学校长不仅要处理好校内各种矛盾冲突，而且肩负着与社会各种群体进行沟通交涉的重任。一名成功的校长，光守在校园里肯定是不行的。他必须与社会各界打交道，争取社会的支持和资助。美国的大学校长平均大约有70%～80%的时间都奔波于校外，为筹措经费充当说客。从传统的观点来看，这也许是不务正业。但是，在校务经营型时代，这恰恰是正业。如果一位校长自己无力筹募办学经费，而把募款、创收的任务全部转嫁到教师头上，那才是真正的不务正业。或者一位校长没办法处理大学与社会之间的各种矛盾，不能积极争取政府、社区的支持，不能为教师们的学术活动创造一个宽松的外部社会环境，必将加重教师角色冲突情境。我国地方政府对大学建设比较冷淡，除了地方政府领导主观因素和体制等客观因素的影响外，也与很多校长与地方政府沟通不够，或沟通不力有很大关系。道缩短，校长与教师的沟通加快，减少信息失真，这些都是避免功能紊乱性冲突的有效手段。其次，校长要改变沟通方式。大学校长沟通分为三种类型。一是模范型，其“最主要的特征是不断地反映教师的意见和愿望，保持决策的透明度”，“校长与教师关系的特点是互相合作”。二是平庸型，工作中多持“直接策略”，“校长与教师关系的特点是相互竞争”。三是失败型，工作方式更加“直线”，“校长与教师关系的特点是相互敌对”。模范型校长最重要的特点就是一直积极地回应教师，并且愿意接受教师的影响。他们倾听教师的想法，支持教师治校的机制。与他们相比，普通型校长可能把沟通和互动看成工具性方法，而模范型校长则把沟通和互动本身看成是开展交流必不可少的持久要素。最后，学校领导要增加沟通渠道，使学校的信息可以快速有效地传达。例如定期的会议、座谈、交流、领导接待日等，设立校长信箱、学校 BBS 等网络手段进行沟通，为学校成员的沟通创造机会。当然，一些非正式的沟通对减少学校冲突也很重要。学校可以举办各种群众性活动，如运动会、旅游、考察、舞会等，通过这些轻松愉快的活动来促进学校成员的沟通。在对外沟通上，校长应该是一名能干的社会活动家。现代大学已从社会边缘走向社会中心，大学校长不仅要处理好校内各种矛盾冲突，而且肩负着与社会各种群体进行沟通交涉的重任。一名成功的校长，光守在校园里肯定是不行的。他必须与社会各界打交道，争取社会的支持和资助。美国的大学校长平均大约有 70%～80%的时间都奔波于校外，为筹措经费充当说客。从传统的观点来看，这也许是不务正业。但是，在校务经营型时代，这恰恰是正业。如果一位校长自己无力筹募办学经费，而把募款、创收的任务全部转嫁到教师头上，那才是真正的不务正业。或者一位校长没办法处理大学与社会之间的各种矛盾，不能积极争取政府、社区的支持，不能为教师们的学术活动创造一个宽松的外部社会环境，必将加重教师角色冲突情境。我国地方政府对大学建设比较冷淡，除了地方政府领导主观因素和体制等客观因素的影响外，也与很多校长与地方政府沟通不够，或沟通不力有很大关系。

第9章　转型中的地方高校教师发展

9.1　地方高校教师队伍建设的现状审视

1999年,教育部印发《关于新时期加强高等学校教师队伍建设的意见》(教人[1999]10号),指出:"在科教兴国的战略布局中,高等教育担负着培养高级专门人才和知识创新、技术创新的重要历史使命,而高等教育的发展水平在很大程度上取决于教师队伍的整体素质。"高等教育的大众化使高校教师这一学术职业的领域迅速扩大,高校对教师的专业知识与技能的要求也不断提高。地方高校在快速发展过程中,教师队伍建设还存在着一些问题。

9.1.1　专任教师队伍数量不断增加,整体仍然不足

1999年,中国高等教育管理体制改革和布局结构调整迈出关键步伐,高等教育的招生人数大幅度增加,高等教育毛入学率为10.5%,普通高等教育在学人数413.42万人,普通高等学校专任教师42.57万人,生师比为13.40:1。至2015年,高等教育毛入学率达到40.0%,普通高等学校在学人数2625.30万人,普通高等学校专任教师157.26万人,生师比为17.73:1。可见,随着高等教育办学规模扩大,高等学校教师的数量也有很大的增加,但高校教师队伍扩大的速度远小于学生扩招的规模。1999—2015年,全国高等教育在学人数增加了6.35倍,而普通高校专任教师只增加了3.69倍。

与中央部属高校相比,地方高校师资数量更加短缺。对169所新建本科院校的调查显示,2009－2014年,共增加教师19354人,增长率为25.22%,平均每校增加教师147人。2015年,地方高校生师比达到20:1。国际惯用的高等学校教学质量评估体系中,一般认为生师比在14:1左右为宜。而且,地方高校在历经新老交替和断层困扰的同时,还要受到来自经济发达地区高校、重点高校的冲击,这些冲击会对其稳定性造成影响。虽然地方高校教师在学历层次、业务素质上有着明显的提高,但当前各高校争夺优秀师资的竞选日趋激烈,地方高校人才难以留住,高职称、高学历的青年教师流失现象比较严重。

9.1.2　教师队伍学历水平不断提升,结构有待优化

2014年,中国高校专任教师中50%具有硕博士学位,青年教师(45岁以下)超过70%具有硕博士学位。中国高校师资队伍持续壮大,层次结构不断优化,青年教师发展潜力巨大。地方高校办学历史一般比较短,学校缺乏各方面的积累,特别是师资学历水

平存在先天不足,尤其是第一学历,中专、大专、成人本科参差不齐。2000年以来有的新升本院校具有博士学位的教师占专任教师的比例还不到1%,专任教师中具有正高职务的教师比例有的高校还不到5%,结构不合理,知识需要更新的状况尤为突出。随着国家本科教学水平评估中对研究生学历指标这一硬性要求的实施,许多地方高校也相应地制定了未取得研究生学历的青年教师必须在规定年限内取得研究生学历的一些规定,这一措施极大地提升了地方高校教师的学历层次。地方高校在快速发展过程中,普遍将提高教师队伍的质量作为拉动办学水平的重点和核心工作。有研究指出,辽宁省"一些高水平的大学的教师研究生以上学历的基本都达到或接近100%,一些相对较差的地方高校的教师研究生学历水平也在85%以上"。从全国范围来看,2014年新建本科院校具有研究生学位专任教师的比例升至66.8%,高级职称比例达34.2%,"双师型"教师占20.0%,具有行业背景的专任教师占12.1%,授课教师中高级职称教师约占35.3%。

对169所新建本科院校的调查显示,地方高校教师队伍的高级职称人数不断提升。2009—2014年,教授数量增加3048人,增长了52.37%,平均每校增加23人。博士增加6129人,增长了167.41%,平均每校增加46人。"双师型"教师数量增加了9769人,增长幅度为106.36%,每校平均增加74人。目前,新建本科院校普遍设立教师发展中心,鼓励教师进行境内外培训、行业进修、攻读学位。地方高校的教师学历普遍已达到很高的水平,专任教师的结构还有很大的优化提升空间。如2011—2014年间35岁及以下专任教师的比例从52.1%持续下降至44.7%,具有博士学位的专任教师占比仅为8.4%,具有学士学位或无学位的专任教师占了专任教师总数的1/3。"双师型"教师中具有行业背景特别是具有工程背景的教师比例仍然较低,尚难以适应应用型人才培养的需要。

9.1.3 教师专业发展存在功利化倾向,重科研轻教学

"教师专业发展,不应该仅仅以各种客观、可见的物质实体形式呈现.更应该构筑成教师的主观、内隐的精神世界;教师应被视为具有自主知能、批判意识的知识分子,是有自主意识的教育者,而不只是受过专业培训的高级技师。"随着近年来地方高校中青年教师人数的激增.学校中、高级教师职称岗位数的设定远远不能满足需要,职称评定成为学校上下关注的焦点,许多教师把职称晋升设定为"终极目标",评定上高级职称后的教师往往满足现状,不再有更高层次的追求。而没有实现晋级目标的部分教师则往往在工作中表现出"患得患失",为了定级而被动参加教改立项、撰写教学论文等等。有的教师明确指出"科研是衡量教师专业水平最重要的标准,因此,我们平时都很注重自己科研成果的获得和水平的提升,对教学方面的发展和技能的熟练等事项则不那么关心,在学校里也没有太大的压力"。这种教学与科研脱钩的认识偏差,会直接导致很多教师在专业发展上产生急功近利和浮躁的心态,从而影响长远的专业发展。特别是一些地方高校仅仅从学校的立场对教师专业发展提出各种要求,而没有切实深入了解不同教师自身专业发展的多样需求,没有为教师个人发展搭建有效的互动平台,这样即使教师参与了相关的培训,教师自己的主观能动性也得不到发挥和体现,教育专业发展的话语权得不到重视,直

接影响教师对专业发展的兴趣。

9.1.4 教师知识结构不尽合理，更新及拓展较慢

1996 年，世界经合组织(OECD)在其年度报告《以知识为基础的经济》中从经济学角度对知识进行了划分：一是知道是什么的知识(Know－what)，即关于事实的知识；二是知道为什么的知识(Know－why)，即指自然原理和规律方面的科学理论；三是知道怎么做的知识(Know－how)，即关于技能和诀窍方面的知识；四是知道是谁的知识(Know－who)，涉及谁知道某种信息的知识，即关于人力资源方面的知识，它包含了特定社会关系的形成。显然，这一关于知识的分类是从人们对科学和技术的相关理解中引申出来的，生动地反映了当代知识体系的结构性变动。由于一些地方高校教师忽略自己专业知识的更新与专业实践能力拓展，因此即使其有着高学历、高职称，但仍然存在知识结构不合理、知识内容与范式陈旧等问题，从而直接影响到课堂教学质量水平。知识的陈旧主要表现在两个方面：一是具体知识的陈旧，二是知识的范式的陈旧。后者中的范式指对知识进行整理、研究和发展所遵循的一整套思路、方法和规范等。特别是由于许多反映现实状况的新理论、新观点不能及时地呈现在课程教学中，导致学生对新兴、交叉、边缘、横断等学科的知识不能合理、充分运用。

9.1.5 教师教学模式化运作，教学组织与方法单一

大学课堂教学是鲜活的，但是以学科理论知识为主的地方高校课堂教学多为“传递接受”教学模式，教师以教材为中心，通常采用讲授灌输式的教学方式，以传授系统知识、培养基本技能为目标，师生之间的双向交流不多。很多教师对于日新月异的教育教学理念缺乏应有的关注，而是凭借自己的实践经验维持着课堂教学，他们还是直接采取了课堂讲解式的方法贯穿整个教学过程，并未尝试采取多样化的教学组织形式与方法来优化教学，尤其缺少小组合作、讨论等易于激发学生学习主动性的方式。这种千篇一律的教学行为、统一僵化的教学策略和以不变应万变的教学模式，正在阉割着地方高校课堂鲜活的灵魂。由于新建本科院校大多是从老专科学校升格而来的，部分院校教师培养培训工作组织开展不到位，青年教师教学水平的提升效果也不明显。尽管学生评教结果相对较好，但是从更加专业的同行评教和专家评教结果来看，新建本科院校教师教学水平不容乐观，同行评教中仅有 49.7%的课程被评为“优”，专家评教中被评为“优”的课程比例则更低，仅为 36.8%。

9.1.6 教师服务社会意识淡薄，实践教学能力较弱

地方高校走的是“地方性、应用型”办学之路，地方高校要服务地方经济，更要充分利用地方特色教学资源，将其与高校现有的课堂教学结合起来，为地方培养合格的专业特色人才。地方高校无论是新引进的高学历青年教师还是原有的中老年教师，大多是从进校门到出校门的理论型人才，实践经验不足。由于地方高校教师总体数量不足，多数地

方高校为满足教学所需,只能加重教师个体的工作量,特别是很多中青年教师,每学期不得不同时承担3～4门课程的教学任务,教学工作量过于繁重,在一定程度上增加了教师的负担,使得他们疲于应付,没有多余的时间和精力服务社会,也很少有时间精心设计实践教学,以及与企业进行合作交流。而且,部分院校教师培养培训工作组织开展不到位,相当数量的教师的实践教学能力弱化。不少院校对产学研合作教育的认识不到位,产学研合作教育实践的层次较低,校外实习基地数量偏少,教师实践教学的条件受到一定限制,尚难以满足应用型人才培养的要求。

9.2 加强地方高校教师专业发展的对策

"专业"一词最早是从拉丁语演化而来,原始的意思是公开地表达自己的观点或信仰。德语中"专业"一词的含义是指具备学术的、自由的、文明的特征的社会职业。一般把专业理解为从事一种需要专门技术的职业,这种职业需要特殊的智力来培养和完成,其目的在于提供专门性的社会服务。所以,专业有别于一般的职业,作为一种专业至少应具备三方面的含义:系统的专业知识,包括专业理论、专业技能与技巧;专业精神,即把顾客的利益放在首位的态度;专业自主权,即职业控制和垄断权。顾明远曾指出:"只有专业化才有社会地位,才能受到社会的尊重。教师如果没有社会地位,教师的职业不被社会尊重,那么这个社会的教育大厦就会倒塌,这个社会也不会进步。"教师专业发展是指教师的专业成长过程,是教师内在的专业素质结构不断更新、完善的过程。教师专业发展的内涵是多领域、多层面的,它既包括了教师知识的掌握、技能的提高,也包括了教师情意的发展、理念的转变。在教师的专业知识方面包括学科内容知识、教学法知识、课程知识、学生及其特性知识、教育脉络知识等;在教师的专业技能方面包括基本的教学技能、组织管理的技能等;在教师的专业情意方面包括对教师价值信念的要求、教师对教育教学产生的积极情感等。地方高校教师只有专业化发展方能促进教学的专业化和人才培养质量的提高。

9.2.1 提升教师教学能力

随着世界范围内教师专业化进程的推进,教师教学能力发展问题日益受到关注。教学能力是在具体学科教学活动中表现出来的一种专业能力,以认知能力为基础。罗纳尔多・森普(Ronal D.Simpson)从教师的角度来评价教学能力,认为好教师应具备的标准是知识的广度和深度(breadth and depth of krlOWledge),计划性(planning),知识传授和沟通技巧(delivery and communication skills),教学评价和反馈能力(evaluation and feedback),个性特征(interpersonal dimension)。教师教学能力的高低是地方高校教师素质的重要体现,只有切实培养出具有较高教学能力的教师队伍,地方高校的教学质量和人才培养质量才能得到保证。《教育部关于全面提高高等教育质量的若干意见》(教高[2012]4号文)突出强调了教师教学能力提升的重要性,其中第27条专门强调要提高教

师业务水平和教学能力，要推动各高校建立自己的教师教学能力发展中心，同时支持建设一批国家级教师教学能力发展示范中心，开展教师培训、教学咨询等业务，为提升教师专业水平和教学能力服务。由于教师的教学能力形成需要教师个体、教师团体和学校在内的多方面的共同努力，所以教师教学能力形成的机制非常复杂，提升过程缓慢。地方高校特殊的人才培养定位对教师队伍素质提出了不同的要求，其师资力量需要具备等同于其他高校教师的一般教学能力，还需要具有适合于培养高层次应用型复合人才的特殊的教学能力，因此寻找科学、有效的方法和途径提升地方高校教师的教学能力应成为教师发展的核心内容。

(一)知识更新与拓展能力

高校教师具备的知识一般包含特定学科的相关的专业知识、教育学相关的知识(特别是高等教育学及高等教育哲学等)、心理学相关的知识(特别是教育心理学、高等教育心理学及大学生心理等)、实践方面的知识(高校教师在实际的教学过程中所具备的课堂相关的情境知识)、基础文化知识等。地方高校教师的教学能力也必然要以宽厚扎实的教学知识和学科专业知识为前提。随着现代科学技术的快速发展，新知识的快速发展必然会使得原有知识老化，所以地方高校教师应当具备较强的知识更新与拓展能力，较充分地反映专业相关的新思想、新方法、新技术、新成果、新动向等，将学科发展的最新动态和发展趋势引入课堂，激发学生了解、认识、探讨学科发展的趋向，培养学生的创新精神，以适应社会的变化和经济发展需要。

(二)实践教学与案例教学能力

重视学生实践动手能力的培养是地方本科院校区别于学术型院校的重要特征。实践教学能力是教师在教学过程中能将相关行业、专业的知识技能和实践经验运用于教学，并能够有效指导学生进行实验实训、科技开发创新等实践活动的能力。教师的实践教学能力是以自身具备相关的实践经验为基础的，包括了指导、组织和评价学生进行课程实习，课程设计，课程实验，课程实训，毕业实习和毕业设计等的具体教学能力。案例教学是一套系统的方法和手段，其目的在于分析和讨论教师在课堂教学中所使用的案例，以帮助学生达到特定的教学目的。案例教学主要是通过实例的讨论和练习来提高学生临场解决实际问题的能力，可以促进应用型、复合型、创新型人才的培养。案例教学是一种以学生为中心对现实问题和某一特定事实进行交互式探索的过程，它改变了传统教学内容的空洞枯燥，有利于激发学生学习的主动性，同时还可以填补理论课程学习中与实践联系的空白。

(三)信息技术与教学融合的能力

在信息技术高速发展的时代里，传统的教学模式往往不能满足现今社会对人才发展的需求。1996 年，在美国教授“经济学入门”的莫林·拉赫、格伦·普拉特开始实施翻转课堂实验。2000 年，韦斯利·贝克在第 11 届大学教学国际会议上发表论文《课堂翻转：使用网络课程管理工具使教师成为学生身边的导师》，掀起了大学实施翻转课堂运动的浪潮。2005年,萨尔曼·可汗通过视频为一个远距离表妹辅导数学,提供一对一的辅导,并上传至YouTube网站,掀起了一场轰动全世界的翻转课堂的革命。2015年在《关于引导部分地方普通本科高校向应用型转变的指导意见》中明确提出“将现代信息技术全面融入教学改革”。例如,翻转课堂是一种混合了直接讲解与建构主义学习的一种教学模式,相比于传统课堂明显不同的地方在于教师通过使用网络工具和课程管理工具呈现教学内容并以家庭作业的形式分发给学生,课堂上的时间则被用来进行深入到学生的主动学习活动中。“翻转教学与其他教学实践的不同之处在于,在翻转教学中技术本身只是一种针对不同学生个体需要进行灵活沟通的工具,而且这种工具使得课堂上的时间更多地用于集中合作讨论,发展高级思维。”

9.2.2 形成教师的教育反思能力

教师的专业发展是一个内在的自主的过程,是自我追求的结果。教育反思能力是个体对自身教育观念及行为的认识、监控和调节能力。美国心理学家波斯纳(J.Posner)认为,没有反思的经验是狭隘的经验,经验加反思才能够促进教师成长。教师只有在获得经验的同时坚持反思,才能够实现教学能力的终身可持续发展。反思帮助教师将实践经验理论化.在总结实践的基础上不断完善自己的知识体系。地方高校教师在有意识地进行教育教学活动时,需要不断地反思自己教育教学活动的基本假设及其深层意义,发现自己自我发展的动力、问题和空间。教师的教育反思能力可保证教师自主专业成长的目的性和持续性,有益于高校教师始终对自己的专业发展保持一种自觉状态,使其自身提高与发展成为一生的事业。

(一)加强教育思维与情感交融

教育思维指教育者进行教育反思时加工信息和做出决策的方式,它使得教育者能够准确判断哪些事件是值得关注的,并从记忆中提取出有关的信息,并选择最恰当的反应策略。这是教育者处理各种问题的基础。教育情感是教育反思充满真、善、美的条件。教育反思应有利于学生的发展,反思的智慧要符合真、善、美的标准。如果没有教育情感,教育者在思考教育问题时,就会不自觉地忘记学生的存在,就无法实现地方高校人才培养的目标。教育情感使教育反思立足于对生命的关怀。这表现在对成长的关注、对主体的尊重、对事业的真诚等方面。

(二)了解教育反思及观察视角

要做到反思意识的觉醒、能力的增强、智慧的形成,系统的理论学习是必要的。美国学者布鲁菲尔德认为:“反思性实践过程的核心是通过不同的视角来观察我们是怎样思考和工作的。第一,自身反思所提供的视角,即教师作为学习者的自身经历为教师的专业发展提供了丰富的资料;第二.学生所提供的视角,即教师可以从学生的眼中发现他们对教学的感受,发现他们给予肯定或感到压抑的那些教学行为是什么;第三,同事的感觉和经历所提供的视角,即教师可以把同事作为借鉴、顾问或批判型朋友,就自己的教学和

他们进行批判性对话，在对话中分享同事对教学的理解；第四，文献所提供的视角，即教师可以阅读实践领域之内或实践领域之外的文献，确定自己在另类理论框架内的位置。”当教师通过上述视角反思教学实践时.就会产生更深刻、更持久的专业体验，由此引发对生命意义的探索和追求。

(三)开展教育叙事及行动研究

地方高校教师的教育反思智慧来自于自我意识的觉醒，产生于在旧有理念导向下的实践的困惑和迷茫。教育叙事就是教育者讲述自己遇到的教育问题或教育困惑，以及遇到这个问题的情境，并在想办法解决以及解决问题的过程中发生的一些有意义的教育事件。教育叙事可以使教育者更清醒地看到自己的教育教学决策过程，在自我叙述中反思自己的教育生活，进而改进自己的教育实践。行动研究是以参与、合作为特征，以提高行动质量，改进实际工作为主要目标，意在帮助教育者时时省察他们自己的教育理论与教育实践之间的联系，使教育者提高对所从事的教育实践的理性认识，加深对实践活动及其依赖的背景的理解，使研究能在实践的改善中起到直接而迅速的作用。

(四)借助专家指导剖析关键事件

专家指导即是借助专家反思教育者教育行为及其背后的教育理念，指出问题的关键所在，并提供适合于当时场景的可备选择的行动方式。随着教育经验的不断积累，地方高校教师可脱离专家而自行独立完成教育反思的完整循环，为形成良好的教育反思奠定坚实的基础。“关键事件”(critical incidents)是沃克(R. Walker)在研究教师职业时提出的。它指的是教师个人生活中的重要事件，并且教师要围绕该事件做出某种关键性的决策。关键事件对教师的重要意义在于其中隐含了教育者在经历关键事件时所做出的自我职业形象和自我职业认同的抉择，集中体现着教师对自我已有内在专业结构合理性、适应性的评价和最终决策，以及对长期积累的经验的体悟。

9.2.3　完善教师专业发展的制度

地方高校应该不断完善教师专业化发展制度和保障机制，引领教师专业发展的正确方向，让学校成为教师实现人生价值和获得个人幸福的园地。而且，促进教师专业发展的制度与保障机制一旦建立，不仅有利于学校教师的专业发展，也有益于建立一种稳定有效的人才吸纳机制，能够吸引并留住人才，使教师拥有现实的归属感乃至于使命感，对地方高校的发展而言，其意义不言白明。

(一)加强各级各类专业培训与交流

开展各类培训是地方高校教师专业发展的一条首要的、有效的途径。为贯彻落实全国教育工作会议精神和《国家中长期教育改革和发展规划纲要(2010－2020 年)》提出的完成培训一大批“双师型”教师、聘任(聘用)一大批有实践经验和技能的双师型教师的任务，高等学校教师国家级培训持续实施。“实施高等学校青年骨干教师国内访问学者项目，2015 年、2016 年分别资助 1068 名、1000 名中西部地方高校青年骨干教师赴国内高水平大学访学研修。启动实施高等学校新入职教师国培示范项目,2016—2020年每年重点组织2000名中西部高校新入职教师和100名全国高校教师培训者参加国家级示范培训。"同时,地方高校积极开展校本培训,提高学校教师群体的整体素质,这对于促进教师的专业发展,具有显著成效。

(二)发挥教师专业发展中心的引领作用

地方高校为促进教师专业发展成立教师专业发展服务中心,地方高校应敏锐地把握教师专业发展的实际需要,搭建多样化、多层次的教师交流发展平台,为教师专业发展提供系统性支持和专门性服务.教师依托于这些平台,可以获得教学、科研方面的广泛交流与争鸣,形成教师专业发展共同体,激发专业活力。对于新入职的教师可以采取"导师制"等方式.帮助新教师尽快建立角色意识,加深理解高校教师的专业身份、工作方式以及职业伦理,推动这些新教师相应教学能力的提高。

(三)有效实施发展性评价制度

地方高校要倡导有益于教师专业发展的评价机制,南重"量化评价"转向重"质性评价",并使二者有效结合,相互补充。同时,在保证对教师的评价是公平有效的基础上,为教师尤其是青年教师的专业发展留下发展的动力和空间。"教育部正在研制深化高校教师考核评价制度改革的指导意见,……充分调动教师从事教育教学工作的积极性,将人才培养的中心任务落到实处。下一步,教育部将按照深化高等教育领域综合改革的总体部署,进一步深化高校人事制度改革,加强和改进高校教师考核评价工作,根据不同类型教师的岗位职责和工作特点,分类分层次设置考核内容和考核方式,健全教师分类管理和评价办法,鼓励教学特别优秀的教师向教学型教师发展。"

9.3 加强地方高校"双师双能型"教师队伍建设

2014年1月,教育部在《关于地方高校转型发展的指导意见(征求意见稿)》中指出:"加强'双师型'教师队伍建设。试点高校要改革教师聘任制度和评价办法,逐步使大多数教师既具有较高的理论水平又具有较强的实践能力,使'双师型'教师占专任教师的比例逐步达到50%以上。将引进优秀企业技术人员和管理人员担任专兼职教师作为校企合作的重要内容,并有计划地选送教师到企业接受培训、挂职工作和实践锻炼。在教师绩效考核、职务(职称)评聘等方向向'双师型'教师倾斜。"2015年10月,《关于引导部分地方普通本科高校向应用型转变的指导意见》再次强调指出:"加强'双师双能型'教师队伍建设。调整教师结构,改革教师聘任制度和评价办法,积极引进行业公认专才,聘请企业优秀专业技术人才、管理人才和高技能人才作为专业建设带头人、担任专兼职教师。有计划地选送教师到企业接受培训、挂职工作和实践锻炼。通过教学评价、绩效考核、职务(职称)评聘、薪酬激励、校企交流等制度改革,增强教师提高实践能力的主动性、积极性。"地方高校的转型发展是我国继20世纪90年代以来开展体制改革和结构调整后又

一涉及高等教育改革发展全局的重大举措，能否建设一支素质高、业务精的“双师双能型”教师队伍，是地方高校能否顺利转型为应用型高校的关键之一。

9.3.1　从“双师型”到“双师双能型”教师

“双师型”教师是职业教育对教师素质的普遍要求，国家对此有着明确的要求和标准。在高等教育大众化发展过程中，地方高校开始建设“双师型”教师队伍，而在地方高校转型发展中，则明确提出了“双师双能型”教师的要求。

(一)“双师型”教师的提出

1990 年 12 月 5 日，上海冶金专科学校校长王义澄在《中国教育报》发表了《建设“双师型”专科教师队伍》一文，最早提出“双师型”教师。他指出要培养高级应用型技术人才，“高工专的专业教师在业务上必须要有‘双师型’的知识和能力”，“双师型”教师即“教师加工程师”。此后，关于“双师型”教师的研究在职业教育领域渐兴。1995 年，《国家教委关于开展建设示范性职业大学工作的通知》明确提出：“专业课教师和实习指导教师具有一定的专业实践能力，其中 1/3 以上为‘双师型’教师。”这是政府文件中首次提出“双师型”教师。

(二)“双师型”教师的标准

2004 年，教育部在《关于全面开展高职高专院校人才培养工作水平评估的通知》的附件一《高职高专院校人才培养工作水平评估方案(试行)》中首次确立了“双师素质”教师必须同时具备的两条标准。第一条标准为具有讲师(或以上)教师职称。第二条标准为同时具备以下四个条件之一的专任教师：“有本专业实际工作的中级(或以上)技术职称(含行业特许的资格证书及有专业资格或专业技能考评员资格)；近五年中有两年以上(可累计计算)在企业第一线本专业的实际工作经历，或参加教育部组织的教师专业技能培训获得合格证书，能全面指导学生专业实践实训活动；近五年主持(或主要参与)两项应用技术研究，成果已被企业使用，效益良好；近五年主持(或主要参与)两项校内实践教学设施建设或提升技术水平的设计工作，使用效果好，在省内同类院校中居先进水平。”以此为据，2006 年教育部要求“逐步确立‘双师型’教师资格认证体系”。2008 年 4 月，教育部在对于高等职业院校“双师素质”教师的两条标准进行了新的界定，第一条是具有教师资格，第二条是同时具备下列二三个条件之一的校内专任教师和校内兼课人员，即“(1)具有本专业中级(或以上)技术职称及职业资格(含持有行业特许的资格证书及具有专业资格或专业技能考评员资格者)，并在近五年主持(或主要参与)过校内实践教学设施建设或提升技术水平的设计安装工作，使用效果好，在省内同类院校中居先进水平；(2)近五年中有两年以上(可累计计算)在企业第一线本专业实际工作经历，能全面指导学生专业实践实训活动；(3)近五年主持(或主要参与)过应用技术研究，成果已被企业使用，效益良好”。伴随着国家对于职业教育的高度重视与发展，在 2010 年 7 月颁布的《国家中长期教育改革和发展规划纲要(2010－2020 年)》中，明确提出“以‘双师型’教师为重点,加强职业院校教师队伍建设”。在2012年颁布的《国务院关于加强教师队伍建设的意见》中,再次强调了“职业学校教师队伍建设要以‘双师型’教师为重点,完善‘双师型’教师培养培训体系”。

(三)“双师双能型”教师的理解

不同类型的高校对教师能力素质的要求不尽相同,地方高校教师一般以理论教学为主,基本属于学科型或学术型。随着中国经济发展方式转变加速、产业结构的深度调整、实体经济的迅速壮大,国家对地方高校服务经济社会发展的能力提出了新要求。2010年之后,一些新建地方本科院校为培养更多的满足地方经济社会发展需求的高素质应用型专门人才,开始借鉴职业教育的经验,建设“双师型”教师队伍,并且取得了一定的成绩。对169所新建本科院校的调查显示,地方高校“双师型”教师中具有行业背景特别是具有工程背景的比例仍然较低,尚难以适应应用型人才培养的需要。

2014年,《教育部简报》第46期《服务支撑产业促进就业创业安徽省积极构建地方应用性高等教育新模式》中,首次对地方高校教师提出“双能”的素养要求,即“提升应用型高校教师的‘双师’水平和‘双能’(培养应用型人才能力和产学研合作能力)素养”。为培养与区域经济社会发展需求相吻合的应用型、复合型创新人才,结合中国制造2025、“互联网+”、创新创业等国家重大战略,“双师双能型”教师队伍建设成为地方高校转型初期就要面对的实际问题。2015年,教育部高等教育司司长张大良在论及地方高校转型发展时指出:“引导部分地方高校转型发展是一项系统工程……要坚持把教师队伍建设作为引导地方高校转型发展的核心要素,建设一支教师资格、工程师资格兼具,教学能力、工程实践能力兼备的‘双师双能型’教师队伍。”

“双师双能型”教师的核心素养是教师具有专业的实践性教学能力,表现为以下三个方面:第一,教师拥有全面系统和厚实精深的专业理论知识,这种专业理论知识以程序性知识为背景,把事实性知识置于其中来呈现。第二,教师具有以专业技术的先进性为引领的专业实践操作能力,根据生产的真实技术和流程,将专业教学实践与创新创业训练有机融合。第三,教师具有与企业专家技术人员共同合作实践课题的能力,能够及时把握生产技术中存在的问题,研发行业企业生产一线的新技术、新产品、新工艺。

9.3.2 “双师双能型”教师队伍建设面临的现实问题

地方高校在转型发展提出了“双师双能型”教师队伍建设任务,但囿于地方高校教师的基础,仍然面临着许多现实的问题。

(一)地方高校教师实践工作经历不足,缺乏系统的专业技术知识与经验

对于“双师双能型”教师来说,其核心素养是具有专业的实践性教学能力。目前大部分地方高校教师是从毕业学校到工作学校,他们的职业经历中企业实践基本是空白的,虽然入职前经过短期的教育培训,但由于目前职前培训缺乏进入企业实践的环节,导致毕业后直接参加工作的青年教师走上讲台前没有任何操作经验和实务工作的经历。这

与国外对于教师的实践教学资格要求的差异较大。如德国“双元制”中从事职业教育的专任教师必须获得博士学位,且有至少五年在企业的专业实践经历,任实践教学的教师必须是掌握教育理论的技术专家。美国要求社区学院的教师具备硕士学位,必须具有三年的实践工作经验。日本要求职业学校专门课程教师必须具有硕士学位,且在各种学校、研究所、医院、工厂从事与上课内容有关的,或与研究、技术有关的业务。澳大利亚 TAFE 学院对教师的要求非常严格,除学历要求外,还必须有五年职业工作经历。

(二)地方高校教师教育培训效果不佳,“双证”或“双职称”多为外在的资格

一些地方高校在快速发展过程中,也注重了教师专业发展过程中的职后相关培训,一些学校也出台了相关政策文件,引导教师参加职业培训、职业认证或进入企业挂职锻炼。但从实际情况看,地方高校教师在校内本来就承担很多的教学工作,加之地方高校快速发展中普遍存在的科研压力,导致教师参与入职后培训的内生动力不足。而且,很多的高校教师培训活动多为集中课堂教学形式,不仅内容单调封闭,缺少丰富的实务工作经验,甚至有意避开实务。特别而又重要的是,这种培训常常脱离地方高校教师的岗位特点和工作实际,以至于培训工作组织开展不到位,培训效果不佳。有的地方高校教师通过培训取得了专业技能资格证书,或持有“双证”,甚至具有“双职称”,但这也仅仅是一种外在的资格,并未有效地提升其以专业为主的实践教学能力。

(三)地方高校教师考核机制不完善,没有突出实践教学及产学研结合的导向

目前,由于地方高校针对“双师双能型”教师的考评标准模糊,没有针对其特点设定评价指标,甚至很多评价指标参照普通教师进行,考核项目缺少对相关专业技术领域知识和专业技能的考核,导致“双师双能型”教师发展方向模糊,考评缺乏合理性和公允性,一定程度上挫伤了“双师双能型”教师发展的积极性和主动性。特别是一些地方高校在晋职和职称评定方面,对“双师双能型”教师不存在政策倾斜,导致青年教师主动进入企业挂职锻炼和自觉参加职业培训的积极主动性降低,实践性教学能力难以提升。同时,由于地方高校缺乏针对“双师双能型”教师的有效的激励导向,致使少部分“双师双能型”教师受企业较高的薪资福利待遇的吸引,全身心地投入校外兼职而降低了教学质量。此外,一些具有高技能的人才不愿意脱离企业进入学校,这也限制了“双师双能型”教师的来源渠道。

9.3.3　地方高校“双师双能型”教师队伍建设的路径探索

2015 年 10 月,国务院副总理刘延东在深入推进高校创新创业教育改革座谈会上的讲话中指出:“高校教师是学生成长的引路人和指导者,是深入推进高校创新创业教育改革的关键。要坚持全员参与、专兼结合,明确全体教师创新创业教育职责,配齐配强专业教师队伍,聘请各行各业优秀人才,担任创新创业课授课或指导教师,让亲身参与过创新创业的人走进校园、站上讲台。”为了有效培养地方高校“双师双能型”教师,需要进一步寻求突破。

(一)突出要点,明确“双师双能型”教师的长期与近期目标

随着我国地方高校转型发展,“双师双能型”教师总体师资力量相当不足,实践教学环节薄弱与培养社会需求的高层次应用型人才之间的矛盾日益突出,对此,地方高校领导、专业教师、行政教辅人员都应认识到为了引领区域创新型人才的培养,“双师双能型”教师队伍建设形势紧迫,任务艰巨。这就要求地方高校不仅要通过宣传活动创造良好的舆论氛围,形成“双师双能型”教师队伍的内在精神动力与校园文化环境,特别而又重要的是,地方高校需要结合学校师资队伍建设现状,突出工作要点,确定“双师双能型”教师队伍建设的近期目标与长远目标,结合地方高校教师的基本情况以建设一支掌握行业产业企业生产核心技术与实践操作技能的数量合宜、结构优化、专业多元的高水平“双师双能型”教师队伍。

(二)内培外引,拓宽“双师双能型”教师队伍的渠道与模式

目前地方高校对“双师双能型”教师可谓是求贤若渴,既要建立专业教师深入企业锻炼与发展职业能力的培养与培训制度,同时又要积极从企业引进与聘请人才,扩大实践教学专兼职师资队伍。例如,2015 年 12 月,福建省在试点本科高校向应用型转变中,提出“试点项目‘双师双能型,教师占专任教师的比例达到 50%以上;鼓励引进境外‘双师双能型’师资,引进优秀企业技术人员和管理人员担任专任教师;有计划地选送中青年教师到企业接受培训、挂职工作和实践锻炼”。又如,湖南文理学院构建了四种“双师双能型”教师队伍培养模式:派驻到企业直接参与生产经营管理的“企业挂职”模式;到“工学结合”基地边教学边体验的“基地实践”模式;按职业大类培训、考证的“资质认证”模式;从企业引进高级技术和管理人员的“行业引进”模式。可见,地方高校转型发展过程中,需要通过内培外引以扩大“双师双能型”教师整体数量,提高质量。

(三)组建团队,搭建教师产学研有效融合的专业平台与支撑

教师职业特征的社会性决定了教师不可能单兵作战,需要经常性合作与交流。团队是个体为实现某一目标而组成的相互协作的正式群体,在团队中,各成员通过沟通与交流,在充分发挥主观能动性的基础上,运用集体智慧使得预期目标得以实现,达到一己之力难以完成的效能。“双师双能型”教师的成长并非孤立的,周围的组织环境、学习环境、专业环境、实践环境都会对其产生重要的影响,是同事间不断经过意见交换、感受分享、观念刺激和沟通讨论来完成的。在地方高校转型发展中,需要加大校企合作的力度,通过组建智慧与技能互补、角色与分工明确的团队,有效搭建产学研融合的平台。这样,教师在长效的协同机制中促进其专业理论与实践技能的有效融合,在团队合作与交流的过程中,为“双师双能型”教师发展提供多元的智慧支撑,提升其实践教学能力与水平。

(四)有效引领,改革教师激励措施与考评监督机制

地方高校要建立一支结构合理的“双师双能型”教师队伍,必须制定一套在人事制度、分配制度上体现政策导向性和激励性的评定标准。例如,职称评定时对“双师双能型”教师和其他教师分别制定评定标准.对于取得全同注册职业资格或在全国性的技能大

赛中获奖的教师给予适当的奖励，特别是对于工作出众、表现突出的“双师双能型”教师给予特殊技能津贴，鼓励其将“双师双能型”教师的角色更好地演绎。在对“双师双能型”教师考评时，指标侧重于专业技能和经验的传授水平，评价的方式应包括同行评价、行业专家评价和毕业生评价等方式，保证评价的客观性和公允性。通过不断完善教师激励措施与考评监督机制，使“双师双能型”教师认识到自身价值并不断提升专业素质，引导更多的教师向“双师双能型”教师转化。

参考文献

[1]黄兆信，王志强.地方高校创业教育转型发展研究[J].浙江：浙江大学出版社，2013.

[2]姜彦福，张篩.创业管理学[M].北京：清华大学出版社，2005.

[3]黄兆信等.地方高校融合创业教育的工程人才培养模式[J].高等工程教育研究，2012.

[4]梅友松，黄红英.地方高校转型发展研究[J].北京：光明日报出版社，2015.

[5]邵光华，晏成步，徐建平.地方本科高校转型发展研究[J].浙江：浙江大学出版社，2017.

[6]叶澜，白益民，王枬，陶志琼.教师角色与教师发展新探[J].北京：教育科学出版社，2001.

[7]熊德明.冲突与调适：社会转型中大学教师的角色研究[J].湖北：华中师范大学出版社，2013.